合宪性审查制度能力研究

以匈牙利为例

赵丹 著

上海三联书店

目　　录

前　　言

一、问题的提出

中共十八大以来，以习近平同志为核心的党中央以前所未有的力度推进全面依法治国，把实施宪法摆在全面依法治国的突出位置，采取一系列有力措施加强宪法实施和监督工作，维护宪法法律权威。中共十八届四中全会指出，完善全国人大及其常委会宪法监督制度，健全宪法解释程序机制。加强备案审查制度和能力建设，把所有规范性文件纳入备案审查范围，依法撤销和纠正违宪违法的规范性文件。在十八届四中全会精神的基础上，中共十九大报告进一步强调，加强宪法实施和宪法监督，推进合宪性审查工作，维护宪法权威。十九届四中全会重申健全保证宪法实施的体制机制。合宪性审查的制度能力建设成为深化依法治国实践的重要内容。

放眼国外，合宪性审查作为“法治国家大厦的拱顶石”，可以说是现代法治国的标配，主要呈现出三种模式：一是美国为代表的司法审查模式；二是德国为代表的宪法法院模式；三是法国为代表的宪法委员会模式。长期以来，学界研究域外合宪性审查集中于以上三种模式。域外法治发达国家的经验固然具有一定意义，但是一旦放入发展中国家的特定语境，法治发达国家的理论与中国实践之间还存在着较大差距。中国要建立有效的合宪性审查机制，只关注发达国家的主流模式是不够的。

亨廷顿论述，肇端于1974年葡萄牙军事政变的第三波民主化，开启了罕见的大规模民主化浪潮，它先后席卷了南欧、拉丁美洲，涌入东亚、菲律宾、韩国，80年代末又登陆东欧各国，90年代之后蔓延至非洲。[①] 据2014年西方民主评估机构“自由之家”的统计，全世界已有122个国家跨入了“选举民主”的门槛。同时，经历政治转型的各国都普遍建立或改革了宪法审查制度。有学者对全球195个国家和地区的统计表明，宪法审查制度的覆盖率已经达到了89%。在西方看来，“第三波”这场民主化浪潮，宪法审查是其中的标配。

然而，另一方面，人们却又不得不承认另一个严酷的现实，即在经历过第三波民主化的国家或地区中，大范围的民主“回潮”与“劣质民主”的出现也已经成为一种普遍现象（劣质民主这个词在不同立场者使用时，都有批评对方之意）。移植自西方的自由民主制在各自国家的具体环境中大多“水土不服”，其所收获的“果实”多有“变种”。

第三波民主化开启四十年后，当初转型的各国展现出相当不同的样态。据统计，“有一半左右的第三波民主化国家/地区在民主化过程中遭遇重大挫折，并且民主的质量堪忧”，良性民主与劣

① 参见[美]亨廷顿：《第三波：20世纪后期民主化浪潮》，刘军宁译，北京：生活·读书·新知三联书店1998年版，前言。

质民主国家的比例达到了 1∶1。[1] 与参差不齐的民主转型相似，各国的宪法审查制度也在运行中表现出了较大的差异性。有些国家宪法审查制度获得了完善发展，较为成功地实现了立宪时设定的制度目标；而在另外一些转型国家，宪法审查制度没有发展到西方民主所预设的模样。这种评价，当然与评价的标准和指标体系的设置直接相关。有观点认为，“从抽象的价值层面而言，民主具有普世意义的一面，而一旦进入到具体的实践领域，围绕民主及其实现形式的分歧与斗争却又无处不在。可以说，面对这一民主化进程中的发展悖论，人们需要反思的已经不仅仅是民主本身，而更应该指向第三波民主化背后的评估标准及其相应的指标体系”。[2]

一般认为，现代民主国家的宪法审查制度具有制衡行政和立法权力、保护公民的基本权利、维护宪法秩序的统一等重要功能。对于第三波转型国家，宪法审查制度是否也有能力发挥同样的作用？为什么某些转型国家的宪法审查制度比较有效，有些却发展为另外的模样？不同国家宪法审查制度差异主要是由哪些因素造成的？要发挥有效作用，宪法审查需要什么样的制度环境？如果需要引入宪法审查制度，那么不同国家应该如何关照自身的哪些因素构建适合自己的宪法审查制度？转型国家民主化及其宪法审查制度方面，对于我国发展社会主义民主政治具有哪些教训和警示意义？

为了回答这些问题，本书提出了合宪性审查制度能力的分析

---

① 参见刘瑜：《第三波民主化失败了吗?》，《新政治经济学评论》2015 年 4 月刊。另外，对民主转型各国现状的描述，还可参见欧树军：《反思民主，探寻民主》，《开放时代》2015 年第 5 期。

② 赵卫涛：《正确评估“第三波”》，《红旗文稿》2015 年第 23 期。

框架，着重探讨转型国家的合宪性审查制度能力及其核心影响要素。本书通过对东欧转型的比较研究发现，“合宪性审查制度能力”这个概念能够综合反映合宪性审查制度的运行实效，比较全面地解释合宪性审查制度在政治和社会场域中的运行状况。为此，有必要将合宪性审查放在特定的制度环境中来理解，并寻求该制度背后的政治逻辑与社会逻辑。

二、研究路径与基本概念的界定

本书提出合宪性审查制度能力的概念，认为不同转型国家（或同一国家的不同时期）合宪性审查制度能力往往具有较大差异。一方面表现为管辖能力、问责能力和实施能力上的差异；另一方面则表现为积极能力与消极能力上的差异。本书根据制度能力的差异，将宪法审查制度划分为三种理想形态，即规范性审查、选择性审查和名义性审查。本书研究的主要目的即为揭示制度能力的差异性，并探求这种差异背后的关键因素。

韦伯认为，包括司法制度在内的法律制度之间的重要差异可以从权力关系的多样性中得到解释。[①] 影响宪法审查制度能力的因素有很多，本书采取结构性研究路径，试图从政党政治特征、利益趋同性、社会支持程度以及司法认知等角度构建影响宪法审查制度能力的变量模型。以下解释本书使用的基本概念，合宪性审查制度能力留待下一章着重阐释。

本书所使用的“东欧”概念是政治意义上的东欧，区别于地理

---

① M. Weber, *Economy and Society*, vol. 1, p. 1059 (1968). 也可参见：*Max Rheinstein, ed.*, *Max Weber on Law in Economy and Society*, 349 - 356(1966)。

意义上的东欧。[①] 它是指西欧以东的前欧洲社会主义国家，涵盖了地理意义上的中欧、东欧和部分南欧国家。[②]

根据亨廷顿对民主政治体制的理解，民主体制是指“最有影响力的集体决策者是经由公平、诚实和定期的选举产生；在这些选举中，候选人自由地竞争选票，并几乎所有成年人都具备投票资格”。“民主包含了竞争和参与两个维度”，“它还意味着言论、出版、集会、结社这些作为政治争论和竞选之必要条件的公民自由与政治自由之存在”。[③] 与亨廷顿突出民主程序、兼顾自由概念相比，彼得·史密斯则明确了从选举与权利两个维度描述民主，即选举构成了民主的一个程序性部分；而权利则构成了实体性部分。[④] 本书在有关段落中所使用的“民主”概念（或称成熟民主、发达民主）是“完全意义”上的民主，从选举与权利两个维度来展示，即选举民主发达、自由民主获得充分保障。

和自由民主对立的是威权政体。20 世纪 60 年代，胡安·林茨在其博士论文中提出了“威权主义”的概念。[⑤] 而后在《民主转型与巩固的问题：南欧、南美和后共产主义欧洲》中引申使用了此概念：“由一个领导人或有时是一个小团体领导，这些权力受到正

---

① 地理上欧洲分为西欧、东欧、南欧、北欧和中欧。

② 从这个意义上说，东欧包括阿尔巴尼亚、保加利亚、克罗地亚、捷克、爱沙尼亚、匈牙利、拉脱维亚、立陶宛、波兰、罗马尼亚、俄罗斯、斯洛伐克、斯洛文尼亚、乌克兰和白俄罗斯。

③ ［美］塞缪尔·亨廷顿：《第三波：20 世纪后期的民主化浪潮》，欧阳景根译，北京：中国人民大学出版社 2013 年版，第 4 - 5 页。

④ ［美］彼得·H. 史密斯：《论拉美的民主》，谭道明译，南京：译林出版社 2013 年版，第 12 页。

⑤ Juan J. Linz：An Authoritarian Regime：Spain，in Erik Allardt and Stein Rokkan，eds.，*Mass Politics：Studies in Political Sociology*. 转引自［美］彼得·H. 史密斯：《论拉美的民主》，谭道明译，南京：译林出版社 2013 年版，第 13 页。

式的但不甚明了的限制，而且事实上他们又是可以预测的”；“不存在广泛而深入的动员”，领袖（偶尔是小集团）在形式上含糊不清但实际上相当可预见的界限内行使着权力。

三、研究对象的选择：匈牙利

社会主义阵营国家的解体是第三波政治转型中的重要事件，受到世界的普遍关注；而东欧曾经与我国具有着相似的制度背景，他们的转型与宪法法院制度的发展历程，尤其是背后的深刻教训具有一定启示意义。鉴于第三波民主转型国家的广泛性，在涉猎亚洲、拉美以及非洲等国的宪法法院、司法审查制度的同时，本书着重选取了具有突出代表性的匈牙利作为研究对象。之所以选择匈牙利，主要有以下三个理由：

首先，匈牙利民主发展阶段的完整性。民主在匈牙利分别经历了转型阶段、“巩固”阶段以及民主“回潮”。匈牙利的转型属于东欧国家中典型的协商型转型，转型以来新兴民主较为稳固地发展；从 20 世纪 90 年代中后期开始，十余年时间里都属于民主“巩固”阶段；2010 年以来，民主“回潮”。因此，匈牙利经历了和平转型、新兴民主、民主“巩固”以及民主“回潮”的全过程。

其次，匈牙利政党政治的多样性。匈牙利政党分别经历了新生阶段、逐步发展壮大阶段以及近年来政党政治的极化等趋势。这种多样性突出代表了东欧乃至大多数转型国家政党政治的不稳定性。从不断分化、脆弱的多党离心性竞争发展到两大党主导型竞争结构，继而呈现长期一党独大的态势，政党竞争结构的多样性以及易变性，都很有典型意义，全面展示了转型政党政治的制度标本。

最后，匈牙利宪法法院的发展历程的典型性。从有名无实的名义性审查一跃成为东欧乃至世界上最强大的宪法审查，再发展为常态型法院，继而逐步成为一党长期执政体制中的法院，宪法法院自身能力的变迁及其面临的政治境遇的多变性，为我们分析宪法审查制度能力及其核心变量提供了充分而全面的标本。同时，匈牙利宪法法院在不同政治生态下兼具某种独特性。根据一般的司法政治学理论或东欧通常的政党理论很难较为全面、圆融地解释匈牙利的情形。不仅匈牙利宪法法院的发展历程颇受世人瞩目，匈牙利政治也备受关注。匈牙利地处欧洲的心脏，政治形势的风云突变，不仅引起了欧洲尤其是欧盟的警惕，世界也为之震惊。同时，匈牙利这个小国向来给外界以神秘之感。由于其语言的特殊性，与西欧大多数国家显著不同，为世界知晓的机会并不多，因而匈牙利宪法审查制度研究也相对薄弱。系统梳理匈牙利的政治局势与转型过程中的司法形态，解剖匈牙利宪法审查制度这个“麻雀”，对我们研究其利弊得失颇有助益。

四、国内外研究现状综述

关于司法审查和宪法法院制度，二十余年来国内学术的焦点普遍围绕以美国、德国为代表的成熟宪制民主国家，主要侧重于规范法学进路的研究。近年来，对民主转型国家的宪法审查制度研究也逐渐兴起，主要集中于国别研究，比如俄罗斯、南非、韩国等转型国家，而对于东欧转型国家的宪法法院与司法审查制度的比较研究，代表著作主要有王卫明的《东欧违宪审查制度比较研究》以及张千帆等合著的《司法审查制度比较研究》中的部分章节。相比之下，国外英文著述则较为丰富。围绕宪法审查制度的表现及其成因，主要集中于以下几个方面。

1. 关于司法政治学的基本立场

近年发展成熟的司法政治学理论通过探讨特定政治制度下的宪法审查制度，来揭示司法与政治之间的互动关系，可以说是研究宪法审查制度能力的主要理论。司法政治学的体系化发展主要源于美国，这与美国最高法院在政治和社会中的突出作用密切相关。20世纪50年代以来，司法独立、中立以及非政治性的论调在美国法学界甚为繁荣。与此同时，一部分政治学者开始讨论法院的政治性，主张用政治学上的实证研究来考察法院及其司法行为。60年代的行为革命，进一步促进了司法政治学研究的转向，即从宪法原理转向了法院、司法行为、设计法院的政治过程等领域。同时，作为一个交叉学科，司法政治学关注的范围宽泛，学者们需要从更开阔的视野，研究法院与法官在政治进程中的角色、行为及对社会的影响等。

代表作有威廷顿等合作编写的《牛津法律与政治手册》。[①] 他指出，法律不仅仅是政治的主要产物，而且也构成政治本身。夏皮罗（Martin Shapiro）发展出了“政治法理学”（Political Jurisprudence）概念，成为该领域广泛认可的代表性理论。法院作为政府的分支机构，对立法和行政的决策享有否决权，是美国政治体制当中不可忽视的重要行动者。不再受到“司法独立、中立或去政治化”规范性学说的干扰，这一领域的学者就开始讨论法官是如何做出决策的，法官是如何与其他政治行动者互动的，法官们成功

① *The Oxford Handbook of Law and Politics*, edited by Keith E. Whittington, Oxford University Press, 2008.

与失败的原因何在等等。[①] 20 世纪 50、60 年代的美国，政治法理学甚为活跃。

为了进一步奠定政治法理学的理论基础，20 世纪 80 年代夏皮罗的经典著作《法院：比较法和政治学上的分析》[②]诞生。该书综合运用政治学、社会学、历史学以及比较法学研究指出，法院除了一般意义上的纠纷解决功能外，还担负着社会控制的重要政治使命，突出表现在国家建构和转型时期。而达马斯卡则在《司法和国家权力的多种面孔》[③]中指出，法律程序的多样性很大程度上是由各国的权力组织和政府职能所决定的，取决于是回应型还是能动型国家，司法所承担的功能都是受制于这种政府职能的影响。不仅在美国，该领域的比较研究在许多国家兴起。[④]

这一领域对司法行为的解释方法主要体现为态度模型和策略模型两种。其中态度模型认为，司法行为由法官的意识形态决定，比如法官的意识形态是自由的还是保守的，都将体现在对

① 参见 Matin Shapiro，Alec Stone Sweet：*On Law，Politics and Judicialization*，Oxford University Press，2002，pp. 3 - 4。

② [美]马丁·夏皮罗：《法院：比较法上和政治学上的分析》，张生等译，北京：中国政法大学出版社，2005 年版。

③ [美]米尔伊安·达玛什卡：《司法和国家权力的多种面孔——比较视野中的法律程序》(第二版)，郑戈译，北京：中国政法大学出版社，2015 年版。

④ 实际上，早在 20 世纪 30 年代，德国政治学者、法学者卡尔·施密特就在《宪法的守护者》一书中，提到了法院的政治角色问题。他在此书中指出，法院和议会都无法守护宪法，在危难时刻，真正能捍卫宪法的，只能是帝国的总统。他认为，在法律的合宪性判决中，就不存在纯粹的法律问题，法院判决根本就不是司法判决，也无关正义问题。法官不过就是转化了政治问题，换种处理方式来应对国内外政策。针对施密特的观点，凯尔森在《谁应该是宪法的守护者》一文指出，宪法法院具有消极立法者的能力，但其首先是在实施司法功能，不过这种司法功能具有立法者的政治性，只是程度上要弱一些。笔者并不赞同那种泛政治化、完全去法律化立场，但如今发展态势也表明，宪法法院功能的不断扩张也已经全然不是消极立法者了，而是更加能动的决策者。

判决的投票表决上。这一理论的代表作品是杰弗瑞·西格尔等著的《正义背后的意识形态：最高法院与态度模型》。该理论的有效性体现在从1962年到1998年的美国最高法院判决，其中76%可以通过该模型获得解释。然而，这一模型适用的条件却是局限于司法独立获得良好保障的国家。在司法受到外部干预的国家，法官的意志或意识形态都居于次要地位。

基于理性选择理论，又有学者提出了解释司法行为的策略模型理论。策略模型理论认为，为了能够保证法院判决获得实施，不得不在做出判决时需要考虑其他政治行动者的政策偏好。例如，有学者指出，宪法法院所做重大案件的判决一般都反映了任命他们的政治领导者们的偏好，即使法官个人倾向于做出大胆的但政治上不受欢迎的判决，法官们也会注重行动的策略，尽量避免那些政治领导者会谴责、抵制的判决。同时，政治领导者们对司法判决有个容忍区间，一般在成熟的宪制民主国家，这个容忍区间会不断增大，并且由于宪法法院往往具备坚实的民意基础，合法性不断被强化，法院更可能会做出民选官员们不喜欢的判决。① 同样，为了让判决能够顺利实施，法院在做出判决时，需要考虑其他机构的接受程度，以确保不招致强烈的抵制。否则，只能像安德鲁·杰克逊总统扬言的，“约翰·马歇尔大法官下的命令，就让他自己去执行吧”。

有学者考察了美国最高法院与其他政治分支机构之间的互动，认为“所有的机构，包括最高法院，对于政策结果都有自身偏好，但是在最终政策选择中，必须考虑其他机构的偏好所发挥的作用”。

---

① 参见 Epstein, Knight & Shvetsova, The Role of Constitutional Courts in the Establishment and Maintenance of Democratic Systems of Government, *Law & Society Review*, Vol. 35, No. 1(2001), pp. 117－164。

学者将这种行为模式称之为"预期反应"。"行动者要提前考虑他们的行为将导致什么反应,然后再根据预期反应以一种与偏好的结果最接近的方式来修正他们的立场,避免僭越其他机构。"[①]耶鲁学者斯通·斯威特(Alec Stone Sweet)也采纳了理性选择和策略方式来解释欧洲宪法法官的审判行为:与政客们一样,宪法法官们也会采取最大化自利模式,策略性地将政治问题转化为宪法问题,以恰当的司法论证来正当化这些政治问题。[②]

司法政治学领域对司法审查/宪法审查研究颇具影响力的文章是巴里·弗里德曼(Barry Friedman)的《司法审查政治学》一文[③]。该文指出对司法审查制度采取规范进路研究的局限性,认为司法审查的规范宪法学研究将会了无生气,除非它充分拥抱实证方法。毕竟,"法官的权力存在于民众意志之中,在于其他政治行动者对法院负责、尊重司法独立和法院的命令"。[①] 该文在充分重述前人研究成果的基础上,旗帜鲜明地提出了司法审查的实证研究进路。主张司法审查的新理论要将法律与政治融合在宪法学研究之中:"第一,法院判决受到法院所嵌入的制度结构的影响。法律和政治是融为一体的,常常很复杂,伴有一种不被完全理解的方式来融合;第二,强调实证理论,并不必然否定法律的影响。实证理论只是对一些规范学说所主张的、在严格意义上法律规范在多大程度

---

① Barry Friedman, The Politics of Judicial Review, *Texas Law Review*, Volume 84, Number 2, December 2005.

② 参见 Alec Stone Sweet, *Governing with Judges: Constitutional Politics in Europe*. Oxford, CBR: Oxford University Press, UK, 2000。

③ Barry Friedman, The Politics of Judicial Review, *Texas Law Review*, Volume 84, Number 2, December 2005.

① Barry Friedman, The Politics of Judicial Review, *Texas Law Review*, Volume 84, Number 2, December 2005, p. 261.

上约束法官提出质疑。法律规则无疑会影响案件的判决。法律起作用，即使它不可能起到规范理论所主张的那种特定的约束作用；第三，律师继续以法律条款辩论，法官继续以同样方式解决争议。如果有什么区别的话，那就是实证理论只是丰富了解释方法，仅仅因为讨论不再是由那种站不住脚的主张发展而来，该种主张认为专门的理论会避免法官施加自身的价值判断。现在，理论需要建立在其他的基础上；最后，实证理论未详细说明各种影响法官的相对力量。实证学说认为，法官并未受到规范理论所主张的一些方式的约束，相反，法官所受的限制恰恰是规范理论所主张不应当受到限制的方式。但是，实证理论在精确界定自治与约束的范围上还有很长的路要走。”①

本书借鉴了弗克德曼所倡导的研究方法，将法律和政治融入宪法学研究之中，尝试较为详细说明影响宪法审查制度能力的相对力量及其作用情况，以此解释不同国家或者同一国家的不同时期宪法审查制度能力的差异性。强调对宪法裁决的政治影响，却并没有全然否定法律的力量。正如，德国联邦宪法法院前法官迪特·格林(Dieter Grimm)教授所指出的，在法律应用的层面，法律与政治的界分并不意味着司法适用过程就是固有的非政治性，即根本没有给创造性判决留有余地……那种法律适用固有的去政治化立场预设了立法机关订立的法律规范完完全全能决定所有个案的裁决。然而，适用过程会提出法律规范不足的问题，这种情况下法官就不得不通过具体化和解释来回应。来自法官的前见、个人背景、社会化以及政治和意识形态的偏好就是不可避免

① Barry Friedman, The Politics of Judicial Review, *Texas Law Review*, Volume 84, Number 2, December 2005, pp. 331 - 335.

的……然而，仍旧有差别，因为事先的法律适用是发生在规范性不足的情形下。[①]

2. 合宪性审查的独立程度及其政治基础

作为合宪性审查制度能力的重要组成部分，合宪性审查制度的独立及其政治基础，司法政治学研究较为丰富。首先，司法独立的概念之争。这一概念看似简单和理所当然，其实却包含着广泛的争议。一般认为，司法独立是指中立的第三方不偏不倚地解决冲突。这种三方结构用来解决社会问题，尚且成立，一旦深入到解决政治领域的冲突，这种司法独立就很容易受到挑战。这在夏皮罗看来就是"当代法院卷入了一场持久性的危机之中"。"法院造法"和"社会控制"作为法院的政治功能与"司法独立"之间的张力如何解决？夏皮罗通过解释司法独立，认为司法独立是相对存在的，"司法独立"的神话被创造出来，不过是为了掩盖现代法院对于司法最初社会逻辑的背离。[②] 绝对的司法独立是一种理想状态，但是我们却有理由不断改善司法独立的程度。

其次，关于成因的讨论，较高程度的司法独立必须伴以相应的政治基础。第一，政治体制需要具有充分的竞争性；第二，司法原则要适度；第三，各方都要有充分的风险规避意识和前瞻意识。[③] 也有学者认为，设置独立司法审查的动机在于"政治保险"。

---

① Michael Hein and Stefan Ewert, What is "Politicization" of Constitutional Courts? Towards a Decision-oriented Concept, Antonia Geisler eds. *Law*, *Politics*, *and the Constitution*, Peter Lang Gmbh, 2014, p. 38.

② 参见[美]马丁·夏皮罗：《法院：比较法上和政治学上的分析》，张生等译，北京：中国政法大学出版社 2005 年版；于明：《司法治国：英国法庭的政治史(1154—1701)》，北京：法律出版社 2015 年版，第 353—354 页。

③ Stephenson: When the Devil Turns: The Political Foundations of Independent Judicial Review(2003), 32 *Journal of Legal Studies* 59.

托马斯·金斯伯格(Thomas Ginsburg)比较了韩国以及蒙古宪法法院设立的政治背景，认为在政局不稳定的情形下，担心选举失利的政客们设立了强大而独立的司法来保护自身免于将来赢家的专政。力量薄弱的政党或处于僵局之中的他们很可能会设立强大而独立并且易于接近的司法审查。而强大的统治者会设置有限的司法审查制度。[①] 爱泼斯坦(Epstein)和奈特(Knight)分析了美国各州最高法院的220年的历史，认为在政治的高度不确定性之下，制宪者们不大可能限制司法审查机构。宪法法院会以提供论坛的方式来保护政治上的少数派免于受到多数派的损害。[②]

然而，竞争性政治体制促进司法独立的观点也受到挑战。例如，有学者认为选举民主若不伴以稳定的政党体制、活跃的自由媒体以及选举的不确定性，那么这种竞争性政治就是阻碍而不是推动了司法独立。[③] 同样，认为竞争性政治体制未必促进司法独立的文章指出，[④]竞争性政治只是宪法法院独立的必要条件，而非充分条件。本书在变量模型中试图构建文化要素以及意识形态要素等，来解释合宪性审查制度能力尤其是消极能力的影响因子。

同时，也有学者研究了东欧司法审查与独立的关系问题，选取七个东欧国家宪法法院不同时期的公开案例为样本进行分析认

① Thomas Ginsburg, *Judicial Review in New Democracies: Constitutional Courts in Asian Cases*, Cambridge University Press, 2003.

② 参见 Alexei Trochev, Less Democracy, More Courts: A Puzzle of Judicial Review in Russia, *Law and Society Review*, Vol. 38, No. 3 (Sep. 2004), pp. 513－548。

③ Popova, Maria Dimitrova, *Judicial independence and political competition: Electoral and defamation disputes in Russia and Ukraine*, Harvard University, Pro Quest, UMI Dissertations Publishing, 2006.

④ Alexei Trochev, Meddling with Justice Competitive Politics, Impunity, and Distrusted Courts in Post-Orange kraine, *Demokratizatsiya*, 2010.

为,宪法或法律文本设计与司法审查之间没有必然关系。有些宪法或法律文本没有规定的权力,司法审查实施了,而在有些国家法院却没有实现规范性的司法独立或者司法审查权限;经济低迷恶化时期,司法审查更可能否决立法机关;总统权更直接影响着司法审查。总统权越强大,司法否决权就可能越低,若是总统起诉,司法可能就会默认行政权。对总统令和立法的司法审查是不同的。[①]

另外,也有学者认为,维护司法独立或司法至上性是执政者利益所在,维护这些价值就是维护执政者自身的政治利益。

权力不稳时期,执政党对宪法法院独立性和权威性有意强化。“政党越是分裂,宪法法院就越发有权和更具开放性。”促进宪法法院的独立符合特定时期执政者利益。例如,非国大在执政初期,为了确保南非转型的稳定,极力树立南非宪法法院的权威,解决转型过渡时期棘手的政治和社会问题。而随着转型的完成,南非社会趋于稳定发展,非国大对宪法法院独立的需求开始下降。[②]

“司法至上”不仅仅是一项书本上的宪法原则,在现实政治中,之所以践行“司法至上”,在于它也符合主要政治行动者的利益。比如,基斯·威廷顿著的《司法至上的政治基础:美国历史上的总统、最高法院及宪政领导权》一书认为“在美国大部分历史时期,总统发现,服从最高法院和鼓励其在解释宪法以及解决宪法争议中扮演主动角色,这有利于总统自己的利益,甚至在最高法院宣称他

① Erik S. Herron, Kirk A. Randazzo, The Relationship Between Independence and Judicial Review in Post-Communist Courts, *The Journal of Politics*, Vol. 65, No. 2, May 2003, pp. 435 - 436.

② Theunis Roux, *The Politics of Principle: The First South African Constitutional Court, 1995 - 2005*, Cambridge University Press, 2013, pp. 30 - 33.

是宪法的最终解释者之前，政治领导人已经表明了同样的态度。政治领导人的策略计算为司法至上奠定了政治基础”。

事实上，对于东欧转型国家而言，宪法法院是否保持较高程度的独立，很大程度上取决于这种独立能否保障主导性政治利益，以及维护这种独立的政治成本的高低。如果维护制度独立的政治成本过高，则政客就会选择干涉宪法法院，那么合宪性审查制度的消极能力就会受到影响。对这种政治利益是否存在或者政治成本高低的考察，也构成了本书合宪性审查制度能力的重要影响因子。比如，在乌克兰，由于市民社会的欠发达以及社会惯常的政治冷漠，①干涉司法独立，看起来并不能激起人民多大的反弹。既然干涉宪法法院的成本并不高，那么总统就会选择在重要案件上干涉宪法法院。还比如，俄罗斯公众普遍存在厌讼的社会心理。譬如反对党频繁向宪法法院挑战现行法律，就会被认为是个麻烦制造者，接下来的选举得票率就会降低。② 对于反对党来说，这种高政治成本的诉讼，还是越少越好。客观上也就减少了反对党挑战法律政策的几率。

3. 合宪性审查与政策制定

合宪性审查机构参与政策制定是宪法审查制度积极能力的重要体现。关于司法审查或宪法法院参与政策制定的观点，主要表现为以下两类学说：

一类学说认为，司法审查作为政策制定者之一，其实并不能真

① Paulina Pospieszna, *Democracy Assistance from the Third Wave: Polish Engagement in Belarus and Ukraine*, Published by University of Pittsburgh Press, (February 2014), p. 20.

② Wojciech Sadurski, *Rights Before Court: A Study of Constitutional Courts in Postcommunist States of Central and Eastern Europe*, 2005 Springer, p. 95.

正推动社会进步：罗伯特·达尔通过对美国新政期间的最高法院行动分析认为，只有最高法院跟不上居于主导的选举集团的快速变革时，才会阻碍国会的多数，对立法说不。事实是，法院的政策观从来不会长时间跟立法机关多数派较劲。[①] 也有学者认为，法院所做政策其实不过是顺应了其他政治机构的偏好或者符合占据主导地位的意识形态，法院所做不过是顺水人情，那种认为法院可以主导社会进程的观点只是泡影。[②]

另一类学说认为，近年来司法审查的全球化扩张趋势下，司法审查越来越多介入政治问题，[③]法院的地位变得愈发重要，主导了社会进程。有学者研究了 1945 年到 2004 年美国联邦法院判决，评估了司法对 14 个领域中 268 项政策历史所做的贡献。与前述主流观点相反，分析认为每四个政策变迁中就有一个来自于联邦法院的影响。[④] 同样，随着宪法法院对立法的抽象审查，宪法法院作为立法机关的“第三阁”，越来越发挥主动立法的功能。宪法法院的主动立法，体现为以下四种发展趋势：第一，宪法法院通过制定宪法规则甚至于改变宪法来填补制宪权；第二，宪法法院承担立法者助手的任务，补充立法，增加新规定，决定立法效力，通过这些方式来介入当下的立法；第三，宪法法院填补立法空缺，由于绝对或相对的立法遗漏，在一些案件中宪法法院成为临时立法者；第

① Robert A. Dahl, Decision-Making In a Democracy: The Supreme Court as a National Policy-maker, *Journal of Public Law* 6(1957), p. 279、p. 285.

② Rosenberg Gerald: *The Hollow Hope: Can Courts Bring about Social Change?* University of Chicago Press, 1991.

③ 以 2000 年布什诉戈尔案为里程碑案件。

④ Matt GR O Ssmann, Brendon Swedlow, Judicial Contributions to US National Policy Change since 1945, *Journal of Law and Courts*, Vol. 3, No. 1 (Spring 2015), pp. 1 – 35.

四，宪法法院在具体争议的司法审查上成为立法机关。[①]

这两种学说对于描述民主转型国家宪法审查的积极能力具有参考价值：比如宪法法院作为主动的立法者参与政策制定，在什么条件下和什么程度上推动社会进步，则是本书需要进一步讨论的问题。

4. 合宪性审查与司法统治

“司法统治”集中体现了近年来合宪性审查制度能力，尤其是积极能力的不断扩张。与上述的“政策制定”相比，“司法统治”一词更加凸显合宪性审查制度能动性。20 世纪 90 年代以来，宪法法院或具有司法审查权的法院成为国家治理的关键机构，呈现出“法官治理”的景象被称为“司法统治”。[②]《走向司法统治》一书以加拿大、以色列、新西兰以及南非四国为例，论述司法审查/宪法审查对国家治理的作用，表征这四国治理方式的变迁。基于治理的需求，这四国面对社会分裂和分化的危机，转换治理方式，即将统治权从立法领域转移至司法领域，从而有效维持统治利益。

剑桥学者詹姆斯·格兰特(James Grant)则从法律思想史角度，梳理了司法统治出现的历史源头。该文从普通法在美英两国不同的发展脉络来看，认为普通法在美国获得了激进的发展，树立了司法至上的传统，经由联邦最高法院发展的马伯里诉麦迪逊案等，尤其是 20 世纪以来，经过洛克纳时代、新政和沃伦法院时代，美国的司法能动主义充分发展。这为司法统治奠定社会基础。而民主传统

---

① 参见 Allan R. Brewer-Carias, *Constitutional Courts as Positive Legislators*, Cambridge University Press, 2011。

② 这一概念由 Hirschl 提出，详见 Ran Hirschl, *Towards Juristocracy: the origins and consequences of the* new *constitutionalism*, Cambridge: Harvard University Press, 2004。

在美国从来就不是占据主导地位。美国的开创者们甚至对民主政治怀有某种恐惧，如托克维尔所理解的，律师和法官们形成的贵族统治为抵制民主提供了堡垒。这种政治传统为司法统治提供了政治环境。相比美国，普通法在英国的发展则较为保守。该文认为司法治理并未在英国出现。[①] 而我国青年学者于明的《司法治国：英国法庭的政治史（1154—1701）》则从法律社会史的角度，个案解读英国 1154 年到 1701 年的司法政治发展，具体描述了司法在国家治理中的功能。[②]

对司法统治的性质和原因分析，赫希尔（Hirschl）在《司法统治——政治而非司法》一文中详细阐释。[③] 该文阐述了司法治理出现的政治条件，这是宪法学研究往往忽视的。如果不是掌权者明里暗里的支持，依赖法院解决政治问题，是不具有可持续性的。宪法学研究固有的局限性表现在：惯用规范学视角来讨论这种统治权移转，即反多数主义以及民主赤字等，而把政治传统起源放在了一边；他们批判司法能动，责难法院和法官过于独断，而忽略了基本的权力分立和民主治理原则；还有学者认为，美国的最高法院有种称霸的冲动。在本书作者看来，以上研究都不够充分。

本书认为，法院是个政治机构，它们不会在政治真空中运行。司法能动可能源于政治组织出了问题，比如虚弱、分散以及陷入僵局。民主体制之下，政治组织运行越失调，司法权扩张的可能性就越大。在处理社会和文化矛盾冲突时，多数决政治往往陷入僵局，

---

① 参见 James Grant，The Rise of Juristocracy，*The Wilson Quarterly*，Vol 34，No. 2（Spring 2010），pp. 16 – 22。

② 于明：《司法治国：英国法庭的政治史（1154—1701）》，北京：法律出版社 2015 年版。

③ R Hirschl，，Juristocracy — Political，not Juridical，*The Good Society*，2004，Volume 13，Number 3，pp. 6 – 11.

导致不得不依赖宪法法院拍板决策。同时，这也是政治家们转移政治风险和责任的一种策略。由司法统治并服从司法，更多的是政治因素而不是司法因素使然。[①]

5. 政体与法院功能的关系

在民主转型进程中，不同国家的宪法法院存在制度能力上的显著差异性，而政体类型与宪法法院角色的关系是解释这种差异性的关键变量。对政体类型与法院关系的经典假设认为，只有民主政体之下，法院充分独立于政府其他分支，才可以维护法治。[②] 而威权政体下，法院的司法属性被大大弱化了，它既不会为反对派提供竞技舞台，也不可能对威权政策提供否决意见。既然威权政府通常强调的是效率、便宜和公共利益，那么通过牺牲个人的权利与程序正义为代价，令司法名存实亡是威权政府的应有之义。然而，这种经典假设却失之偏颇。威权政体之下，法院仍旧实施着重要的社会控制功能、为政权的合法性进行辩护、解决政体内部高层之间的冲突，在经济领域为国内外投资者提供可信的承诺，实施不受欢迎的政治和经济改革等功能。[③] 甚至于在混合政体国家，法院或宪法法院伴随着独立性的丧失，异常活跃

---

① 参见 Ran Hirschl：Juristocracy——Political，not Juridical，*The Good Society*，Vol. 13，No. 3(2004)，pp. 6－11。

② 参见 Epstein，Knight，& Shvetsova：The Role of Constitutional Courts in the Establishment and Maintenance of Democratic Systems of Government，*Law & Society Review*，Vol. 35，No. 1(2001)，pp. 117－164。

③ 参见[美]马丁·夏皮罗：《法院：比较法上和政治学上的分析》，张生等译，北京：中国政法大学出版社2005年版；Tamir Moustafa，*The Struggle for Constitutional Power*，Cambridge University Press，2007；*Rule by Law：The Politics of Courts in Authoritarian Regimes*，Edited by Tom Ginsberg，Cambridge University Press，2008。

起来。[①]

非民主政体下一定程度的司法独立也是存在的。比如,有一些学者指出,即便是处于“全能”政体下,在那些并不影响政权核心政治利益的纠纷解决中,法院仍旧留有空间独立并中立地审判。[②] 而智利皮诺切特时期,司法系统的独立性也是被认可的。皮诺切特将军在实施军事独裁的同时,对司法奉行不干涉政策,而这一时期司法的去政治化立场也迎合了皮诺切特军事政权。[③] 同样,20 世纪 70 年代巴基斯坦、菲律宾以及印度三国先后进入军事托管、戒严以及紧急状态,尼尔·泰特(Neal Tate)研究了这些威权政体对待司法的措施,他们采取设置军事法庭等平行法院的方式,来削减普通法院管辖的广度和深度,通过立法削减普通法院对政治上敏感案件的管辖权,而在其他领域普通法院控制社会和行政管理的功能并未减弱,从而维护司法独立的表象。[④] 不得不说,这种情况下的法院是独立的,但也是无力的。

还有一些学者探讨,威权体制下的法院在什么条件会挑战当权者?穆斯塔法(Moustafa)对埃及的司法研究表明,埃及宪法法院在一系列案件中都会挑战穆巴拉克政权,而之所以穆巴拉克总统容忍了这些做法,在于执政者需要树立司法独立和体现

---

① 参见 Maria Popova, *Politicized Justice in Emerging Democracies: A Study of Courts in Russia and Ukraine*, by Publisher: Cambridge University Press, 2012。

② C. Neal Tate and Stacia L. Haynie, Authoritarianism and the Functions of Courts: A Time Series Analysis of the Philippine Supreme Court, 1961 - 1987, *Law & Society Review*, Vol. 27, No. 4(1993), p. 709.

③ 参见 Hilbink, *Judge Beyond Politics in Democracy and Dictatorship: Lessons from Chile*, New York: Cambridge University Press, 2007。

④ 参见 C. NeaL Tate, Courts and Crisis Regimes: A Theory Sketch with Asian Case Studies, *Political Research quarterly*, 1997。

自由市场经济这样一种表象，以此吸引外国投资者放心大胆来埃及投资。[①] 还比如，汤姆·金斯伯格（Tom Ginsburg）认为，在威权国家，当反对派出现，法院是可能成为“推动促进民主化的引擎”，站到执政者的对立面。[②] 而像阿根廷，司法体制内部存在着一种不确定的法官任期制度，也会促使法院迎合强大的反对派，因为他们很可能在未来主政。[③] 事实上，“政体”是个宽泛的术语，讨论政体与宪法审查制度能力的关系似乎没有太大意义。真正起作用的，往往是执政者的利益、意志以及能力。

6. 匈牙利及其他东欧国家宪法法院的判例研究

东欧民主转型国家宪法法院的英文著作和论文较为丰富，从静态层面的制度设计到动态的宪法法院运行分析，从规范法学研究到近年来逐步兴起的宪法政治学与社会学研究，为我们提供了丰富的素材和多样化的视角。其中较具代表性的著作有萨德沃教授的《法庭上的权利》。[④] 这本书考察了中东欧宪法法院在保障人权方面的努力与贡献，为东欧宪法法院的判例研究提供了丰富的素材。此后，本书经 2014 年作者重新修订，相应增添了主要代表国家的最新判例分析。

---

① 参见 Tamir Moustafa，*The Struggle for Constitutional Power*，Cambridge University Press，2007。

② 参见 Tamir Moustafa and Tom Ginsburg，Introduction：The Functions of Courts in Authoritarian Politics，in *Rule by Law：The Politics of Courts in Authoritarian Regimes* Edited by Tom Ginsburg，Cambridge University Press，2008。

③ 参见 Gretchen Helmke：Checks and Balances by Other Means：Strategic Defection and Argentina's Supreme Court in the 1990s，*Comparative Politics*，Vol. 35，No. 2（Jan. 2003），pp. 213－230。

④ Wojciech Sadurski，*Rights Before Courts：A Study of Constitutional Courts in Post-communist States of Central and Eastern Europe*，2008 Springer.（second edition）2014 Springer.

萨德沃是研究东欧宪法法院的代表学者。他长期关注东欧宪法法院的运行，参与了系列著作。除了上述之外，还在多篇论文讨论东欧宪法审查的正当性问题，对宪法审查究竟是司法还是政治属性，做出了深入讨论，有助于理解宪法法院的定位，①以及东欧转型二十年宪法审查状况的回顾，②和对东欧法治和宪法文化的反思。③

萨德沃的著作《为宪法司法而斗争》，是他游历了东欧五国政府机构、宪法法院，与宪法法官进行了大量的访谈，考察了2000年之前波兰、匈牙利、俄罗斯、保加利亚和斯洛伐克等五国宪法法院在各自国家转型中为宪治民主所做的贡献。本书主要围绕机构权限划分问题、基本权利尤其是选举权利和经济社会权利的保护问题以及转型正义问题展开，为我们展示了宪法法院运行的历史、政治以及社会环境。十余年之后，东欧国家又面临新的发展与变化，比如，当初被认为成功典范的匈牙利宪法法院遭遇到了新的挑战，即基本法及其修正案对宪法法院管辖权和内部自主性削弱等新情况，都需要进一步补充说明。

---

① Constitutional Justice, East and West, edited by Wojciech Sadurski, *Kluwer Law International*, 2002, pp. 163 - 187.

② Wojciech Sadurski, Twenty Years After the Transition: Constitutional Review in Central and Eastern Europe, *Legal Studies Research Paper*, July 2009; Kasia Lach and Wojciech Sadurski, Constitutional Courts of Central and Eastern Europe: Between Adolescence and Maturity, 3 *J. Comp. L.* 212. 2008.

③ *Rethinking the Rule of Law after Communism*, edited by Adam Czarnota, and Wojciech Sadurski, CEU press, 2005; Wojciech Sadurski, Constitutional Courts and Constitutional Culture in Central and Eastern European Countries, *in Central and Eastern Europe After* Transition, edited by Alberto Febbrajo and Wojciech Sadurski, Ashgate 2010.

艾伦·塔瑟姆(Allan F. Tathem)的著作[①]以及西拉(Csilla Kiss)的博士学位论文[②]重点介绍匈牙利和波兰宪法法院的判例和宪法法院对民主的巩固作用，对东欧司法研究有重要的资料参考价值。玛丽亚(Maria Popova)的专著是经作者2006年的博士论文修改而成，[③]通过对俄罗斯和乌克兰地方法院案件的定量定性分析以及对法官的访谈，展现了上个世纪末期到本世纪初俄罗斯和乌克兰的法治危机，主要是依附性司法以及司法腐败问题，并剖析了造成司法不独立的因素所在，提出了新的观点：在混合制政体下的竞争性政治非但没有促进司法独立，反而恶化了脆弱的当权者对司法的干涉，司法成为当权者抵制反对派的有力武器。

阿列克谢·特洛切夫(Alexei Trochev)[④]以及卡塔琳娜·沃尔丘克(Kataryna Wolczuk)的专著[⑤]分别对俄罗斯宪法法院和乌克兰转型时期宪法变迁提供了判例和政治背景的分析。此外，斯通·斯威特(Alec Stone Sweet)从宪法政治学视角，揭示法、德、意、欧盟宪法法院在治理中的作用，深入探讨了欧洲民主发达国家

---

① *Central European Constitutional Courts in the Face of EU Membership: The Influence of the German Model in Hungary and Poland*, Matinus Nijhoff Publishers, 2013.

② *Constitutional democracy in Eastern Europe: The role of constitutional courts in democratic consolidation in post-communist Hungary and Poland*, McGill University (Canada), 2005.

③ *Politicized Justice in Emerging Democracies: A Study of Courts in Russia and Ukraine*, by Publisher: Cambridge University Press, 2012.

④ *Judging Russia: constitutional court in Russian politics*, 1990 – 2006, Cambridge University Press, 2008.

⑤ *The Molding Of Ukraine: The Constitutional Politics of State Formation*, Central European University Press, 2001.

宪法法院的积极能力。[①] 詹姆斯·勇(James Yong)的《司法体制转型》[②]和一本会议论文集[③]都对东欧转型司法及其独立状况做了最新分析,另一本论文集则是对东欧转型法治的深刻反思。[④]

大体而言,东欧宪法法院的判例主要体现为六个方面:一是转型司法类,比如"净化法"的合宪性、对前政府官员职务犯罪起诉的合宪性等;二是国家机关权限的争议;三是基本人权保护问题,比如废除死刑、堕胎法的合宪性、公民个人身份识别码的合宪性等;四是社会经济政策合宪性,比如税收政策合宪性、财政紧缩政策合宪性、抚恤金浮动指数合宪性等;五是大选争议问题;六是政党合宪性问题。同时,对于东欧宪法法院的显著影响上,国际因素比较突出,比如欧洲一体化趋势下欧盟标准对东欧各国的制约以及他们渴望被欧盟接纳,这都提升了本国政治民主化进程以及人权保障的国际标准。

《东欧宪法评论》(East European Constitutional Review)每期都记录东欧民主转型的宪制变迁与时局分析。这本杂志于 1993 年创刊,2003 年底停止出版,其间每年刊出三到四期不等,密切关注东欧各国的宪法动态,着力总结概括各国的重要政治事件,并重点评介各国宪法法院的典型判例。这些报导是世界了解东欧转型动态的重要窗口。此外,来自"自由之家"的指数评估和年终报告

---

① *Governing with Judges: Constitutional Politics in Europe*. Oxford, GBR: Oxford University Press, UK, 2000.

② *Systems of Justice in transition: Central Europe Experiences Since* 1989, Ashgate 2003.

③ Anja Seibert-Fohr (ed.) *Judicial Independence In Transition*, *Springer Heidelberg*. New York Dordrecht London, 2012.

④ *Rethinking the Rule of Law after Communism*, Edited by Adam Czarnota, Martin Krygier, and Wojciech Sadurski, Central European University Press, 2005.

也有助于进一步了解匈牙利的近况。

对匈牙利宪法法院研究，有代表性的研究人员主要包括两类，一是来自实务界，比如匈牙利宪法法院前院长索庸（László Sólyom）、斯洛伐克宪法法院顾问普罗恰兹卡·拉多斯拉夫（Prochazka Radoslav）等；二是来自理论界，比如宪法学者莱恩（Kim Lane Scheppele），赫尔曼·施瓦兹（Herman Schwarz），圣佐坦（Zoltán Szente），凯瑟琳·杜普雷（Catherine Dupre）。前者主要集中于1990—1998年的宪法法院，着重于典型判例总结以及解释方法的分析。① 后者关注的宪法法院时间跨度较大，基本上从转型以来一直持续到如今宪法法院的近况。其中，莱恩（Kim Lane Scheppele）教授一直密切关注宪法法院各阶段的发展，提出了“法院主导的民主”理论，②从比较视角思考宪法法院的政治背景，这种政治背景限于法院与国会之间的互动关系的简要描述，③对宪法法院院长领导风格的比较分析，④以及对近年来匈牙

① Prochazka, Radoslav, *Mission Accomplished: On Founding Constitutional Adjudication in Central Europe*, Central European University Press, 2002; László Sólyom, The Role of Constitutional Courts in the Transition to Democracy: With Special Reference to Hungary, *International Sociology*, 2003 18; *Constitutional Judiciary in a New Democracy: The Hungarian Constitutional Court*, edited by Laszlo Solyom and Georg Brunner, University of Michigan Press, 2000.

② Kim Lane Scheppele, Democracy by Judiciary. Or, why Courts Can be More Democratic than Parliaments, In *Rethinking the Rule of Law after Communism*, Edited by Adam Czarnota, Martin Krygier and Wojciech Sadurski, Central European University Press, 2005.

③ Kim Lane Scheppele, “Constitutional Negotiations: Political Contexts of Judicial Activism in Post Soviet Europe”, *International Sociology*, 18(2003), pp. 219 - 238.

④ Kim Lane Scheppele, The Chief Justice and the Institutional Judiciary, *University of Pennsylvania Law Review*, Vol. 154, No. 6, (Jun. 2006), pp. 1757 - 1851.

利宪法法院遭遇的全面关注，提炼了"宪法政变"的概念等。[①] 而佐尔坦(Zoltán Szente)教授更善于从宪法法院判例的特征和技术分析着手，系统总结和分析了宪法法院的解释方法以及某种审查技术的量化分析等。[②] 此外，还有政治学者佐尔特(Zsolt Enyedi)、古博·托卡(Gubor Toka)以及我国台湾地区学者洪茂雄等人对宪治体制、政党政治的系统研究。[③]

总体而言，对于匈牙利宪法法院的研究，英文资料更多倾向于法学研究的视角，倾向于做转型以来的阶段性研究，对宪法法院的判例研究及其规范性和技术性分析居多。而政治研究上，对政党政治的研究居多：偏重于政党政治的发展、特定政党制度的特征等。

7. 国内研究成果

司法审查制度，尤其是法治发达国家的宪政制度，一直是国内宪法学热衷的话题。相比之下，对转型国家的司法审查制度的研究则匮乏得多。该领域有代表性的作品有王卫明：《东欧国家违

---

① Kim Lane Scheppele, Constitutional Coups and Judicial Review: How Transnational Institutions can Strengthen Peak Courts at Times of Crisis, *Transnational Law & Contemporary Problems*, Spring, 2014.

② Zoltán Szente, The Interpretive Practice of the Hungarian Constitutional Court: A Critical View, *German Law Journal*, Vol. 14, No. 8; Zoltan Szente, Hungary: Unsystematic and Incoherent Borrowing of Law. The Use of Forein Judicial Precedents in the Jurisprudence of the Constitutional Court, 1999 - 2010, in *The Use of Foreign Precedents By Constitutional Judges*, Hart Publishing, 2013.

③ Zsolt Enyedi and Gubor Toka, *Party Politics in Hungary*, *in Party Politics in new democracies*, edited by Paul Webb, Oxford Press, 2007; Laszlo Szarvas (1994), Parties and Party fractions in the Hungarian Parliament, *Journal of Communist Studies and Transition Politics*, 10: 3;洪茂雄：《东欧各国宪政体制比较研究》，台湾地区"行政院""国家科学委员会"专题研究计划成果报告，2001年。

宪审查制度比较研究》，中国政法大学出版社 2008 年版；张微林：《民主转型国家的宪法审查——俄罗斯宪法法院的建立、制度及其功能评析》，北京大学 2014 年博士学位论文；宋永华：《韩国宪法法院制度研究》，复旦大学 2009 年博士学位论文，以及刘仁文教授所著的俄罗斯宪法法院系列研究。

其中，《东欧国家违宪审查制度比较研究》一书对于东欧宪法法院的分析多限于规范法学的视角，集中于巩固民主国家的宪法法院制度研究；《司法审查制度比较研究》第三章宪政转型国家的司法审查制度，比较全面地介绍了拉美和东欧转型国家的司法审查制度出现与发展情况，详细梳理了司法审查的制度模式，即分散审查、集中审查、混合审查三种制度模式之间的区分，涵盖的国家以及管辖权限。[①] 该章还单列一节介绍了司法审查在转型国家的运行，简要介绍了司法审查推动宪政发展的基本情况，并简要分析了影响司法审查的几项因素。[②] 该文对全面了解司法审查制度，提供了理论框架，是对转型国家司法审查制度的基本介绍。

此外，转型政治的研究近年来逐步兴起，主要有叶麒麟：《社会分裂、弱政党政治与民主巩固——以乌克兰和泰国为例》，中央编译出版社 2015 年版；刘敏茹：《转型国家的政党制度变迁：俄罗斯与波兰的比较分析》，中央编译出版社 2013 年版；包毅：《中亚国家的政治转型》，社会科学文献出版社 2015 年版；潘德礼：《原苏联东欧国家政治转轨比较研究》，社会科学文献出版社 2015 年版等。这些论著为论述宪法法院运行的政治背景提供了一定的参考。

---

① 张千帆等：《司法审查制度比较研究》，南京：译林出版社 2012 年版，第 171－180 页。

② 张千帆等：《司法审查制度比较研究》，南京：译林出版社 2012 年版，第 189－203 页。

五、选题意义、创新及难点

1. 选题意义

(1) 理论意义

国家转型理论一直是我国法学和政治学研究的重点课题，转型司法是其中重要组成部分，有必要了解国外相关制度的比较研究及其有益成果。不同的政治生态下，冠以同样名称的制度产生多样的运行结果，再次启迪我们制度移植的谨慎与考察本国制度环境的必要性。正如习近平总书记指出的：设计和发展国家政治制度，必须注重历史和现实、理论和实践、形式和内容的有机统一。要坚持从国情出发、从实际出发，既要把握长期形成的历史传承，又要把握走过的发展道路、积累的政治经验、形成的政治原则，还要把握现实要求、着眼解决现实问题，不能割断历史，不能想象突然就搬来一座政治制度上的“飞来峰”。① 本书通过比较政治学和法学视角，对转型国家宪法审查制度能力做类型化分析，阐述影响制度能力的理论模型，希望对转型司法的理论研究有所裨益。

(2) 现实意义

“依法治国，建设社会主义法治国家”已经写入了我国的宪法。中共十八届四中全会提出了全面依法治国的总目标和重要任务。习近平总书记强调：宪法是国家的根本法，是治国安邦的总章程，是党和人民意志的集中体现。坚持依法治国首先要坚持依宪治国，坚持依法执政首先要坚持依宪执政。党的十九大报告提出：“加强宪法实施和监督，推进合宪性审查工作，维护宪法权威。”本

① 习近平：《在庆祝全国人民代表大会成立60周年大会上的讲话》。

书围绕域外司法实践，提炼有关合宪性审查制度能力的理论模型，以期呼应这种政策号召。

2. 创新及难点

本书的主要目标在于将制度能力应用于司法领域，尤其是宪法审查领域，运用决定制度能力的原理及变量模型来解释宪法审查制度。如前文分析，宪法审查制度能力是一项描述宪法审查独立状况、运行实效以及功能发挥的复合型概念，能较好反映民主转型过程中宪法审查制度的角色以及民主政治对宪法审查制度能力的重要影响。本书的理论创新之处在于通过对主要转型国家宪法审查制度的比较分析，建立了一个相对完整的、分析宪法审查制度能力的理论模型，从中梳理出政治竞争度、利益趋同性、文化特质以及司法认知四个变量。以往的研究往往只侧重于其中一个变量，并未建立起这四个变量之间内在的有机联系，而本书在这方面的努力不仅用来解释匈牙利转型过程，也希望能为其他国家宪法审查制度研究提供理论架构。

本书的主要挑战是对宪法审查制度能力做类型化分析，并阐述影响这种宪法审查制度能力的主要因素，总结归纳主要转型国家宪法审查制度运行的概况及原理，并将其适用于分析匈牙利的宪政转型过程。按照制度能力的高低，本书尝试将宪法审查制度划分为规范性、选择性与名义性宪法审查三种理想形态。而对宪法审查制度成因分析，则需要综合考量政党政治、国家利益、社会传统以及司法自身认知等。本书写作的基本思路是从宪法法院裁决具体案件的微观视角出发，讨论宪法审查理想形态的中观分类，建构影响宪法审查制度能力要素的宏观模型。出于语言的限制，本书查阅的都是有关国家的英文资料。为保持英文资料的准确性和一手性，主要选取来自于匈牙利、中东欧国家本地学者和司法实务人士的英文著述，或者长期关注并致力于匈牙利政治法治研究的外籍学者。同时，对宪法法院的微观讨论上，由于宪法法院的内部运作向来以“小黑箱”著称，内部决策过程缺乏公开性、透明性，这种限制也构成对宪法法院研究的挑战。本书的主要难点在于尽力克服这些限制，对匈牙利宪法审查的变迁过程及其机理进行较为深入的探索与剖析。

六、基本思路与结构安排

本书以匈牙利宪法法院为研究对象，以匈牙利转型前后以及转型二十五年来宪法法院制度能力的变迁为线索，描述其能力变迁的表现，并挖掘这种变迁背后的政治和社会逻辑。本书由前言、正文以及结论三部分构成。前言部分由研究框架、研究现状和意义等组成，简要交代政治转型进程中宪法审查制度发展的概况；重点进行文献梳理与述评，指出我国大陆地区相关研究成果的不足之处，进而交代本选题的理论意义和现实意义。最后为结论部分，总结本书主要发现并展望匈牙利宪制的未来前景。

正文由四章构成，内容简述如下：

第一章侧重于从比较研究的视角，综合多个转型国家宪法审查制度的状况，总结提炼出影响宪法审查制度能力的理论模型。这是本书研究的基础。接下来以匈牙利为例，根据宪法法院制度能力的强弱与性质，将宪法法院分成三个阶段。每一阶段构成一章，分述各阶段的制度能力表现及其核心变量。

第二章在论述第一宪法法院之前，对转型前匈牙利宪法监督制度给予了充分的关注，概述了转型前司法审查、宪法监督制度在社会主义匈牙利的变迁及定位等。第一宪法法院作为东欧最强大的宪法法院，它的出现与匈牙利处于转型阶段这一特定历史阶段密切相关，与匈牙利的政党政治、民主政治的不足紧密相联，与匈牙利整个社会心理也有着直接关系，更与匈牙利转型阶段的奋斗目标息息相关。

第三章主要论述了后索庸时代的宪法法院，在民主巩固阶段所发挥的作用及其影响力。这一阶段伴随着政党政治的发展和成熟，宪法法院退出了领导地位。在民主与法治仍旧构成匈牙利主要意识形态的背景下，宪法法院发挥着规范性作用。

第四章着重论述了青民盟 2010 年执政以来对匈牙利宪制的破坏及其相应背景下宪法法院制度能力的显著削弱。在这种一元权力模式逐步固化的局势下，宪法审查沦为选择性审查。随着政治态势的演变，宪法法院的自治领域逐步缩小。

总体而言，全书综合运用了比较分析方法，强调政治和社会对司法的制约和互动，并比较多地运用具体个案。本书以问题为导向，紧密围绕合宪性审查制度能力的变量展开，深入到匈牙利政党政治的实际运作经验之中，通过案例分析方法，阐释典型个案的背景及其政治作用和社会影响。在援引权威数据及其对数据的有效分析基础上，对匈牙利不同时期的政党政治特点以及国家利益导向、意识形态走向等做出提炼，以此阐释宪法法院不同时期的政治生态，对宪法法院制度能力的决定性影响。此外，对匈牙利宪法法院的分析是放在中东欧宪法审查的整体视角下进行观察的，尤其注重与波兰等宪法法院制度的对比分析；对匈牙利政党政治的研究也是通过对比中东欧政党政治的总体特点，来展现匈牙利政党发展的特色。

第一章　合宪性审查制度能力的理论建构

东欧各国的合宪性审查制度能力大相径庭。有的国家，宪法法院十分“强势”；有的国家，宪法法院宛如一枚“橡皮图章”，碌碌无为。匈牙利宪法法院则“从无到强”，一跃成为东欧各国最强势的法院，之后逐渐回归常态，并从强规范性审查演进为选择性审查。

所有这一切都不是偶然发生的。合宪性审查的强弱是由其制度能力决定的，而制度能力又取决于政治竞争的程度等客观因素，以及司法对自身角色的认知、民族法治传统等主观因素。例如，在多党民主体制中，如果议会多数和行政首脑都被牢牢掌控在一党手中，那么执政党也将完全操纵司法任免过程，这样的法院也不可能违抗任免者的旨意，积极行使宪法审查权。在力量相对均衡的多党竞争中，不同党派在政治竞争中相互牵制，才会给强势宪法审查留下空间。即便这样的情况下，如果法官自己弃权，并不认为自己在国家法律与政策的合宪性控制中有义务担当任何角色，那么宪政法院仍然可能甘于“无为而治”。

因此，我们需要进行理论建构，系统梳理影响合宪性审查制度能力的主要因素。这一章首先诠释合宪性审查制度能力及其构成要素，然后界定合宪性审查的三种理想形态，最后梳理决定合宪性审查制度能力的四种主要因素。

一、合宪性审查制度能力的提出

合宪性审查(constitutional review)也称为宪法审查、违宪审查,即依据宪法对法律规范进行审查的制度。[①] 宪法审查包含了司法审查,司法审查比较适合于描述美国、日本等国的违宪审查制度,而对于欧洲大陆实行的宪法法院制度,由于融合了司法性与政治性的特征,尤其有部分国家的宪法法院在审查的提起方式上,还存在着主动性提起,与司法审查的被动性明显相悖,不宜统称为"司法审查",而只有"宪法审查"一语可以更完整概括包括欧洲大陆的宪法法院制度。此外,宪法审查还包括了宪法委员会实施违宪审查的类型。因此,无论是从审查的提起方式,还是从审查主体范围而言,宪法审查都是较司法审查更为广泛的概念。本书中,"宪法审查"与"合宪性审查"通用。

制度能力(institutional capacity)则是指特定制度对既定任务的实施情况。[②] 这里的制度是机构或组织的意思。而能力是指机构(组织)实施或追求其目标的实际水平。"制度能力"通常用于经济学和政治学领域的研究,"可以用来分析涉及政治和社会经济系

---

① 王振民:《中国违宪审查制度》,北京:中国政法大学出版社 2004 年版,第 19 页。

② Blomquist, William and Elinor Ostrom, 1999, "Institutional Capacity and the Resolution of the Commons Dilemma", in Michael D. ed., *Polycentric Governance and Development: Readings from the Workshop in Political Theory and Policy Analysis* (Ann Arbor: University of Michigan Press). 转引自 Pitman B. Potter: *Law, Policy, and Practice on China's Periphery: Selective adaptation and institutional capacity*, Routledge 2010, p. 20。

统运行效果的因素”。[①] 一般都从关系视角和功能视角考察制度能力。从关系视角聚焦于机构与选民之间的责任问题、绩效与资源耗用的关系、授权与问责等。[②] 而功能视角则是关注获取信息的能力以及机构实现目标的能力。

将制度能力用于宪法审查制度的研究上，侧重于从政治视野来考察宪法审查制度。这种视野体现为功能视角和关系视角两个方面：从功能视角，考察宪法审查制度运行中的功能表现；从关系视角，考察一定政治结构或国家权力结构下宪法审查制度与其他政治机构和人民的关系。概言之，对宪法审查制度能力的考察，离不开特定的权力关系或政治结构。

所谓宪法审查制度能力是宪法审查机构实现或追求其目标的实际水平或效果，即一定宪制体制下的宪法审查机构，在实施宪法和解释宪法的过程中，保障人权、维护宪制秩序的实际水平。对宪制秩序的维护不仅在于审查机构本身的能量，还取决于其他政治机构对宪法实施的尊重程度，也受到民众对宪法审查机构支持程度的影响。本书侧重从这种关系视角考察宪法审查制度。尤其是宪法审查机构在重建或恢复宪法秩序中所发挥的作用，比如参与政策制定，从消极的立法者转变为“积极的立法者”，解决政治僵局，促进法秩序统一。通过合宪性审查这一装置，凝结各派政治力量致力于推进国家整体转型，从而实现对政治和社会的整合、稳

---

① ［加］皮特曼·波特等编：《“选择性适用”的假设与中国的法治实践》，上海：上海社会科学院出版社 2009 年版，第 1 页。

② 参见 Savitch，H. V.，1998，“Global Challenge and Institutional Capacity：Or How We Can Refit Local Administration for the Next Century，” *Administration and Society*. vol. 30：248 – 273。转引自 Pitman B. Potter：*Law，policy，and Practice on China's Periphery*：*Selective adaptation and institutional capacity*，Rout-ledge2010，p. 20。

定、平衡以及建构的功能。此外，宪法审查机构也可能在维护宪制秩序上微乎其微，宪法审查机构本身不断遭受压力，有名无实。这就构成了另外一种极端情形。事实上，合宪性审查制度能力往往徘徊在两个极端之间。

（一）合宪性审查制度能力的表现形式

1. 消极能力与积极能力

为了具体剖析这一概念，根据宪法审查制度抵御外界干涉和干涉外界的能力，将宪法审查制度能力划分为宪法审查消极能力和宪法审查积极能力。消极能力是宪法审查抵御外界、主要是政治进攻的能力，是对宪法审查独立程度的描述。这里需要说明的是，规范法学倡导的“司法独立”，从政治学视角观察，存在着相对的司法独立，实质是司法独立程度的问题。

学者夏皮罗认为，“当代法院卷入了一场持久性的危机之中”。“司法独立”是神话，也是杜撰，不过是为了掩盖现代法院对于司法最初社会逻辑的背离。① 他认为司法独立是相对的。而我们所说的宪法审查，因与政治问题的千丝万缕，就更不宜使用“司法独立”。宪法审查消极能力的理想状态是司法独立，不过在政治现实和本书的语境中，更宜采纳消极能力这样一种描述性词汇。

积极能力是合宪性审查制度干预外界的能力，表现为对政治和社会的整合能力、稳定能力、平衡能力以及建构能力等。它是宪法审查机构通过宪法解释、宪法裁决等方式来实现。宪法审查具有两项基本功能：维护人权，确立国家权力的内在含义和外在界

---

① 参见[美]马丁·夏皮罗：《法院：比较法上和政治学上的分析》，张生等译，北京：中国政法大学出版社2005年版，第一章；于明：《司法治国：英国法庭的政治史（1154—1701）》，北京：法律出版社，第353－354页。

限、促进分权。宪法审查的积极能力承载在这两项基本功能之中，并依据各国具体的宪法设计，进一步体现为制定政策、参与立法、解决政治纷争等能力。

对宪法审查制度能力的考察，首先要考察消极能力，也就是宪法审查制度隔离于政治压力的能力，然后再考察宪法审查积极能力。一定程度上，消极能力决定了积极能力的性质和方向。如果消极能力有充分保障，则积极能力才可能有利于巩固民主、维护宪法秩序、保障基本权利；否则，消极能力没有保障的宪法审查制度，它的积极能力也是值得怀疑的。同时，积极能力对消极能力也会产生影响。新兴民主国家宪法法院"过山车"般的遭遇表明，积极能力过于强悍，往往会引发政治干涉，政治机构迟早会干涉宪法法院的运行，削弱宪法法院的消极能力。[①] 通过消极能力与积极能力的二元划分，"宪法审查制度能力"这个概念得以综合反映宪法审查的独立程度以及宪法审查制度的运行实效，是对宪法审查制度在政治和社会场域中运行状况的整体说明。

2. 管辖能力、问责能力以及实施能力

根据诉讼进程的主要阶段，将宪法审查积极能力划分为管辖能力、问责能力以及实施能力。这三项能力构成了积极能力的基本方面，但积极能力并不局限于此，还可以表现为功能的向度，比如建构能力、整合能力、稳定能力以及平衡能力等。

（1）管辖能力

管辖能力是指宪法审查机构受理案件的实际水平。管辖能力首先与管辖权范围有关，这种规范层面的"管辖权限"却只是前提，

① 参见 Stephen Gardbaum, Are Strong Constitutional Courts Always A Good Thing For New Democracies, 53 Colum. *J. Transnat'l L.* 285, pp. 295 - 300。

宪法审查机构在运行中往往具有充分的受案裁量权。既可能限缩某些法定的范围，也可能不断扩张自身的管辖权；其次与实际运作中形成的惯例或学说以及法官受理案件的意愿有关。再次，管辖能力还与公民接近司法（宪法审查制度）的权利相关。只有那些广泛认可公民权利和政治权利的政体，才会对公民接近宪法审查机构提供广泛的机会。

（2）问责能力

民主政治之下，宪法审查制度的问责通常意味着政治权力的持有者职权法定，而对于他们的越权行为，宪法审查得以发挥制衡作用。① 问责能力就是宪法审查机构对其他政治机构说“不”的能力。成功的问责能力表现在，宪法审查制度既在国家政治中发挥否决作用，又可以保持自身较强的消极能力。实践中往往由于宪法审查无法抵御外界的干涉，而对应当问责的违宪问题并没有问责，这就体现了问责能力的大小。这种能力的大小，一定程度反映在违宪判决的数量上。同时，问责能力还存在问责程度高低的现象。司法实践中会出现违宪判决，但对立法机构施加的义务性规定却有难易、高低之分。比如，虽然问责，但施加的义务性规定却较弱。这种宪法审查机构对政治机构的问责程度，也是一种问责能力的体现。

（3）实施能力

宪法审查裁决的要求与实现情况的对比关系反映了实施能力

---

① 参见 Guillermo O'Donnell，“Horizontal Accountability in New Democracies”，in Andreas Schedler et al.（eds），*The Self-Restraining State*：*Power and Accountability in New Democracies*（Boulder，CO：Lynne Rienner，1999），pp. 29－51。转引自 Siri Gloppen、Roberto Gargarella、Elinskaar，*Democratization and The Judiciary*：*The Accountability Function of Courts in New Democracies*，First Published in 2004 in Great Britain by Frank Cass Publishers，p. 1。

大小。判决的实施要依赖其他政治机构与社会的配合。从这个角度说，宪法审查的实施能力首先取决于其他政治分支与社会对判决的接受程度、对宪法审查机构的尊重程度。具体的判决可能并不为当时的政治机构与社会所接受，但作为一种“文化自觉”，政治机构等仍会支持判决的实施。这种“文化自觉”建立在司法权威与社会对法院充分信赖的基础上。英国上议院的斯泰恩勋爵认为，“只有当公众相信法院完全独立行事，即便时有错误，司法机关方能有效发挥其作用①。”究其实质，这是一种“扩散性支持”，它是公众对公共机构认同与支持的“蓄水池”，即便人民不同意最高法院当下的判决结果，仍旧愿意支持和维护司法独立。② 除了主观意志与态度以外，宪法审查实施能力还取决于客观条件，比如国家能力等。

同时，宪法审查的实施能力也一定程度上取决于裁判的技术性和策略性。比如，法院为了降低实施的难度，可能会采取推迟救济的方式。比较著名的案例是南非宪法法院在 1995 年“地方政府转型”案中判决备受公众爱戴的总统曼德拉违宪，但判决并没有立马要求国会改正，而是为国会改正这种违宪行为提供了期限；③另外，为了确保判决获得更多的支持，往往对双方当事人采取“各打五十大板”的策略。韩国宪法法院在 2004 年总统违宪案中，一方面认定总统违法，另一方面也认为罪不至罢免，罢免总统与违法行

① Johan Steyn, The Case for a Supreme Court, 1 *Law Q. Rev*. 382, 388(2002). 转引自[以]巴拉克：《民主国家的法官》，毕洪海译，北京：法律出版社 2011 年版，第 77 页。

② Gregory A. Caldeira & James L. Gibson, The Etiology of Public Support for the Supreme Court, 36 *AM. J. POL. SCI*. 635, 640 (1992), quoted in Barry Friedman, The Politics of Judicial Review, *Texas Law Review*, Volume 84, Number 2, December 2005, p. 326.

③ Consequential Courts: *Judicial Roles in Global Perspective*, edited by Diana Kapiszewski, Cambridge University Press, 2013, p. 33.

为之间不合比例原则，[①]这种判决有助于减少实施的阻力，提升裁决的执行力。

（二）合宪性审查制度能力的特征

宪法审查制度能力呈现的特征往往与制度化是否实现密切相关。制度化的概念下文将详细阐述。在尚未制度化之前，一方面宪法审查制度能力保持着多变性、脆弱性；另一方面，宪法审查制度能力表现出较强的阶段性与政治依附性。即便在政治力量治理能力较弱的时候，出现了权力真空地带，宪法审查的消极能力和积极能力得以强化的情形下，这种制度能力也往往是短暂的。随着统治者治理国家能力的显著提升，宪法审查原有的政治地位就要被动摇。因此从本质上讲，此种情形下宪法审查制度能力依旧是依附于政治的。

宪法审查制度化的实现往往需要长期的过程，而只有实现了制度化之后，宪法审查制度能力才能表现出稳定性和坚韧性。在一定程度上，制度化了的宪法审查，就会摆脱政治依附性。宪法审查制度化完成之后，宪法审查往往具备较强的消极能力，可以有效抵御政治干涉。据此，政治力量往往能与法官们分享共同的法治观念，在众多议题的审查上法官们与政治行动者可以达成基本共识。

（三）合宪性审查制度能力与相关概念区分

1. 宪法审查制度能力与（宪法审查判决）效力、实效的关系

效力是指规范的特殊存在。说一个规范有效力，就是指我们

---

① Consequential Courts: *Judicial Roles in Global Perspective*, edited by Diana Kapiszewski, Cambridge University Press, 2013, pp. 32－33.

假定它的存在，并对那些行为由其调整的人具有“约束力”。[①] 而实效则是这种假定成为现实，规范效力得到实现。[②] 相应的，宪法判决的效力就是指其具有假设的约束力，而宪法判决的实效是指这种效力已经实现。规范效力概念侧重于法学视角的考察，强调的是一种应然状态。而实效则考察这种效力的实然状态。

宪法审查制度能力是将宪法审查机构置于政权组织框架中以及社会发展进程中，将宪法审查制度作为一个政治分支机构，考察对其他政府分支的实际作用力以及对社会的影响力。宪法审查制度能力侧重于实然状态，从这个意义上说，制度能力与实效关系更密切。制度能力首先要从判决的实效出发，研究的是判决实效所发生的后果问题。

2. 宪法审查制度能力与宪法审查制度化的关系

制度化是宪法审查制度能力发展过程中的一项转折点，与此前后，制度能力的特征有较大差距。作为一种政治学术语，亨廷顿认为，“制度化是组织和程序获取价值观和稳定性的一种进程……并且稳定性随着时间而递增”。[③] 制度化不仅代表了一种过程，更重要的是标志着一种结果，即通过制度化获取了稳定性和常规性的结果。“政治共同体通过赋予组织机构以资源和权威来发展(一套)处理事务的常规化标准方式。集体行动会在政治共同体中逐渐传递，因为通过适当的激励机制采取必要的行动来提供公共产

① [奥]凯尔森:《法与国家的一般理论》，沈宗灵译，北京：中国大百科全书出版社1996年版，第32页。

② [奥]凯尔森:《法与国家的一般理论》，沈宗灵译，北京：中国大百科全书出版社1996年版，第31页。

③ [美]塞缪尔·亨廷顿:《变化社会中的政治秩序》，王冠华等译，上海：上海人民出版社2009年版，第10页。

品或控制外部效应的标准程序已经建立起来了。”[①]

亨廷顿较早地考察了政党政治的制度化问题，他提出了政党政治制度化的四个标准：适应性、复杂性、自主性以及内聚性。[②] 而对司法的制度化问题，较具代表性的研究主要体现为对美国最高法院制度化的考察。[③] 作者认为，最高法院从昔日一个在地下室办公、法官经常颠簸在巡回审判路上、在政治体制中微不足道的机构，到今天颇受世界瞩目、在美国政治体制中发挥举足轻重作用，在二百年的漫长进程中最高法院逐步从独特性、稳定性和自主性三个方面实现了制度化。[④] 最高法院“仅有形式上的责任还不够，还不足以被其他政治力量看成是有价值的，还不具有正当性。要成为政府有效的组成部分，就必须要发展出程序和非正式

---

① Shepsle, Kenneth A., and Mark S. Bonchek. 1997. *Analyzing Politics: Rationality, Behavior, and Institutions*. New York: Norton., p. 299, quoted by Kevin T. McGuire, The Institutionalization of the U. S. Supreme Court, *Political Analysis*, Vol. 12, No. 2 (Spring 2004), p. 129.

② 参见[美]塞缪尔·亨廷顿：《变化社会中的政治秩序》，王冠华等译，上海：上海人民出版社 2009 年版，第 11－19 页。

③ 参见 Kevin T. McGuire, The Institutionalization of the U. S. Supreme Court, *Political Analysis*, Vol. 12, No. 2 (Spring 2004)。

④ 参见 Kevin T. McGuire, The Institutionalization of the U. S. Supreme Court, *Political Analysis*, Vol. 12, No. 2 (Spring 2004), pp. 128－133。独特性是从组成人员的司法专业技能、办公地点的变迁来看。没有自己的建筑物，就是最高法院在政治体制中根本没有被看做一个重要机构的明证。1935 年大法官们终于搬进了专属于自己的建筑，不再是以前“居无定所”，向人民证明了他们独特的身份和地位。稳定性：无论外界环境如何变化，在跌宕起伏的政治中，法院都能稳定地获取自己的目标。最高法院要仰赖国会和总统分配的资源。具体指标就是从国会给法院的财政承担额看出来。另外，稳定性的另一个指标就是法院用正式成文的内部规则或指南来指导进程，而不是依赖于个体人格。自主性：这是决定判什么和怎么判的权力。制度化的法院应当是恰当隔绝于政府的其他分支。最高法院能够自主决定审判议程，就给了法官们灵活性，来选择法官们最关注的法律和政治问题。这种支配权的完全取得也是到了 1988 年后。

的规范，使之行使独特地别处找不到的权力。相应地，立法机关、行政机构或法院被制度化达到了一定程度，即在政府体制当中具有自身独特身份和使命，是政府体制不可分割的一部分”。[①] 到了这种程度，才表明最高法院的制度化。一般而言，制度化会转变成政治权力。“制度化程度越低就越会制约法官的政策雄心，而较高程度的制度化会扩张法院的制度能力，有利于促进法官们实现他们的目标。”[②]作者通过相关数据分析发现，从长期来看，制度化会带来权力的增长。法官们充分融入联邦政策制定的过程中，承担了一种独特的作用，必然能够发挥更多有意义的政治影响。“制度化对权力的影响，可能短时间不太明显，但是长远来看，制度化是最高法院政治影响的催化剂。考虑到更多的资源、机会以及独立性，法官们在国家治理中就会逐渐承担更多可见的作用，并且他们已经把制度复杂度（成熟度）转变成真正的政治资本。自主而老练的法院很可能决定着司法政策的成效。”[③]

最高法院制度化有三个重要衡量指标：制度的差异性、制度的稳定性以及制度的自主性。[④] 据此，笔者认为，宪法审查制度从

---

① Kevin T. McGuire, The Institutionalization of the U. S. Supreme Court, *Political Analysis*, Vol. 12, No. 2 (Spring 2004), p. 129.

② Kevin T. McGuire, The Institutionalization of the U. S. Supreme Court, *Political Analysis*, Vol. 12, No. 2 (Spring 2004), p. 135.

③ Kevin T. McGuire, The Institutionalization of the U. S. Supreme Court, *Political Analysis*, Vol. 12, No. 2 (Spring 2004), p. 137.

④ 参见 Keohane, Robert O. 1969. “Institutionalization in the United Nations General Assembly.” *International Organization* 23: 859 – 896; Huntington, Samuel P. 1968. *Political Order in Changing Societies*. New Haven, CT: Yale University Press; Shepsle, Kenneth A., and Mark S. Bonchek. 1997. *Analyzing Politics: Rationality, Behavior, and Institutions*. New York: Norton. quoted by Kevin T. McGuire, The Institutionalization of the U. S. Supreme Court, *Political Analysis*, Vol. 12, No. 2 (Spring 2004), p. 130。

建立之初到在政治体制中充分发挥宪法审查的立法否决功能，一般都是逐渐成长成熟的过程。宪法审查制度化意味着宪法审查制度能力具有稳定性、持久性、独特性以及自主性。制度化对于宪法审查机构而言，往往意味着一种政治话语权，它以司法的姿态独立地参与政治进程。制度化的宪法审查，其实质在于，宪法审查权已经成为一种独特的政治权力。

一定程度上，制度化与制度能力的关系体现为“质”与“量”的差别。制度化是“质”的飞跃，制度能力是“量”的表述，是对制度化程度高低的描述。制度化完成之后，宪法审查制度能力就往往体现为稳定性、扩张性。而如果制度化尚未完成，则宪法审查制度能力虽然也可能强大，但缺乏稳定性和持续性，在制度能力的性质上，也往往是在规范性审查和选择性审查之间摇摆。如后文所要看到的，匈牙利宪法法院作为新生民主政治下典型的宪法审查制度，就强烈受制于宪法审查尚未实现制度化的制约。

制度化的时间有长短，有的可能时间漫长些，比如美国花了两百年时间，有的则比较短暂，比如德国宪法法院只需要数十年，另外一些新兴民主国家在转型压力下，比如韩国等迅速完成了宪法法院自身的制度化。制度化的完成标志着在制度的“独特性”“稳定性”以及“自主性”方面都获得较大程度的实现。很大程度上，对宪法审查制度能力的考察就是对其制度化过程的具体阶段性以及制度化完成的后果的描述与分析。制度的差异性、制度的稳定性与制度的自主性，分别对“制度能力”构成重要影响。制度化有助于宪法审查制度能力的提升。

二、合宪性审查制度能力的理想形态

根据宪法审查制度能力的强弱及运行特征，将转型国家的宪法审查划分为三种理想形态：规范性审查、选择性审查以及名义性审查。这三种类型试图描述宪法审查制度运行的多元化，体现了不同政治生态下合宪性审查制度能力的差异性。所谓合宪性审查制度能力的变迁正是在这三种理想形态中的演进过程。

（一）规范性审查

罗文斯坦在《对当代革命时期宪法价值的思考》一文中，通过聚焦权力运行的现实与宪法规范之间的契合程度，提出了宪法的三种分类：规范宪法、名义宪法以及语义宪法。所谓规范宪法，即为政治权力所能适应并服从的立宪主义意义上的宪法。被比喻成为“一件合身的衣服，并且经常被穿着的衣服”。名义宪法，即名义上存在，但在现实中不能发挥规范性的宪法。被比喻成“过于宽大而不合身，需要等待国民的身体成长的衣服”。而语义宪法，指的是即使被使用，也是掌握权力者的宣言手段或点缀品的那种宪法。被比喻成“绝不是真正的衣服，而只是一种化妆”。[①]

一般而言，规范性审查居于“规范宪法”的大环境之下，可以有效发挥宪法的规范性作用，维护宪制秩序的平衡、保障人权、有效解决转型过程中突出的矛盾、善于民主制协商与对话等。转型初期的匈牙利宪法法院、波兰宪法法院、南非宪法法院、韩国宪法法院等实施的宪法审查，都属于规范性审查。这种类型的宪法审查，

① 参见林来梵：《宪法学讲义》，北京：法律出版社 2011 年版，第 52－53 页。

其消极能力一般较强，能够有效抵御外界干涉并且积极地参与国家的转型进程，弥补民主代议能力的不足、维护社会经济权利，与其他政治机构互动协商国家的政治转型议题。通过考察以上有代表性的宪法审查制度，①会发现宪法审查对政治和社会具有较强的整合能力、稳定能力、平衡能力以及建构能力。这些新兴民主国家的宪法审查制度有机地融入近年全球宪法化的浪潮，宪法审查机构成为国家治理的关键机构，呈现出“法官治理”的景象，也被称为“司法统治”。②

同时，规范性审查中有强审查与弱审查之分。强审查模式下，宪法审查机构能动性强，判决具有终局力，或即便可以较容易地通过宪法修正案来推翻判决，但是这种方式几乎从来不用；而弱审查模式下，宪法审查机构一般比较尊重立法机构，甚至判决不具有终局力。③ 前者以匈牙利第一宪法法院为例，后者以 1999 年之前波

---

① 这些著述包括：Wojciech Sadurski，*Rights Before Courts*：*A Study of Constitutional Courts in Post-communist States of Central and Eastern Europe*，2008 Springer；*Constitutional Justice*，*East and West*，edited by Wojciech Sadurski，Kluwer Law International，2002；Theunis Roux，*The Politics of Principle*：*The First South African Constitutional Court*，*1995 - 2005*，Cambridge University Press，2013；Herman Schwarz，*The struggle for constitutional justice in post-communist Europe*，the university of Chicago Press published in 2000；叶俊荣主编：《转型中的东亚法院——基本形貌、纷争解决与行政治理》，台北：台湾大学出版中心 2014 年版；宋永华：《韩国宪法法院制度研究》，复旦大学 2009 年博士学位论文。

② Hirschl 提出了“司法统治”的概念，参见 Ran Hirschl，*Towards Juristocracy*：*The Origins and Consequences of the New Constitutionalism*，Cambridge，Harvard University Press，2004。

③ “强司法审查”与“弱司法审查”分类的最早提出者为 Mark Tushnet 教授，他将美国式的司法至上性和最终性的司法审查模式称之为“强司法审查”，而将加拿大、英国等国在保留议会至上的前提下所发展出的司法审查模式称之为“弱司法审查”——尽管他对这些新的司法审查模式并不欣赏。参见：Mark Tushnet，Weak form Judicial Review and “core”Civil liberties，41 *Harvard Civil Right-Civil liberties Law Review* 1,2006。同时，Stephen Gardbaum，Are Strong Constitutio- （转下页）

兰宪法法院为例。

（二）选择性审查

选择性审查是宪法审查“选择性适用”的结果。在制度设计上，宪法审查的管辖权限、法官选任办法或法院组成方式等都接受选择性的剪裁，使之达到“政体适应性”①。同时也表现为该制度的运行中，接受统治者根据自身偏好所做改造，从而实现宪法审查制度与政体之间的兼容。这种政治“改造”包括通过宪法来确立宪法审查机构的政治地位，通过立法来决定宪法审查机构的管辖权、结构、法官选任方式、任期以及运作方式等。“司法机关的政治性根深蒂固。”“对司法机关的政治支持使这种任命机制更加完善。其中最重要的是，国会可以通过制定法来影响联邦法院的结构和运作。”“通过操纵联邦司法机关的数量、结构、管辖权和地位，议员能够协助构建一个符合设计计划的并且友善的司法机关。”②美国最高法院在世界宪制史上具有突出地位，其司法权的重建向我们生动展示了政治力量的有效性。选择性宪法审查往往根据提起审查一方的身份以及审查问题的敏感性来决定是否受理、是否问责

（接上页）nal Courts Always A Good Thing For New Democracies，53 *Columbia Journal of Transnational Law* 2015 中也提到了强审查与弱审查模式的划分。不过两者之间还是有一定区别的。后者更强调，于弱审查模式中突出司法审查独立为前提。本书更倾向于后者划分模式。

① Pitman B. Potter，Selective Adaptation and Institutional Capacity：Perspectives on Human Rights in China，*International Journal*，Vol. 61，No. 2，Global China (Spring，2006)，pp. 389－407. 文中提出了不同法律文化背景下，制度移植过程中的“选择性适用”理论。根据波特先生“选择适用”的理解，本书将合宪性审查制度对非自由民主政体的适应过程解释为“政体适应性”，其实就是根据主导性政治力量的要求对合宪性审查制度进行改造的过程。

② ［美］基斯·威廷顿：《司法至上的政治基础：美国历史上的总统、最高法院及宪政领导权》，牛悦译，北京：北京大学出版社 2010 年版，第 101 页。

以及问责程度的高低。选择性宪法审查的管辖能力、问责能力以及实施能力，无一不受到主导性权力的限制。这也就相应地决定了宪法审查的消极能力与积极能力的有限性。比较有代表性的，如乌克兰宪法法院、俄罗斯第二宪法法院以及 2010 年之后的匈牙利宪法法院等。拉美国家在脱离军事独裁逐步走向民主的过程中出现了为数不少的选择性宪法审查，如后皮诺切特时代的智利最高法院等。这些机构往往倾向于审查社会政策和部分人权领域，尽可能回避有关国家机构权限争议尤其是涉及府会之争等政治议题。[①] 迫不得已时，宪法法院往往面临各种政治压力，无法做出独立裁决。

例如 2007 年上半年，乌克兰宪法法院深陷解散国会的政治纷争之中。总统发布解散令，要求解散国会，提前大选。解散令被诉至宪法法院，让宪法法院进退两难。最后院长辞职，五名法官则在媒体上抱怨不堪忍受的政治压力。不到两周，总理就不耐烦了。他对波兰媒体坦言，如果法院不能判决解散令合宪，那么法院也该解散了。不久，就有机构介入调查宪法法院法官的贪污问题。之后，三名宪法法院法官被开除，另外四名称病不出。[②]

还有一种情形是宪法审查消极能力较强，却几乎无从发挥积极能力。这种情况下的法院独立而无权。如上个世纪 70 年代中期曾发生印度的紧急状态、巴基斯坦的军事托管政权以及菲律宾

---

① 参见 Marie-Elisabeth Baudoin, Is the Constitutional Court the Last Bastion in Russia against the Threat of Authoritarianism? Europe-Asia Studies, Vol. 58, No. 5(Jul., 2006), pp. 679 - 699; Lisa Hilbink, *Judeges Beyond Politics in Democracy and Dictatorship: Lessons from Chile*, Cambridge University Press, 2007。

② Renata Uitz, Constitutional Courts in Central and Eastern Europe: What Makes a Question Too Political? *Juridica International* XIII/2007, p. 48.

的军事戒严，这些国家最高法院表面上独立，但关键权限已被剥夺。“一方面，需要维持司法独立的表象，另一方面，独立司法又可能危及自身统治。在这两难之间，选择了缩减关键领域判决的范围和深度，这种方式可以确保既独立司法又不危及自身统治。”①但这毕竟是自欺欺人的把戏。另外，根据“1980年宪法”智利设立了宪法法庭，与最高法院共同行使宪法审查权。在转型的过程中，由于宪法法庭法官都由皮诺切特一人任命，便无法获得民主政体的信任，宪法法庭的管辖权也因此被削减。“在极少的场合，司法不可避免地置身于政治争议的中心，结果却毁掉了本身的自治。”②为保障消极能力，宪法法庭只能牺牲积极能力。

作为一种受限的司法制度，选择性宪法审查满足“政体适应性”的需求。如同金斯伯格(Ginsberg)所强调的，威权体制会将“(司法)功能的核心限制在支持政权上，而将相反的功能降至最低点”。③

(三) 名义性审查

虽然宪法条文中规定了宪法审查制度，然而实施过程中宪法审查的实际运行与它应当体现的宪法价值相距甚远，更多是宣示功能，是谓名义性审查。与规范性审查制度形成鲜明对比，名义性属于另一个极端。这种类型的宪法审查，实际运行中往往依据的

---

① 参见 C. Neal Tate, Courts and Crisis Regimes: A Theory Sketch with Asian Case Studies, *Political Research Quarterly*。

② Javies A. Couso, The Politics of Judicial Review in Chile in the Era of Democratic Transition, 1990 - 2002, *Democratization*, Volume 10, Issue 4, 2003.

③ Tamir Moustafa and Tom Ginsburg, Introduction: The Functions of Courts in Authoritarian Politics, In *Rule by Law: The Politics of Courts in Authoritarian Regimes*, Edited by Tom Ginsburg, p. 14.

是纪律而非法律规定。典型代表是白俄罗斯宪法法院。白俄宪法法院很少行使否决权，法官的任命全部掌握在总统手中，日常活动受到纪律的严格管束，甚至于因为未能按时参加每年例行的体检而受到严厉的纪律处分。宪法法院的判决公开性不足，只经官办刊物或官方网站公开有限的判决。①

以上三种理想形态是一种静态的分类，实践则是动态的。如下图所示，从 A 到 C 的分布反映了宪法审查在不同政治生态下的总体运行轨迹。除了规范性、选择性以及名义性三种理想形态外，还存在着居于 AB 或者 BC 之间的形态。比如，宪法审查在从规范性审查演变至选择性审查的过程中，它既不是前者也未达到后者，而是居于两者之间。佐尔金领导下的俄罗斯第一宪法法院就属于此类。它与总统之间的利益趋同度很低，但还尚未达到“政体适应性”的理想状态，而佐尔金领导下的宪法法院又很激进能动，这就导致了宪法法院与总统之间的激烈冲突。此时，它的制度能力极不稳定，但总体上必然趋弱。一般而言，从 A 向 C 的过程是一个宪法审查制度能力递减的过程。实践中宪法审查制度的发展并非线性的。如何发展，背后的动力机制何在？接下来尝试作出回答。

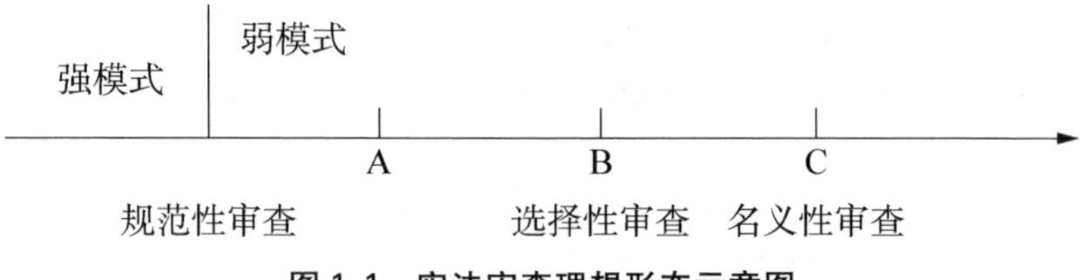

图 1.1　宪法审查理想形态示意图

① Alexander Vashkevich, Judicial Independence in the Republic of Belarus, pp. 1108 - 1115, in Anja Seibert-Fohr (ed.) *Judicial Independence in Transition*, Springer 2012.

三、合宪性审查制度能力的影响因子

宪法审查制度能力之所以表现出以上的多样性，不仅仅是源于各自宪法文本设计的差异，背后还存在着深刻的政治逻辑。宪法审查制度能力，一方面固然离不开机构自身的法官角色认知；另一方面，更重要的是，它取决于政治行动者对待宪法审查的态度以及干涉宪法审查的能力。下文试图探讨影响宪法审查制度能力的核心影响因子，解释转型国家宪法审查制度能力的差异性，并从政治背景、司法认知以及法治传统等角度构建影响宪法审查制度能力的变量模型。

韦伯曾指出：包括司法制度在内的法律制度之间的重要差异可以从权力关系的多样性中得到解释。[①] 政治干涉宪法审查的能力，受到政党结构以及国家权力集中程度的显著影响；而对待宪法审查的态度则源自于利益趋同性以及传统政治文化和外来力量的监督介入等影响。同时，更广泛的意识形态背景也影响着政治参与者的能力和态度。

宪法审查制度能力主要取决于四个关键变量，分别为政治竞争度、利益趋同性、国家法治传统和法官角色认知。首先，多元政治力量竞争还是一元政治力量主导，是宪法审查制度能力的关键变量。其次，宪法审查所体现的利益与政治利益是否趋同以及这种利益对政治力量是否更具急迫性，决定了政治行动者对宪法审查的宽容程度。再次，在具备法治传统的转型国家，宪法审查观念

① M. Weber, Economy and Society, vol. 1, p. 1059 (1968). 也可参见：Max Rheinstein, ed., *Max Weber on Law in Economy and Society*, pp. 349 - 356 (1966)。

更容易为社会所接受；对于历史上法治传统缺失的国家，则宪法审查制度能力终究是脆弱的。最后，法官对宪法审查角色的理解也影响着宪法审查的管辖能力以及问责能力，构成了影响宪法审查制度能力的重要因素。

（一）政治竞争度

设计宪法审查并且维持宪法审查能够有效抵制政治干预，很大程度上源于多党政治竞争下选举的不确定性。独立的宪法审查能够将政治竞争的风险降至最低，不至于“胜者通吃”，确保选举体制的自由与公正。这方面，比较有代表性的理论著述，比如金斯伯格(Thomas Ginsburg)的“政治保险”论，通过比较韩国、蒙古等亚洲国家设立宪法法院的政治背景，指出那些恐惧选举失利的政客们在制定宪法时通过设立强大而独立的司法审查，来保护自身免受未来选举赢家的专政。力量薄弱的政党更倾向于设立强大、独立并易于接近的司法审查；而强大的统治者往往选择有限的司法审查。[①] 金斯伯格列举了两种极端情况，一种是一党主导的情形下，这种政党不愿受到太多挑战，就没有动力设立一项容易启动的、强势的司法审查；另一种情形就是政治力量势均力敌之下，存在高度的政治分化和不确定性，这些政治力量愿意接受隔离于政治过程的司法审查机构。[②] 金斯伯格列举的这种情形有力证明了政治力量对比关系或者政治竞争度对司法审查制度产生的重要性。

---

① 参见 Tom Ginsburg, *Judicial Review in New Democracies: Constitutional Courts in Asian Cases*, Cambridge University Press 2003, Chapter 1。

② 参见姜峰：《司法审查的“政治保险”论——汤姆·金斯伯格 Judicial Review in New Democracies 评析》，《人大法律评论》(2016 年卷第 2 辑)，北京：法律出版社 2016 年版，第 448 页。

这也可以从东欧转型国家设立宪法法院并且赋予了宪法法院广泛管辖权的历史中获得印证。以匈牙利为例，据第一宪法法院首席顾问、后来的宪法法院院长彼得·帕克索雷(Peter Paczolay)回忆，圆桌会谈期间无论是反对派还是共产党员都希望建立一个独立并且强大的宪法法院。反对派寻求赋予宪法法院宽泛的权力，因为这是一项全新的机构，并且能够真正的独立；而共产党员们则寄希望一个强大的宪法法院来保护他们，一旦失去权力免于遭受政治迫害。[①] 对于反对派来说，强大而独立的宪法法院可以有效制衡当权的转型政府，在一定程度上防止政权倒退回专政时代；而对于共产党员来说，鉴于未来选举的不确定性，则可利用宪法法院作为最后的避难所。

设计强大而独立的宪法审查往往是转型国家主要政治力量的"理性选择"[②]。在意愿上，政治行动者们乐见宪法审查的成功。东欧国家的转型初期，在政局不稳的情况下，政治家们往往会积极建立强有力而独立的宪法法院来推行后共产主义制度。新制度主义者雷恩和埃森通过跨国统计数据分析认为，如果一个国家希望引进民主制度，所能采用的最优的制度设计就是，采用强有力的宪法审查这样的法律制度。[③]

---

① Herman Schwarz, *The struggle for Constitutional Justice in Post-Communist Europe*, the university of Chicago Press, 2000, p. 77.

② 理性选择即理性行动者趋向于采用最优策略，试图以最小代价取得最大利益。"理性选择理论"源于经济学上的"理性经济人"假设，由经济人假设发展出的博弈论思想为其他领域科学所广泛借鉴，在政治学上称之为"公共选择理论"，社会学上称之为"理性选择理论"。具体参见陈彬：《关于理性选择理论的思考》，《东南学术》2006 年第 1 期。

③ 转引自 Alexei Trochev, Less Democracy, More Courts: A Puzzle of Judicial Review in Russia, *Law and Society Review*, Vol. 38, No. 3 (Sep., 2004), pp. 513–548。

独立的司法审查主要是给竞争对手设置的。虽然宪法审查的独立运行对执政者造成一定的障碍，但是这也意味着将来他们一旦失去权力，反对派上台之后，也会面临着同样的限制。如果特定政党永远是执政党，那么宪法审查对于它来说永远是障碍而非保障。只有在竞争性政治之下，任何政党都不能确保自己永久执政，规范性宪法审查才可能建立和维系。从这个角度说，示意图从 A 到 C 的过程，其实是一个政治竞争趋弱的过程。

同时，政党政治的竞争程度越高，则司法卷入政治决策的可能性就越高。参与竞争的各方更可能诉诸司法支持，为自身决策寻求司法正当性。尼尔·泰特(Neal Tate)认为，国会内部激烈的政党竞争会刺激着司法的介入。因为高度碎片化的政党体制导致了联合统治的软弱无力。“如果行政机构不可能通过训练有素的政党和国会的多数派来进行统治，他们就很难发展起公众支持的有效政策，这些有效政策只有通过反对派向司法提起挑战才可能维系。”[①]“政党越是分裂，宪法法院就越发有权和更具开放性。”立法或行政机构的软弱无力，反倒更容易成全司法(宪法审查机构)。即政治机构党派分裂或公众支持率较低的情形下，宪法审查机构的政策影响力往往会相应提升。譬如，匈牙利转型初期的宪法法院获得公众的广泛支持，一定程度上是比较优势的结果，源于其他政治机构的低效与无能。一方面国会内部党派竞争激烈，另一方面处于新兴民主的开端，欠缺民主政治经验，“与选民之间的利益

---

① Tate, C. Neal (1995) “Why the Expansion of Judicial Power?” in N. Tate and T. Vallinder, eds. *The Global Expansion of Judicial Power*. New York: New York Univ. Press. 转引自 Shannon Ishiyama Smithey John Ishiyama, Judicial Activism in Post-Communist Politics, *Law & Society Review*, Volume 36, Number 4(2002), p. 726。

和代表结构不稳定，国会、总理以及总统，整个新兴民主制度都是建立在沙滩之上"，议事能力以及政治治理能力较低，逐渐失信于民；而宪法法院的独立强大以及对民众诉求的充分回应，弥补了政治机构代议能力的不足，一度成为政府各分支机构中支持率最高的部门。[①] 相反，如果国会内部比较团结统一，则宪法法院挑战立法的行动往往会趋弱。这是因为即便做出违宪的判决，国会也可以通过多数决来推翻该判决，严重者甚至通过立法限制宪法法院。[②]

当然，政治竞争有良性与恶性之分。有种离心性竞争，就是典型的恶性竞争，常导致政局不稳，政策缺乏连续性。这种情形似乎是金斯伯格著述中没有详细提及的。这种恶性竞争下各方政治力量往往缺乏基本的信任，不具备长远的眼光和政治诉求，贪图于眼前的现实利益。这很难是宪法审查的福音。毕竟，稳定的政治与法律环境才有助于促进民主进程中的司法独立和司法的制度化，而司法的制度化才能增强司法的力量。[③] 政党竞争的性质与有效政党数量、政党规模密切相关。萨托利认为，规模最大的政党占有绝对多数席位的政党制度，政府的稳定性必然是相对较高的；由规模较大的两党占有接近绝对多数席位的政党制度，政治竞争则较为温和的；由三至五个政党占有绝对多数席位的政党制度，很可能

① 参见 Kim Lane Scheppele, Democracy by Judiciary. Or, why Courts Can be More Democratic than Parliaments, In *Rethinking the Rule of Law after Communism*, Edited by Adam Czarnota, Martin Krygier and Wojciech Sadurski, Published in 2005 by Central European University Press, pp. 30－33。

② Shannon Ishiyama Smithey John Ishiyama, Judicial Activism in Post-Communist Politics, *Law & Society Review*, Volume 36, Number 4(2002), p. 727.

③ 参见 Christopher M. Larkins, Judicial Independence and Democratization: A Theoretical and Conceptual Analysis, 44 *Am. J. Comp. L.* 605 1996。

是向心性竞争格局;政党超过五个,则会呈现出政党之间离心性竞争的格局。[①] 以波兰为例,从 1989 年到 1997 年,波兰的有效政党数量都在六个以上,长期处于无规则而激烈的离心性竞争之中。[②] 转型的前五年里,总统与国会冲突不断上演,国会三次改选,内阁六易其主。政局不稳,政策无力,转型陷于停滞,制宪变得遥遥无期,宪法法院制度完善问题也始终无法提上日程。恶性竞争导致了政局不稳定,这会整体上削弱宪法审查制度能力。

充分的竞争性政治需要成熟的反对派。而在转型国家,反对派的成熟往往需要时间来养成。事实上,转型国家的公民社会和政治社会发展往往也不成熟,这可以从自由之家发布的各项指数中获得印证。政党体制尚未制度化,碎片化甚至极化现象比较显著。对于政治竞争不够充分,或者一方政治力量居于主导的语境下,通常采取选择性宪法审查模式。同样以匈牙利为例,2010 年之后该国的政党体制趋于一党主导,反对党不断分裂、日趋碎片化,国家权力日益集中到青民盟手中。失去了反对党的有效制约,该国宪法审查制度能力遭到了严重削弱。[③] 而如果政治竞争趋零,则宪法审查对这样的国家更多是种装饰,只能是名义性审查,比如白俄罗斯的宪法法院。

然而,对于权力一元化体制之下的国家,仍有可能尊重宪法审查的消极能力,但是这种状况通常不具有可持续性和稳定性。比

---

① 参见 G. 萨托利:《政党与政党制度》,王明进译,北京:商务印书馆 2006 年版,第 405 - 413 页。

② 参见刘敏茹:《转型国家的政党制度变迁:俄罗斯与波兰的比较分析》,北京:中央编译出版社 2013 年版,第 110 - 116 页。

③ 参见 Kim Lane Scheppele, Constitutional Coups and Judicial Review: How Transnational Institutions can Strengthen Peak Courts at Times of Crisis, *Transnational Law & Contemporary Problems*, Spring, 2014。

如非国大一直是南非转型以来占据主导地位的政党,南非宪法法院的独立一度获得非国大的支持。因为尊重宪法法院的独立,一定程度上就是尊重自身的利益,符合南非转型的需要。[①] 非国大既是宪法法院独立的保护者,也是对它最大的威胁。伴随着南非转型的初步完成,干涉南非宪法法院的独立运作便初现端倪。现任总统祖马任命了最保守的法官担任宪法法院院长,并企图审查法院的判决。[②]

另一方面,如果政治力量干涉宪法审查的成本过高,也可能有效维护宪法审查的消极能力。干涉宪法审查的运行导致的政治风险大于干涉行为本身的收益,自然会令政治行动者止步。这通常发生在具备法治传统的国家,宪法审查的制度合法性较高,获得人们的普遍支持。对于政客们的干涉行为,无论是舆论监督还是选票导向,都会令他们得不偿失,则宪法审查的独立运作就会有所保障。不过,多数转型国家并不具备这个条件。反之,如果干涉宪法法院的政治成本较低,那么就会刺激政治介入。若新闻自由缺乏保障,民众的法治意识相对薄弱,就更加强化了这种低成本行为。

(二) 利益趋同性

通常认为,宪法审查机构既无剑又无钱,有的只是判断。在与其他政治机构争夺宪法解释权的过程中,它之所以能够胜出,是因为其他政治机构的允许和承认,而其他政治机构之所以允许和承

---

① Theunis Roux, *The Politics of Principle: The First South African Constitutional Court, 1995 - 2005*, Cambrige University Press, 2013, p. 122.

② Stephen Gardbaum, Are Strong Constitutional Courts Always A Good Thing For New Democracies, 53 *Columbia Journal of Transnational Law* 2015, p. 297.

认宪法审查，在于如此行为符合政治机构自身的政治利益。[①] 如果执政者和宪法审查之间利益趋同，即维护宪法审查的独立与权威就是维护统治者自身的利益，那么基于“理性选择”，宪法审查制度能力就会有所保障。尽管独立的宪法审查的确会令执政者无法顺利推行某些政策，但是如果宪法审查机构相应地解决了更多难题，而此种利益对于政治行动者而言更具急迫性，那么相比之下，这种宪法审查还是会被执政者维护。与威廷顿的观点非常一致，马克·图什奈特也认为，政治家之所以能够容忍司法审查，在于他们发现它在政治上对他们是有益的，起码总体上是有益的，尽管某个裁决可能偶尔给他们带来一些困难。[②]

如果独立而强大的宪法审查是主导性政治力量不能容忍的，即利益趋同性较低，则主导性政治力量要么在制宪时极力压缩宪法审查，要么在运行中不断干涉宪法审查，将宪法审查裁剪成选择性乃至名义性审查。从这个角度说，示意图从 A 到 C 的过程是执政者与宪法审查利益趋同性不断降低的过程。当然，这种趋势并不总是线性的，政治实践常常更趋复杂。利益趋同具有阶段性，即在某一阶段，两者（政治机构与宪法审查机构）之间利益趋同度较高，而在其他时刻，这种趋同度则呈现较低趋势。并且这种趋同度与政治竞争或权力的分散性之间没有必然联系。政治竞争较高的情形下，利益趋同度往往较高，但也有反例的存在，比如转型初期的波兰；政治竞争没有那么高，也可能存在着利益趋同度的上升，因而政治机构不得不承认和允许宪法审查的存续。

---

① 参见［美］基斯·威廷顿：《司法至上的政治基础：美国历史上的总统、最高法院及宪政领导权》，牛悦译，北京：北京大学出版社 2010 年版，第 28－30 页。

② ［美］马克·图什奈特：《宪法为何重要》，田飞龙译，北京：中国政法大学出版社 2012 年版，第 74 页。

转型期各种社会矛盾和冲突集中爆发。如果对宪法法院独立性和权威性的刻意强化有利于这些矛盾的解决，那就符合特定时期执政者的利益，而且是更急迫的利益。以南非为例，非国大在执政初期，为了确保南非转型的稳定，极力树立南非宪法法院的权威，帮助解决转型时期棘手的政治和社会问题。而随着转型的完成，南非社会趋于稳定发展，非国大对宪法法院的政治需求开始下降。[①] 同样，处于转型阶段的匈牙利，面对"回归欧洲"的举国目标，匈牙利宪法法院的独立、保障人权，可以提升该国的法治指数，可以用来取悦西欧，满足入盟的标准，这与当时主要政治力量的奋斗目标一致。[②] 匈牙利宪法法院是该国在西方首要的国际关系资产，[③]政客们理所当然地包容宪法法院的独立与能动。墨西哥的司法改革也反映了这种利益趋同。1994 年，处于转型阶段的墨西哥进行了颇为瞩目的司法改革，显著提高司法独立并大规模扩张最高法院的管辖权。之所以有这样的举动，根本目的在于执政党意在提高政治合法性、降低统治成本。[④] 毕竟，独立的宪法审查有利于提高政策的公信力。[⑤]

转型阶段的政治诡异复杂，各政治力量分化组合，尚处于一种

---

① 参见 Theunis Roux, *The Politics of Principle: The First South African Constitutional Court, 1995 - 2005*, Cambrige University Press, 2013, pp. 30 - 33。

② Prochazka, Radoslav, *Mission Accomplished: On Founding Constitutional Adjudication in Central Europe*, Central European University Press, 2002, p. 56.

③ Prochazka, Radoslav, *Mission Accomplished: On Founding Constitutional Adjudication in Central Europe*, Central European University Press, 2002, p. 47.

④ 参见 Patricia J. Woods and Lisa Hilbink, Comparative Sources of Judicial Empowerment: Ideas and Interests, *Political Research Quarterly*, Vol. 62, No. 4 (Dec. 2009), p. 747。

⑤ Stephenson: When the Devil Turns: The Political Foundations of Independent Judicial Review(2003),32 *Journal of Legal Studies* 59, p. 62.

变数之中。这种不确定性为宪法审查的崛起提供了政治空间。有时甚至会出现权力真空地带，从而为宪法审查涉足政治核心领域提供了最佳时机。但这种状况往往只是暂时的。随着主要政治力量开始稳定地发展起来，宪法审查制度会适时地退出政治舞台。此外，典型的威权政体一定条件上也会与宪法审查保持着利益趋同性。穆斯塔法(Moustafa)对埃及的司法研究表明，埃及宪法法院在一系列案件中都会挑战穆巴拉克政权，而穆巴拉克总统之所以容忍了这些做法，在于执政者需要树立司法独立和体现自由市场经济这样一种表象，以此吸引外国投资者放心大胆来埃及投资。① 对于一部分新兴民主国家，即便存在着多元的政治竞争，但是民主政治的发展趋势却存在着高度的不确定性，政治力量对独立的宪法审查往往缺乏强烈的政治需求。在这种语境下，最大程度干涉司法，填塞宪法法院，就成为统治者的首选，以确保宪法审查机构维护自身的利益。② 而这种情形下往往伴随着司法透明度的不彰，这又进一步刺激了统治者的干涉行径。

对于大多数民主巩固国家，这种利益趋同往往具有长期性和稳定性。也正是这种利益趋同，可以有效解释20世纪后期到本世纪初全球出现的大规模“统治权转移”和“司法赋权”现象。这是政治家与司法高层长期博弈的结果，源于彼此之间具有可兼容的利益，从而将可能遭遇民主抵制的决策转移给司法，既减少了政治家的决策风险，又以司法决策的方式让民众更容易接受。③ 同样，基

---

① 参见 Tamir Moustafa，*The Struggle for Constitutional Power*，Cambridge University Press，2007。

② *Politicized Justice in Emerging Democracies*：*A Study of Courts in Russia and Ukraine*，by Publisher：Cambridge University Press，2012.

③ 参见扶摇：《司法治理与政治司法化》，《清华法治论衡》2011年第1期，第491页。

斯·威廷顿在《司法至上的政治基础：美国历史上的总统、最高法院及宪政领导权》中也认为："在美国大部分历史时期，总统发现，服从最高法院和鼓励其在解释宪法以及解决宪法争议中扮演主动角色，这有利于总统自己的利益，甚至在最高法院宣称他是宪法的最终解释者之前，政治领导人已经表明了同样的态度。政治领导人的策略计算为司法至上奠定了政治基础。"①

反之，如果利益趋同度降低，即便是规范性审查，政治力量也会抑制宪法审查。譬如政治领导者更注重国家转型的效率与结果，则宪法审查往往无法与之达成利益趋同；毕竟，宪法审查会阻碍立法和行政的效率。波兰转型初期就是如此。当波兰的转型停滞，国家推崇行政力量，民众也着迷于总统的人格魅力，渴望高效决策来推进转型。这种情形下，宪法法庭虽然有助于提升政策的合法性，但是却阻碍转型的效率。在合法性和效率之间，统治者选择了后者，宪法法院自然被边缘化。② 这就有助于理解，波兰宪法法庭始终被定位为国会的立法助理，而不强调制衡立法的功能；波兰宪法法庭制度建设也迟迟无法完善，比如在 1997 年制宪之前，宪法法庭的判决并不具备终局性，管辖权限也不完整。

在利益趋同模式下，宪法审查的实施能力，尤其是对基本权利的落实，还取决于国家能力。"缺乏有效的行政、管制以及裁决机构，自由权利就不可能实现。权利保护和实施依赖于国家能力。

① [美]基斯·威廷顿：《司法至上的政治基础：美国历史上的总统、最高法院及宪政领导权》，牛悦译，北京：北京大学出版社 2010 年版，第 7-8 页。

② 参见 Prochazka，Radoslav，*Mission Accomplished*：*On Founding Constitutional Adjudication in Central Europe*，Central European University Press，2002，pp. 42-43。

因此，无国家则意味着无权利……在一个地域辽阔的国家，缺乏一套相对高效、忠诚、集权式的科层组织，法律面前人人平等也是无法实现的。"[①]这种国家能力不仅是中央集权的能力，还表现为财政支撑能力。超越了国家能力承受范围的宪法裁决，尤其是在维护社会经济权利上，其后果往往具有破坏性。匈牙利曾有这样的教训。困扰于财政赤字以及高额的外债，1995 年匈牙利政府推出了财政紧缩的系列措施。该计划遭遇了民众的激烈抵制。经历着转型阵痛的民众本来对社会主义政党上台充满期待，期待能够拯救他们，未料却是要削减社会福利。于是，1995 年夏天，针对该系列措施违宪的宪法诉愿纷至沓来。基于法的安定性原理、合理期待原则以及新财产等理论，宪法法院对缩减财政开支的立法做出了多项违宪决定。[②] 宪法法院的激进立场，令法院与政府、国会之间关系紧张。1996 年 2 月，在财政紧缩计划的争议声中，财政部长被迫辞职。"预期立法节省的开支，其中一半都被宪法法院判决弄丢了。同时，为了维护社会福利，又不能进一步增加预算赤字，国会只好提高最高收入档次的个人所得税。"[③]宪法法院罔顾匈牙利经济危机的现状，超出国家财力，偏颇地维护社会福利体制的现

① "Cultural Legacies or State Collapse? Probing the Post communist Dilemma," Collegium Budapest/Institute for Advanced Study, *Public Lecture* No. 13 (November 1995), pp. 35 - 36. 转引自 Martin Krygier, Is There Constitutionalism After Communism? Institutional Optimism, Cultural Pessimism, and the Rule of Law, *International Journal of Sociology*, vol. 26, no. 4, Winter 1996 - 1997, p. 25。

② 参见 Andras Sajo, "How the Rule of Law Killed Hungarian Welfare Reform", *East Europ. Constit. Rev* 5: 1 (Winter 1996): 31 - 41. pp. 35 - 36; Herman Schwartz, *The Struggle for Constitutional Justice in Post-Communist Europe*, pp. 92 - 93。

③ Andras Sajo, "How the Rule of Law Killed Hungarian Welfare Reform", *East Europ. Constit. Rev* 5: 1 (Winter 1996): 31 - 41. pp. 35 - 36.

状,一贯反对社会权利宪法化的学者安德拉斯·萨霍(Andras Sajo)认为这种作法扼杀了匈牙利的社会福利体制,削弱了市场经济、破坏契约自由、对国家整体经济发展形势都造成了严重的威胁。[①]

(三) 法官角色认知

司法决策是宪法审查积极能力的重要载体。法官行为一般用态度模型和策略模型来解释。[②] 根据态度模型,司法行为由法官的意识形态决定,比如法官的意识形态是自由的、保守的抑或温和的,都将体现在判决上。从这个角度说,宪法审查机构的法官组成往往反映了意识形态的分布,分布的比例往往决定判决的最后走向。而策略模型理论认为,为了能够保证法院判决获得实施,在做出判决时需要考虑其他政治力量的政策偏好。即使法官个人倾向于做出大胆、政治上不受欢迎的判决,法官们也会注重行动的策略,尽量避免那些政治领导者会谴责、抵制的判决。同时,政治领导者们对司法判决存在一个容忍区间,只要处于容忍区间内,司法判决都不会遭到政治的抵制。[③] 政治力量的政策偏好与他们的容忍区间是司法决策的重要考量因素。

这种"法官角色的认知"[④]是宪法审查制度能力的另一项核心

---

① 参见 Andras Sajo, "How the Rule of Law Killed Hungarian Welfare Reform", *East Europ. Constit. Rev* 5: 1 (Winter 1996): 31 - 41。

② 参见 Theunis Roux, *The Politics of Principle: The First South African Constitutional Court, 1995 - 2005*, Cambridge University Press, 2013, pp. 18 - 24。

③ 参见 Epstein, Knight, & Shvetsova, The Role of Constitutional Courts in the Establishment and Maintenance of Democratic Systems of Government, *Law & Society Review*, Vol. 35, No. 1(2001), pp. 130 - 132。

④ 在《罗斯福法院》一书中,作者首次提到了"法官角色的认知"这一变量,放在法官政策偏好和案件表决中间,它对法官政策偏好有重要影响。参见田雷:《法官如何决策?》,《法律方法》(第八卷),第 216 页。

变量。本书通过“法官角色的认知”这一因素意在强调法官对自身独立的主体地位、司法应然功能的认识程度。法官采取能动主义还是克制主义？法院是作为政治属性的机构、主动参与立法，还是作为法院、恪守司法被动原则？法官对宪法审查角色的理解直接影响着司法决策。法官角色的认知还决定着宪法审查的管辖能力和问责能力。也就是说，宪法审查是否要管、管多少以及是否要行使否决权，不仅是宪法依据的问题，还与法官的自我角色定位相关。对于奉行克制主义的司法，管辖能力和问责能力都是有限的；而能动主义下，司法则更具有扩张性和侵略性。比如，佐尔金领导下的俄罗斯宪法法院以及索庸领导下的匈牙利宪法法院都秉持能动的角色定位，作为积极的政策制定者广泛卷入各自的转型进程。然而，同样是积极能动，匈牙利宪法法院与俄罗斯宪法法院由于本国政治竞争度、利益趋同性的不同，积极能力差异显著。前者积极能力获得充分发挥，而后者则导致宪法法院的解散。换言之，“法官角色认知”往往在政治力量给予了司法以充分空间的情形下方能发挥显著作用。

同样，这在一定程度上也说明图示从 A 向 C 退化的过程中，“法官角色认知”很可能与制度能力之间构成反比，即“法官角色认知”越强，则意味着该机构更容易招致主导性政治力量的干预，更容易削弱它的制度能力。金斯伯格认为司法审查一旦建立，就可能起到积极作用，不会完全受制于政治党派，司法自身的专业性、社会的期待和支持以及法官对自身使命的忠诚等因素都可能促使司法审查健康成长。[①] 这种对宪法审查发展的乐观态度需要的一

① 姜峰：《司法审查的政治保险论》，《人大法律评论》2016 年第 2 辑，北京：法律出版社 2016 年版，第 463 页。

个前提在于，政治力量竞争趋于均衡或者政治给予了司法以充分的活动空间。如果这个前提缺失，宪法审查制度可能的独立发展就丧失了政治语境。

在宪法审查积极能力较为强大的转型国家，往往还有一个突出影响因素就是机构领导者的领导力。转型阶段，宪法法院建立伊始，制度的脆弱与不稳就会凸显强人的力量。有学者通过对匈牙利宪法法院的研究发现，首任宪法法院院长是整个宪法法院的灵魂，很大程度上决定着宪法法院的行动，乃至在公众眼中，宪法法院院长就是宪法法院本身。① 索庸带领着本国的宪法法院活跃于政治舞台。宪法法院从无到有，在正当性尚未确立的情形下，法院必须靠一个接一个判决来积累社会认同、奠定正当性基础。在判决做出之前，法院院长对其他法官的说服能力，也影响着判决结果。要巩固在政治秩序中的地位，还要不断增强法院自身的社会影响力。一改司法被动消极的属性，院长在法院之外频繁地曝光于媒体，增强公众对宪法法院的理解和接受程度，也是巩固法院地位的重要手段。在宪法法院设立初期，院长只有不断主张法院的权力，才能确保这种权力获得政权及民众的认可。院长在政治权力的牌桌上出手要快，才能获得一席之地。②

（四）法治文化传统

法治文化传统作用于宪法审查制度能力，主要体现为民众对宪法审查的认可程度以及政治行动者对宪法审查的自觉程度。

① 参见 Kim Lane Scheppele, The Chief Justice and the Institutional Judiciary, *University of Pennsylvania Law Review*, Vol. 154, No. 6, pp. 1757 - 1851。

② 参见 Kim Lane Scheppele, The Chief Justice and the Institutional Judiciary, *University of Pennsylvania Law Review*, Vol. 154, No. 6, pp. 1787 - 1800。

某种程度上，这更可能是一项长期指数。很多时候，短期政治利益的急迫性会压制文化与传统的力量。比如转型初期，东欧国家回归欧洲的急迫性就强烈地压制了长期以来东欧文化传统的作用力，整个国家和社会都处于激进亢奋状态，通常作为保守因素的文化传统受到主流意识形态的强烈排斥。这种情形呼应了金斯伯格的观点：是“政治分化”现实和“政治不确定性”构成了司法审查的动因，而不是文化。[①] 然而，本书认为这种文化论的虚无，某种程度上忽略了时间的维度。司法审查强势是政治作用的结果，与文化关系不大；然而随着司法审查制度的运行与发展，其可能的发展变化，却离不开文化要素的解释。对于转型国家而言，只有整个国家与社会经历了时间的沉淀与反思，文化的力量才可能凸显。

有学者将国家转型划分为两个阶段：制度的转型与文化的转型。作为初级阶段的制度转型尚停留在表面法律，只有从制度转型跨越到文化转型，将法律融入本地文化，成为活着的法律，一个国家才真正实现了转型。[②] 国家的转型不仅是制度的转型，更是文化的转型。制度转型易，文化转型难。一方面，既然宪法审查机构不能置身于政治结构之外，宪法审查制度能力是由宪政体制、政党制度等制度性核心变量决定的；另一方面，它也和本国政治与法治文化特征息息相关，而后者往往是根本性的决定要素。一个民族对宪制文化的接受程度，很大程度上决定了宪法审查制度能够

① 姜峰：《司法审查的“政治保险”论》，《人大法律评论》(2016 年卷第 2 辑)，第 461 页。

② Alberto Febbrajo, Legal Cultures in Transition: A System-theory Approach, in *Central and Eastern Europe After Transition* edited by Alberto Febbrajo, Ashgate publishing, 2010, p. 45.

走多远。只有当宪制内化到了这个民族的文化中，宪法审查制度才真正扎下根基。

制度能力需要相应文化土壤的供给方可获得充分发挥。钱穆认为，政治制度，必然得自根自生。纵使有些可以从国外移来，也必然先与本国传统，有一番融合沟通，才能真实发生相当的作用，否则无生命的政治，无配合的制度，决然无法长成。① 本地文化的特质往往造成了制度能力的有限性。宪法审查建立于政治自由主义的文化土壤之上，只有多元政治才可能成就宪法审查制度能力。而对于多数转型国家而言，这种政治自由主义的文化土壤还是欠缺的。

"法律文化"是一个模糊而复杂的概念，具有极强的解释力，甚至能解释一切。② "当其他方式都无法做出解释的情况下，法律文化成为解释方程式里的剩余选项。""法律文化可以通过三个特殊纬度来评价：民众对个人自由的珍视程度、民众对法治的支持以及他们对法律中立立场的理解。"③在拥有法治传统的国家，宪法审查的建立与发展的软环境基础往往良好，有利于树立宪法审查的制度合法性。所谓宪法审查制度的合法性，即公众对宪法审查制度的支持，从短期来看，来自于宪法审查制度运行中的良好表现，比如积极维护基本权利，制衡国家权力；从长远来看，更取决于一国人民对法治的认可和选择。法治传统深厚的国家，人民更容易信赖和接纳法治的治理方式，宪法审查制度更容易受到本国人

---

① 参见钱穆：《中国历代政治得失》，北京：生活·读书·新知三联书店2005年版。

② 参见[意]D. 奈尔肯编：《比较法律文化论》，高鸿均等译，北京：清华大学出版社2003年版，第32页。

③ James L. Gibson、Gregory A. Caldeira, The Legal Cultures of Europe, *Law & Society Review*, Vol. 30, No. 1(1996), pp. 55 - 86, p. 56.

民的支持，并进一步表现为"扩散性支持"。如前所述，这种"扩散性支持"意味着即便人民不同意当下宪法审查的结果，仍旧愿意支持和维护宪法审查机构。这是宪法审查机构权威性确立的标志，也是宪法审查制度合法性确立的标准。

在具备法治传统的国家，政治行动者往往更具备规则意识、更认同宪法，并将服从宪法作为文化自觉。"即使无视宪法也并无风险，而仍然自愿服从宪法，这在很大程度上是一种文化自觉。在有些社会中，这种尊敬深植于公民当中，而不是在他处。在这些社会中，民主政治家通常不会无视法律，而且，一旦出现政府违法，公众的反应就会非常强烈。由此，失去公众认可的风险成为强化宪法的又一层保障。""有效的司法审查需要这样一种政治文化，那就是，总体而言，即使是那些掌权者也接受法院裁决，而且公众对宪法的尊奉非常坚定，无视宪法对政治家而言意味着沉重的代价。"①

简言之，如果整个社会更容易接受法治的治理方式，那么宪法审查制度就会更为有效。比如长期处于普通法传统之下的南非，在政治转型过程中建立了宪法法院制度，宪法法院在转型过程中承担着解决机构权限冲突、弥补代议能力不足、建构平等的社会保障体系，甚至参与制宪等多重功能。② 尽管宪法法院面临各种压

---

① [德]迪特尔·格林：《现代宪法的诞生、运作和前景》，刘刚译，北京：法律出版社2010年版，第159页。

② 南非宪法法院独特的功能在于新宪法制定过程中的认证判决。对制宪会议是否已经遵守了1993年临时宪法所包含的三十四条宪法准则做出裁决。参见 Heinz Klug, Constitutional Authority and Judicial Pragmatism: Politics and Law in the Evolution of South Africa's Constitutional Court, in *Consequential Courts: Judicial Roles in Global Perspective*, edited by Diana Kapiszewski, Cambridge University Press 2013。

力，但统治者和社会都普遍接受宪法法院的司法治理功能，宪法法院的权威在短期内树立。

倘若缺乏法治传统，建立宪法审查制度合法性的过程则更加漫长。“东欧很多国家缺乏法律、民主以及宽容的传统。社会的中产阶层和资本主义都没有获得充分发展。这些国家贫穷，距离现代化还很遥远，他们总是处于边缘地带。历史上长期处于暴虐而非民主的政治秩序之下。法律主要是中央命令的手段，而不是公民捍卫自身权利、处理与他人之间及与国家之间关系的准则。”①他们的传统与西方文化相距甚远。东欧建设宪政、法治的困境令文化悲观主义者相信，东欧的文化传统不适合建立宪法审查制度。②

如果民众漠视个体自由，法律中立的意识普遍薄弱，则更易纵容违法的发生。在这种法律文化下，政治行动者干涉宪法审查的政治成本往往较低，宪法审查的消极能力缺乏保障，积极能力也不够充分。这在独联体国家表现得较为明显。比如乌克兰，由于社会法治传统不足以及公民普遍的政治冷漠，③干涉司法独立看起来并不能激起人民多大的反弹。既然干涉宪法法院的政治成本并不高，那么总统就会选择在敏感案件上干涉宪法法院。还比如，俄罗斯公众普遍存在厌讼的社会心理。如果反对党频繁向宪法法院

① 参见 Martin Krygier, Is There Constitutionalism After Communism? Institutional Optimism, Cultural Pessimism, and the Rule of Law, *International Journal of Sociology*, vol. 26, no. 4, Winter 1996 - 1997, pp. 27 - 28。

② 参见 Martin Krygier, Is There Constitutionalism After Communism? Institutional Optimism, Cultural Pessimism, and the Rule of Law, *International Journal of Sociology*, vol. 26, no. 4, Winter 1996 - 1997, pp. 24 - 25。

③ Paulina Pospieszna, *Democracy Assistance from the Third Wave: Polish Engagement in Belarus and Ukraine*, Published by University of Pittsburgh Press, (February 2014), p. 20.

挑战现行法律，就会被认为是个麻烦的制作者，接下来的选票率就会降低。[①] 这种高额的政治成本，是对反对党的严苛惩罚，抑制了挑战行为。“厌讼”的文化传统迫使宪法法院很难活跃起来。

对于法律传统不足的东欧，尽管可以依靠制度设计确立起强大的宪法法院，典型的如索庸领导下的匈牙利第一宪法法院，但是这种制度的运行也同样是脆弱的。匈牙利宪法法院自 2010 年以来，在青民盟统治之下，宪法审查制度能力遭受了较大的破坏，直接原因来自于青民盟自上台以来发动的“宪法政变”，[②]然而，深究到文化层面，却是这个国家缺乏强大的法治传统。在法治传统上，匈牙利要比乌克兰、白俄罗斯等国改善很多，但仍旧不够强大。缺乏强大的法治传统，往往会纵容政治势力的跋扈，也是因为缺乏法治传统，宪法审查制度的社会基础不牢固。理性主义很难扎根的社会，一旦遭遇如经济危机等变故，很容易就滋生民粹力量，继而令民粹政党兴风作浪。[③] 在这种社会文化的土壤之下，公众普遍渴望强人领导下的革命，“对任何阻碍革命的制度都高喊砍掉他们的头颅”[④]。宪法法院作为宪法的守护者，法治自由的捍卫者，在民众眼里，这无疑构成了“革命”的巨大障碍。公众反对普世价值，表现之一就是对司法尤其是宪法法院的排斥。宪法法院已经无法满足人们的期待和需要。缺乏人民支持的屏障，宪法法院更容易

---

① Wojciech Sadurski, *Rights Before Court: A Study of Constitutional Courts in Postcommunist States of Central and Eastern Europe*, 2005 Springer, p. 95.

② 参见 Kim Lane Scheppele, Constitutional Coups and Judicial Review: How Transnational Institutions can Strengthen Peak Courts at Times of Crisis, *Transnational Law & Contemporary Problems*, Spring 2014。

③ 参见徐刚：《中东欧社会转型中的新民粹主义探析》，《欧洲研究》2011 年第 3 期。

④ Kim Lane Scheppele, Constitutional Coups and Judicial Review: How Transnational Institutions can Strengthen Peak Courts at Times of Crisis, *Transnational Law & Contemporary Problems*, Spring 2014, p. 54.

遭受政治行动者的进攻。

国家的转型是漫长的过程。转型之初,制度中心主义者热衷于讨论哪种宪法设计或宪法审查是最优的,过于乐观的他们往往轻视了文化的隐性作用。而随着时间的流逝,文化特质才发挥更强劲的作用力。最终,或许只有文化因素才能为诸多转型国家宪法审查的式微做出最终解释。当下,宪法审查制度、民主制度在多数转型国家遭受的挫折,一定程度上表明,转型初期制度中心主义者热衷的制度设计,因为罔顾文化特质,某种程度上是失败的。

然而,制度与文化并不是截然分明的,两者相互渗透与影响。有学者敏锐地指出,没有充分的理由认为转型国家一定能成功建立起宪制与法治,同样,也没有充分理由认为他们就无法建立宪制与法治。① 制度试验即便失败了,却种下了文明的种子,法治启蒙渗透进本地文化,为未来变革做好准备。

小结

上述四个自变量共同作用于合宪性审查制度,不过相对力量往往此消彼长。如果缺乏竞争性政治,在强大的主导性政治力量面前,法官行为模式或者法治传统等都显得格外无力,往往被完全遮盖。又比如,在竞争性政治和利益趋同模式下,法官行为模式的变量更可能主导宪法审查的积极能力。另外,核心变量的性质也有所不同。竞争性政治、利益趋同性、法官行为模式都具有显性特征,而传统文化变量具有较强的隐性特征,这种隐性变量要经历较

① Martin Krygier, Is There Constitutionalism After Communism? Institutional Optimism, Cultural Pessimism, and the Rule of Law, *International Journal of Sociology*, vol. 26, no. 4, Winter 1996 - 1997, p. 18.

长的时间才能看到它的作用效果。

除了以上四项核心变量以外，总统制、半总统制、议会民主制等宪政体制安排以及宪法审查机构相对于其他机构的地位，都会影响到宪法审查制度能力。一般认为，东欧转型中议会民主制更容易促进民主化进程，而总统制则往往阻碍东欧民主化，更容易蜕变为威权政体。同样，总统制、半总统制下的宪法审查机构往往更多受制于领导者集权，相对于这些机构，宪法法院地位比较弱小，不但在消极能力上受到限制，在积极能力上也得不到充分发挥，比如乌克兰、俄罗斯、白俄罗斯等都属于这种情形，半总统制下的波兰也曾有强人政治的迹象，宪法法院亦比较克制谨慎；相比之下，议会民主制平稳推进民主化进程，则有利于宪法审查积极能力的发挥，如匈牙利转型初期宪法法院主导转型进程。同时，外部力量对东欧转型构成显著的制约，这种外部力量可以化约成急迫的政治利益或主流的意识形态，继而构成东欧宪法法院制度能力的核心变量。这种外部力量包括欧盟和北约的援助及约束。

宪法审查机构相对于其他机构地位高的国家，宪法审查积极能力往往更强，而低的国家则宪法审查机构通常默默无闻。在各转型国家，政党体制一般尚未制度化、公民社会还很脆弱，政党与选民之间关系不稳定。整个立法机关的代议能力都比较低效，选民们颇多抱怨。对比之下，宪法法院的积极能动却能聚焦整个社会的根本问题，更能有效推动公民社会走向常识与理性，有助于补偿立法者对民主价值的忽视；还能够在平衡国家机构权限的争议中，为政党竞争设置界限、保护平衡，并强化政党与公民社会的互动关系。不过随着政党政治的成熟，宪法审查机构的地位则有可能被取代。

总之，对宪法审查制度能力的理解离不开特定的政治与社会语境。一个国家的宪法审查消极能力之所以获得充分保障，往往是因为政治竞争度较高、宪法审查与政治领导者利益趋同；宪法审查积极能力之所以较强，往往是因为法官角色认知较为能动，政治力量对宪法审查的容忍度较高，宪法审查机构更受民众的支持。同时，文化传统接近政治自由主义的国家，更容易培养宪法审查制度能力，而法治传统缺失的国家，宪法审查制度能力往往发展缓慢，制度化过程更加漫长，制度能力不够稳定。转型国家宪法审查制度能力首先取决于主要政治力量干涉宪法审查的能力，其次取决于主要政治力量对宪法审查的态度。前者往往与政党政治的竞争度密切相关，也与特定时期占据国家权力的具体情况相关，而后者则与政治行动者、宪法审查机构之间在特定阶段的利益趋同度密切相关。司法认知则最终由主要政治力量对宪法审查的宽容度型塑，而文化的力量更依赖于时间的维度发挥作用，而在迫切的利益需求面前，往往呈现隐性特征。

然而，多大程度的竞争性政治和利益趋同才能有效地保障宪法审查的消极能力？利益趋同和法官行为模式在多大程度上决定宪法审查的积极能力？宪法审查制度能力又在多大程度上受制于本地传统文化的特质？这些问题仍旧是模糊的。只有放在特定的国家，结合特定的历史与语境，这四个变量的相对力量才可能被挖掘和深入讨论。下文将结合匈牙利转型的进程，阐述宪法审查制度能力的具体样态以及相应的政治逻辑。

第二章　从无到强：强规范性审查的兴起

包括匈牙利在内的一些东欧国家在转型前已经建立了宪法委员会，但这些机构发挥的宪法监督作用比较有限。转型之后，绝大多数东欧国家都模仿德国和奥地利，建立了凯尔森模式的宪法审查制度。其中，匈牙利尤其值得关注，一方面因为外界对其关注甚少，往往不能理解这个国家的剧烈变化；另一方面自转型以来，这个国家的宪法法院经历了从无到强、从强司法审查回归常态规范性审查、再从规范性审查演变到选择性审查的全过程，为检验本书第一章发展的模型提供了数个变量组合。

本章首先概述转型前的匈牙利宪法审查状况，主要是宪法委员会的建立、权限等；其次，探讨转型之初的宪法法院制度能力；最后，分析影响宪法审查制度能力的制度与文化要素。匈牙利转型初期的经验充分显示，多元政治竞争是规范性宪法审查得以建立的必要条件。转型之后，匈牙利进入多党制衡政治，宪法审查开始发挥实质性作用。加之法院对自身使命的高度自觉和强势院长的领导等因素，匈牙利宪法审查实现飞跃发展。

一、宪法委员会的诞生

(一) 国家概述

匈牙利地处欧洲的心脏，国土面积约 9.2 万平方公里，大体相当于我国的浙江省，属于欧洲较大的内陆国之一。受地中海式气候和大西洋暖流的影响，匈牙利属于温带大陆性气候。人口约 1 千万，官方语言为匈牙利语，是欧洲非印欧语系中使用最广泛的语言。

历史上，匈牙利的先祖并非欧洲的土著人。早期的匈牙利人(即马扎尔人)来自于亚洲的游牧民族，在漂泊游荡中烙上了突厥文明的印记，已经无法确定他们最早出现在欧洲的时间，这些民族善于骑射，不断劫掠周边的农耕者。① “匈牙利人的名称于 833 年首次出现”，当时他们侵扰了“亚速海附近的哈扎尔汗国和拜占庭帝国的殖民地”。9 世纪末，大部分匈牙利人散居于蒂萨河和多瑙河中游的平原；906 年，匈牙利人摧毁了一个地道的斯拉夫国家，开启了新篇章，在匈牙利平原上开始了定居生活；在与西欧的不断交战与劫掠中，收益不断减少，匈牙利人逐渐结束了劫掠活动。②

停止了劫掠式生活之后，匈牙利人各民族内部开始了统一。1001 年，阿尔帕德家族的王公维克取得了国王称号，国家基本稳定，并受到了西欧文明的显著影响。西欧的政治制度和基督教文明都显著渗透进匈牙利人中。③ 匈牙利人以武力侵略了欧洲，而

---

① 参见[法]马克・布洛赫:《封建社会》，张绪山译，北京：商务印书馆 2003 年版，第 44　45 页。

② [法]马克・布洛赫:《封建社会》，张绪山译，北京：商务印书馆 2003 年版，第 45 页。

③ 参见[法]马克・布洛赫:《封建社会》，张绪山译，北京：商务印书馆 2003 年版，第 49 – 54 页。

欧洲则以文明征服了匈牙利人。

10 世纪时，在不断侵扰西欧的过程中，匈牙利人遭受了德意志候选人亨利和萨克森皇帝的沉重打击，让他们开始重视西方文明。1000 年左右，匈牙利人开始接受基督教。虽然他们基督教化，仍然保留着自己的语言，也就是突厥-芬兰语(马扎尔语)。维克建国时实行了君主政体，并保持着某种程度的自由。1222 年，匈牙利使用的宪法是东欧的宪法即“黄金诏书”，可与英国大宪章相提并论。①

从 13 到 15 世纪，这是蒙古诸族的时代，也是基督教的衰退时期。匈牙利掌握在与蒙古人同种的突厥族源的土耳其人手中。此后数百年间，匈牙利都在土耳其、奥地利等国的侵占之下。匈牙利一直在大国统治之下，对于匈牙利而言，摆脱大国统治，独立的国家建构之路漫长。进入了 20 世纪，匈牙利仍是奥匈哈布斯堡君主国的一部分，在各领域都依附于奥地利。奥地利皇帝兼任匈牙利国王。匈牙利政府必须由维也纳朝廷审批方能成立。②

1919 年，在短暂的匈牙利苏维埃共和国之后，举行了议会选举，恢复了君主制度，并在二战之前度过了短暂稳定的资本主义发展时期。二战结束，随着华沙条约的签订，匈牙利成为苏维埃帝国的边陲。“苏联政治局对东欧领导层更迭的高度介入，以及他们从外部对意识形态框架和政治结构的监控，为东欧华沙条约国家提

① [英]韦尔斯：《全球通史》(下)，桂今译，北京：民主与建设出版社 2016 年版，第 417 页。

② [苏]伊思莱梁等：《匈牙利现代史》，黑龙江大学俄语系翻译组，哈尔滨：黑龙江人民出版社 1972 年版，引言，第 2 页。

供了非同寻常的高度的共同性，以及对共同霸权的高度依赖。”[①]匈牙利依附于苏联，但仰赖地缘优势，这种依附关系相比于其他华沙条约签署国，也表现出了一定的松动性。

（二）“后全能主义”转型

20 世纪 40 年代到 60 年代，匈牙利经历了一系列剧烈的政治、经济变革，从全能主义向后全能主义迈进。[②] 匈牙利经历了 1945 年史上最自由的选举，1948—1953 年非常全能主义时期，1956 年人民革命成功的改革时期，1956—1962 年共产主义的反革命以及从 1962 年开始的去全能主义化时期。到 80 年代末，匈牙利成为世界上最重要的后全能主义典范。[③]

后斯大林时代的匈牙利，在政治制度缺乏正当性与公信力的情况下，实施经济领域和社会生活上的“特别交易”制度，以求通过经济改革实现二次合法性。这种特别交易制度主要适用于中产阶层。这个阶层拥有较高的生活水平，日常生活中去政治化，在社会

---

① ［美］胡安·J. 林茨、阿尔弗莱德·斯泰潘：《民主转型与巩固的问题：南欧、南美和后共产主义欧洲》，孙龙等译，杭州：浙江人民出版社 2008 年版，第 243 页。

② 林茨将政体划分为民主、全能主义、后全能主义、威权主义和苏丹式政体。所谓全能政体是指作为一种理想类型的全能主义政体的概念，它消除了几乎所有以往存在的政治、经济和社会的多元化，而拥有一个统一的、明晰的、指导性的、乌托邦式的意识形态，有广泛而深入的动员，并且统治的领导权通常是克里斯玛型的，没有明确的限制，对精英和非精英都一样具有高度的无法预测性和脆弱性。参见［美］林茨、斯泰潘：《民主转型与巩固的问题：南欧、南美和后共产主义欧洲》，孙龙等译，杭州：浙江人民出版社 2008 年版，第 43 页。而后全能主义，包括早期后全能主义、僵滞的后全能主义，再向成熟的后全能主义变化的连续体，它是经历全能主义模式的体系变化的结果，是一种进化的类型，而并非创始的类型。参见［美］林茨、斯泰潘：《民主转型与巩固的问题：南欧、南美和后共产主义欧洲》，孙龙等译，杭州：浙江人民出版社 2008 年版，第 43、301 页。

③ ［美］林茨、斯泰潘：《民主转型与巩固的问题：南欧、南美和后共产主义欧洲》，孙龙等译，杭州：浙江人民出版社 2008 年版，第 304 - 305 页。

领域保持沉默。通过经济改革掩盖社会主要矛盾，为当时社会上大多数人所接受。但是，“特别交易”制度排除了社会上最贫困的群体，弱势群体在这种交易制度之下，处境恶化，人数达到了整个社会的百分之十。[①] 早在1987、1988年，一些有影响力的社团就已秘密开展斗争。到了1989年，多党制形式被接受。匈牙利民主论坛、青年民主主义者联盟等组织相继成立。[②]

亨廷顿按照政府与反对派的关系、执政联盟中改良派与保守派之间的关系以及反对派中温和派和极端反对派之间的关系，将转型路径划分为三类：主动转变、政权取代以及交相改变。[③] 匈牙利的转型始终处于连续性之中，属于主动转变的转型路径。“匈牙利共产党的改革派对自己充满信心，认为未来选举不确定下自身获胜的可能性很大；而保守派之所以没有阻挡改革派，是因为务实保守派要照顾自己的生意，站在改革派一边更符合他们的利益。而同时，军队在整个转型中绝对中立。”[④]匈牙利的主动转变，更多是依托宪法和法律框架进行，是一场通过协商而逐步推进的“法治革命”。

---

① 参见 Laszlo Boros, Social and Political Context of the Transformation Process in the Hungarian System of Justice, Jiri Priban (Edit) *Systems of Justice in Transition: Central European Experience since* 1989, published by Ashgate Publishing Limited 2003: pp. 194 - 199。

② Laszlo Boros, Social and Political Context of the Transformation Process in the Hungarian System of Justice, Jiri Priban (Edit) *Systems of Justice in Transition: Central European Experience since* 1989, published by Ashgate Publishing Limited 2003: pp. 204 - 210.

③ 参见[美]塞缪尔·亨廷顿：《第三波：20世纪后期的民主化浪潮》，欧阳景根译，北京：中国人民大学出版社2012年版，第118 - 119页。

④ 参见[美]胡安·J. 林茨、阿尔弗莱德·斯泰潘：《民主转型与巩固的问题：南欧、南美和后共产主义欧洲》，孙龙等译，杭州：浙江人民出版社2008年版，第317页-319页。

(三) 匈牙利人民共和国的"宪法审查"

转型之前的匈牙利乃至整个东欧，对"宪法审查"的态度，经历了从绝对排斥到有限接受的过程。这种有限接受意味着，无论从制度设计还是功能运行上，执政者都对宪法审查制度进行"选择适用"，对该制度的定位和功能在立法层面充分地剪裁，使其达到"政体适应性"。对于东欧而言，宪法的程序化、司法化问题始终是个敏感的政治问题，实际上他们一直没有接受完整而充分的宪法审查。在这里，司法审查具有着特定的含义，即法院对行政行为的合法性进行审查，并且也只限于此。而特定机关实施的宪法监督，虽然号称"宪法审查"，但与西欧国家的宪法法院，无论是法律定位，法官任命还是管辖范围，判决效力等，都有较大差距。

1. 宪法审查与国家理念之间的张力

社会主义国家推崇议会至上，权力模式一元；而宪法审查的精神实质在于"宪法至上"，要求权力分化，权力模式多元。按照马克思主义理论学说，社会主义国家始终强调权力的统一性。因此既不需要司法审查也不需要政府机构之间的权力制衡。议会至上与宪法至上之间的矛盾以及权力模式取向上的冲突，都令司法审查充满了敏感性。

实际上，二战前东欧各国由法院审查行政决定，比如匈牙利高等行政法院以及波兰最高行政法庭等专门机构拥有司法审查权、监督行政机关。二战之后，在匈牙利人民共和国，行政机关的合法性可以通过"议行合一"的原则获得保障，并且通过检察机关对行政活动的合法性进行监督，可以有效确保这种合法性。"与司法审查有关的所有理念在原则上都被排斥，被宣布与政府的新体制无关。”[①]

之所以不需要法院审查行政决定，苏联的著名法学家维辛斯基归纳为四点。[②] 第一，“这种权力会引发法院对行政权的干涉，削弱有效而灵活的行政之必要范围”；第二，法官不具备相应的专业知识，他认为，这种对行政案件的审查不仅需要行政法知识，而且还需要大量的专业技能，这些专业知识是法官不具备的；第三，这种审查将导致法院的案件激增，法院负担沉重，将扩大预算支出；第四，现有制度可以有效确保行政决定的合法性，即检察院对行政合法性有效监督。而引进法院控制，只会导致成本增高，拖延行政案件的审理时间。

2. 有限“司法审查”的出现

尽管排斥“司法审查”，但社会要求改革的压力令统治者不得不做出让步。体现在司法领域，就是部分恢复司法审查，并逐步建立宪法审查。当然，这些制度的能力都是很有限的。

第一，这种有限性意味着司法审查的特殊内涵。这里的“司法审查”是个极其狭义的概念，仅仅限于法院对行政决定的合法性进行审查。审查标准只能采用合法性审查，而不具备合理性审查。

上个世纪 50 年代以后，苏东各国先后接受“司法审查”。“1952 年，南斯拉夫是第一个重新引入对行政决定进行审查的国

① Leszek Garlicki, An Examination of The Unity and Diversity Within The Socialist Legal Family: Constitutional and Administrative Courts As Custodians of The State Constitutions —— The Experience of East European Countries, 61 *Tul. L. Rev.* 1285, p. 1290.

② Leszek Garlicki, An Examination of The Unity and Diversity Within The Socialist Legal Family: Constitutional and Administrative Courts As Custodians of The State Constitutions —— The Experience of East European Countries, 61 *Tul. L. Rev.* 1285, p. 1289.

家。匈牙利法院1957年恢复了相近的权力，罗马尼亚1967年、保加利亚1970年、波兰1980年也如法炮制。”[①]

这些国家的法院有权对行政决定依法进行实体性和程序性审查。[②] 合理性审查被认为是对行政机关自由裁量权的干涉。此外，判决效力并不具强制性。法院在判决中不能推翻或替代行政决定。它仅仅是将有问题的行政决定放在一旁，请求行政机关根据法院对法律的解释重新做出决定。[③] 也就是说，法院在判决中以尊让行政机关为前提，发挥的只是法律解释层面的有限作用，而最终决定权仍旧在行政机关。新的行政决定可以再次受制于司法审查。如果新的行政决定并没有吸收法院所做的法律解释，法院可以主动就该问题做出判决。当然，这在一定程度上避免了行政机构对法院判决的懈怠。[④]

第二，这种有限性还意味法院不能成为宪法监督主体。东欧国家法院的政治地位较低，功能定位并不能解决所有的争议，“这

---

① Leszek Garlicki, An Examination of The Unity and Diversity Within The Socialist Legal Family: Constitutional and Administrative Courts As Custodians of The State Constitutions —— The Experience of East European Countries, 61 *Tul. L. Rev.* 1285, p. 1290.

② Leszek Garlicki, An Examination of The Unity and Diversity Within The Socialist Legal Family: Constitutional and Administrative Courts As Custodians of The State Constitutions —— The Experience of East European Countries, 61 *Tul. L. Rev.* 1285, p. 1294.

③ Leszek Garlicki, An Examination of The Unity and Diversity Within The Socialist Legal Family: Constitutional and Administrative Courts As Custodians of The State Constitutions —— The Experience of East European Countries, 61 *Tul. L. Rev.* 1285, p. 1294.

④ 参见 Leszek Garlicki, An Examination of The Unity and Diversity Within The Socialist Legal Family: Constitutional and Administrative Courts As Custodians of The State Constitutions —— The Experience of East European Countries, 61 *Tul. L. Rev.* 1285, pp. 1294 – 1295。

些国家，国家机关之间或者广义上理解的政治制度内部的争议，法院无权受理”。[①] 其次，宪法监督与国会关系密切。而宪法监督机构作为一个专门机构，本身就与国会有着千丝万缕的联系，要么是作为国会的一个专门委员会，要么是国会的派生机构。

这一时期比较有代表性的国家是波兰。1985 年，波兰颁布了《宪法法庭法》，就法庭的法律基础、法官任命以及管辖权等作出规范。“第一，国会设定了宪法法庭的宪法基础并立法规定宪法法庭的组织结构、管辖权限以及运行程序。”“第二，国会任命法庭的成员，调查法庭活动的报告，并分析法庭关于波兰法律体制问题的报告。”“第三，国会限制了法庭审查国会立法的权限。即法庭可以审查立法的合宪性，但是就法律的违宪判决并不具备终局力。法庭的判决只是促使国会进一步调查相关问题。于是只有国会的决定才是最终的。通过这种方式，国会维护了立法的最高性。”[②]因此，不难理解 1985 年宪法法庭法的相关规定，即宪法法庭对法律以下规范[③]的审查具有终局力，而对立法的审查相当于对国会立法提出建设性意见。

首先，为了确保合宪性审查这一装置在政治上的安全性，1985 年的宪法法庭法从审查范围、提起审查的主体、审查基准以及判决的终局力等多个角度作出限制，将其改造成一个适应政体、满足议

---

① Leszek Garlicki, An Examination of The Unity and Diversity Within The Socialist Legal Family: Constitutional and Administrative Courts As Custodians of The State Constitutions —— The Experience of East European Countries, 61 *Tul. L. Rev.* 1285, p. 1287.

② Leszek Garlicki, Constitutional Development in Poland, 32 St. Louis L. J. 713, 718 (1988)，转引自 Herman Schwarz, *The struggle for Constitutional Justice in Post-Communist Europe*, p. 51。

③ 在社会主义波兰的法律体系中，法律由议会通过，而法律以下的规范则主要体现为行政机关根据法律制定的规章和命令。

会至上的审查制度。多个环节的严格控制和严格的筛选程序，都极大削弱了法庭的制度能力。

其次，有权提起审查的主体相当有限。这些主体仅限于国家机关提起的抽象审查、来自法院系统的附带性审查以及法庭自身的主动审查。1985 年宪法法庭法并没有规定公民个体可以提起宪法诉愿。这种缺失在当时受到了尖锐的批判。“宪法权利遭到侵犯的公民个人或公民组织无权发动宪法诉讼，难免令人忧虑，宪法法庭被缩减至只能解决国家机构和其他特定机构之间的矛盾。守护宪法意味着捍卫个体权利，这项规定的缺失会削弱整个法律制度。”①

再次，审查基准受到限制。波兰宪法法庭无权以国际条约为标准来审查法律规范的合宪性。尽管波兰在 1977 年就批准了公民权利和政治权利国际公约，但是宪法法庭并不能依据该公约审查国内法。在波兰官方看来，国际条约的国内法地位不明确，即“国内宪法性法律并没有对国际条约的法律地位做出规定”，因此国会在讨论 1985 年的宪法法庭法时，规定将宪法法庭局限在只能控制“通过的”法律而不是“缔结的”法律上。② 这就避免了对国家行为是否符合国际人权标准做出判断。

最后，审查对象也受到严格限制。宪法法庭法不仅对审查对象和审查基准做了明确的限缩，还对审查期限做了严格限制。比如宪法法庭只能审查 1982 年设立宪法法庭的宪法修正案之后颁

① Mark F. Brzezinski, The Emergence of Judicial Review in Eastern Europe: The Case of Poland, *The American Journal of Comparative Law*, Vol. 41, No. 2 (Spring 1993), p. 190.

② Mark F. Brzezinski, The Emergence of Judicial Review in Eastern Europe: The Case of Poland, *The American Journal of Comparative Law*, Vol. 41, No. 2 (Spring 1993), p. 184.

布的法律规范的合宪性，不得审查此前颁布的法律规范；只能在法律规范公开、颁布或签署的五年之内发起，而超过了这个期限，则不能再对法律规范提起宪法诉讼。[①] 这种对期限的严格限制，明显有违宪法审查的科学性，更多的是基于政治考量的需要。因为法律规范只有在适用中才会逐渐暴露存在的弊端和问题，这往往需要很长时间的法律实施过程。规定五年的期限显然是不科学的。同时，在弗兰科夫斯基（Frankowski）教授看来，禁止审查1982年之前颁布的法律规范，是要排除审查那些在政治上具有重要地位的法律的有效性，"开启这些问题的讨论，无异于政治自杀"。[②] 这一时期做得最好的宪法审查制度不过如此，[③]不难想见东欧其他国家合宪性审查制度能力的局限。

匈牙利卡达尔政权时期，随着管制的弱化，国内政治事务开始发生变化。1972年，国会首先在内部设立了宪法审查委员会，对自身的立法进行审查。这就迈出了宪法监督制度的第一步。但该委员会并未运转。

1984年4月重新设立了宪法委员会。与国会分离，但仍旧对国会负责。不过，该制度与波兰人民共和国宪法法庭制度很相似，均无权宣布议会立法无效。它仍旧遵循权力的统一性原理，实施

---

① Mark F. Brzezinski, The Emergence of Judicial Review in Eastern Europe: The Case of Poland, *The American Journal of Comparative Law*, Vol. 41, No. 2 (Spring 1993), p. 185.

② Mark F. Brzezinski, The Emergence of Judicial Review in Eastern Europe: The Case of Poland, *The American Journal of Comparative Law*, Vol. 41, No. 2 (Spring 1993), p. 186.

③ 关于波兰人民共和国宪法法庭运行的有限性，参见赵丹：《合宪性审查的限度：波兰人民共和国宪法法庭的启示》，《甘肃社会科学》2019年第5期。

的是一种“软控制”。[1] 这是一项极其有限的宪法审查制度，“从它的组织、权限和程序看，宪法委员会并不是一个独立的司法机关，而是议会的一个特殊委员会，不过具有司法特征，其职能在于提供咨询意见，以协助国会从事立法工作，其目的在于维护国会之地位，确保法律之权威，发挥节制行政机关之功能”。[2] 历史上，该宪法委员会制度并没有多大反响。某种程度上，该制度更类似于“名义性审查”。

随着政治转型的开启，宪法委员会被宪法法院所取代。匈牙利宪法法院是东欧转型中最早运行的宪法法院。出于圆桌会谈期间对宪法法院的高度重视，早在第一届国会大选之前的五个月就投入运行了。匈牙利第一宪法法院的运行颇受世界瞩目，一度成为转型国家宪法审查制度运行的典范，属于典型的“转型”法院。而后索庸时代的宪法法院则较为克制，属于“常态”法院。在 2010 年之后欧尔班重掌政府，开始了大规模宪法改革，不仅制定了新宪法，还对宪法法院作出了诸多的调整。宪法法院在宪改的冲击之下，受到较大的影响。据此，按照宪法审查制度能力的高低与特性，匈牙利宪法法院可以显著地划分为三阶段：第一阶段即 1990—1998 年、第二阶段即 1998—2010 年、第三阶段即 2010 年至今。下文将按照此阶段性划分，分别叙述每一阶段制度能力的具体表现与特征，并试图剖析该阶段制度能力背后的政治与社会逻辑。

---

① 参见 Gregory Tardi，The Democratization of The Hungarian Constitution，*Journal of International Law*，Fall 2000，p. 400。

② 王卫明：《东欧国家违宪审查制度比较研究》，北京：中国政法大学出版社 2008 年版，第 56 页。

二、转型后的合宪性审查

(一) 转型之初的宪法法院

1989年春，匈牙利民主转型进入快车道。1989年6月13日至9月，匈牙利举行了圆桌会谈，并签署了圆桌协议。所谓圆桌会谈，不仅是民主转型的议程，还事关政治运行规则，比如新的宪法体制下的基本制度规范，就这些事项展开谈判与妥协。[①]

一般认为，匈牙利设立宪法法院，事先并没有经过深刻、透彻的分析，出现"世界上最强大法院"是相当偶然的。熟悉当时情况的人说，"宪法法院的概念周五下午才出现，而下周一国会就要宪法进行投票"。[②] 索庸承认，立法者对宪法法院的作用的认识其实是很模糊的，相关规定的起草，在技术准备上是很仓促的。对此，有评论认为，宪法的起草者根本就不知道宪法法院是什么。[③] 但在普罗恰兹卡·拉多斯拉夫(Prochazka, Radoslav)看来，一个冲击立法和行政权的机构不引起注意，这难以置信。事实上，在圆桌会谈期间，与宪法法院运行有关的问题就进行了广泛讨论。宪法法院的运行规则成为1989年夏天各派政治力量协商的核心问题。

① Schiemann, J. W., *The Politics of Pact-Making. Hungary's Negotiated Transition to Democracy in Comparative Perspective*. Paglrave Macmillan, New York, 2005. pp. 37 - 84.

② *Mission Accomplished: On Founding Constitutional Adjudication in Central Europe*. by Prochazka, Radoslav, Central European University Press (CEU Press), 2002, p. 52.

③ 参见 Herman Schwarz, *The struggle for constitutional justice in post-communist Europe*, the university of Chicago Press published in 2000, p. 77。

其实，宪法法院的地位和重要性早在圆桌会谈期间就达成了。[①]

圆桌会谈期间关于宪法法院主要有两项议题分歧较大。其一，法官的任命。按照最初宪法和宪法法院法的版本，宪法法院由院长和十名成员组成，法官由国会选举产生，实行终身制直到七十岁退休。前国会选举五名法官，另外五名在提名委员会的推荐下由新国会选举产生。提名委员会委员包括了科学院和律协的代表。[②] 然而，这一版本不免有转型政府的自肥之嫌。反对派担心，这会导致转型政权对宪法法院施加过多影响。最后，反对派的观点占了上风：法院由十五名法官组成，法官由国会各党派代表组成的提名委员会推荐，国会代表三分之二多数选举产生。[③]

其二，宪法法院的权限。主要是诉愿申请人的范围。最初版本既要考虑培养宪法观念，又要虑及对宪法诉愿原告的资格限定；而反对派则强调每个人都有权向宪法法院提出申请，最后引入了准宪法诉愿和民众诉讼的诉讼类型。[④] 然而，这两个问题的最初版本，却在二十年后有了回响。青民盟 2010 年制定的根本法与宪

---

① *Mission Accomplished*: *On Founding Constitutional Adjudication in Central Europe*. *by* Prochazka, Radoslav, Central European University Press (CEU Press), 2002, p. 53.

② 参见 Laszlo Solyom, *Structure and Proceedings of the Hungarian Constitutional* Judiciary, Constitutional Judiciary in a New Democracy: The Hungarian Constitutional Court, edited by Laszlo Solyom and Georg Brunner, University of Michigan Press, 2000, p. 69。

③ 参见 Laszlo Solyom, Structure and Proceedings of the Hungarian Constitutional Judiciary, *Constitutional Judiciary in a New Democracy*: *The Hungarian Constitutional Court*, edited by Laszlo Solyom and Georg Brunner, University of Michigan Press, 2000, pp. 69 - 70。

④ 参见 Laszlo Solyom, Structure and Proceedings of the Hungarian Constitutional Judiciary, *Constitutional Judiciary in a New Democracy*: *The Hungarian Constitutional Court*, edited by Laszlo Solyom and Georg Brunner, University of Michigan Press, 2000, p. 70。

法法院法对这两项问题的规定，很大程度上是这两个最初版本的回归。

作为圆桌会谈的成果，匈牙利圆桌会谈协议（签订于 1989 年 9 月，又称“九月协议”）突出强调宪法法院的地位，即“匈牙利宪法法院的作用就是致力于法治国家的诞生，保护宪法秩序，维护权力的分立和平衡”。[①] 协议各方均同意宪法法院要具备有效的权限以及几项确切的职能，确立了民众诉讼的形式以及宪法法院首先选出五名法官的决议。宪法法院草案与宪法草案密切相关，共同构成九月协议的重要组成部分。[②] 1989 年 10 月 18 日，前政权的最后一届国会通过了修改后的宪法，1989 年 10 月 19 日通过了宪法法院法。当时国会通过的四部基本法律当中，宪法法院法争议最小，大会辩论阶段普遍没有意见，只是在细节讨论上比如就宪法法院的地址产生了些许分歧。[③] 1990 年 8 月颁布的宪法专辟一章，规定宪法法院的职能以及法官的选任方法。转型问题纷繁复杂，更多关键的政治议题吸引着政治家们的注意力，加之此前圆桌会谈期间对宪法法院进行了较为深入的讨论，如此一来，“宪法法院法”的通过已经不再是焦点。

（二）合宪性审查的积极能力

对宪法法院积极能力的考察，一方面侧重管辖能力、问责能力

① *Mission Accomplished*: *On Founding Constitutional Adjudication in Central Europe*, by Prochazka, Radoslav, Central European University Press (CEU Press), 2002, p. 114.

② 参见 *Constitutional Courts as Positive Legislators*: *A Comparative Law Study*, edited by Allan R. Brewer-Carias, Cambridge Press, 2011, p. 577。

③ 参见 *Constitutional Courts as Positive Legislators*: *A Comparative Law Study*, edited by Allan R. Brewer-Carias, Cambridge Press, 2011, p. 578。

以及实施能力的分析与比较，另一方面更需要着眼于具体个案下，宪法法院对基本权利维护、分权制衡功能的承担以及转型特定时期对民主的建构和推进功能。

1. 管辖能力

宪法法院 1990 年 1 月 1 日正式运行，距离首次全国大选还有五个月。根据圆桌协议的要求，首先选出了五名法官来组成宪法法院。其他成员在新国会成立之后再选举产生。根据宪法与宪法法院法的规定，宪法法院拥有广泛的管辖权。

宪法法院第一条规定：

(1) 事前审查，即对国会制定的未公布的法律、国会议院规则、国际协定的合宪性进行审查；

(2) 事后审查，即对公布后的法律规则、政府行政管理的其他法律文件进行合宪性审查；

(3) 对法律规则、政府行政管理的其他法律文件与国际协定的一致性进行审查；

(4) 审理宪法诉愿案件，即审理基于个人宪法上所保障的权利受到侵害而提起的申诉；

(5) 对立法不作为的违宪审查；

(6) 审理政府机构之间、政府机构与地方政府之间、地方政府之间的权限争议；

(7) 解释宪法条款；

(8) 处理法律规定的其他事项。①

文本规定只是宪法审查管辖能力的起点。运行中的宪法法院

① 胡建淼等编：《世界宪法法院法选编》，杭州：浙江大学出版社 2007 年版，第 271－272 页。

以文本为基础，不断在实践中扩张管辖权。同时，审查方式以及宪法法院准入方式的转变都有利于宪法法院管辖权的扩张。

第一，抽象审查方式有利于提升管辖能力。

抽象审查体现为事先审查和事后审查两种。事先审查法律草案、制定仍未颁布的国会法案以及国际条约等是否违宪；审查法律规则以及国家控制的其他法律方式是否违宪；审查法律规则和国家控制的其他法律方式与国际条约是否一致；审理因主张宪法权利遭受侵犯而提起的宪法诉愿等。

此外，法院还有权审查立法不作为和宪法解释。他们都以抽象方式进行。匈牙利对国会的立法不作为进行审查，这是东欧宪法审查独具特色之处。立法机关没能及时立法，会被宪法法院判决违宪。在转型的最初两年，立法不作为审查是一种主要的审查内容。自 1992 年开始立法不作为审查的作用开始降低，但是这种审查方式仍然引人注目。[①] 宪法法院往往会给立法机构立法设置最后期限，或者现存规定不完整的情形下，宪法法院会做出具体解决办法，要求立法机关以规定的方式来立法。抽象解释宪法规定是东欧宪法法院另一项比较特别的权限，这是一种具有普遍拘束力的咨询建议。中央国家机构常常就宪法规定请求解释。宪法法院为避免介入具体的政治纷争，一般只就抽象性问题进行解释。这种抽象解释在转型初期非常受欢迎。

“具体审查”往往更加注重判决在具体事实中的后果和可行性，相较之下，“抽象审查”因其脱离具体事实，往往具有较高的涵盖性，并且抽象审查固有的政治性，令抽象审查更具干预性。抽象

---

① 转引自王卫明：《东欧国家违宪审查制度比较研究》，北京：中国政法大学出版社 2008 年版，第 108 页。

审查强化了宪法法院与立法机构之间的关系，令其联系更为紧密。抽象审查增强了宪法审查的干预范围，事先审查扩展了宪法审查的干预进程，两方面都在强化宪法审查的管辖能力。

第二，开放的准入方式提升管辖能力。

民众诉讼是匈牙利一种独特的诉讼类型。民众诉讼是指任何公民都可以向审查机构提起对规范进行合宪审查申请的一种特殊形式的司法审查，形式上属于事后的抽象规范审查。[①] 东欧转型过程中采纳民众诉讼的国家数量比较有限，其中匈牙利较具代表性。在匈牙利，每个公民都可以向宪法法院提起诉讼，没有门槛的要求。这种开放的准入方式，确保了国会通过的每一部法律几乎都提交给宪法法院审查。[②] 大量的民众诉讼涌入宪法法院。一个一千五百万人口的国家，宪法法院每年收到 1500 至 2500 起诉状。[③] 在宪法法院头三年所受理的 5627 件案件中，有 4500 件案件来自民众诉讼。[④] 民众诉讼不设诉讼门槛，难免造成案件积压，但也启动了民众维护基本权利、捍卫宪法秩序、挑战旧法统的能力，令宪法法院能够广泛接触到各种法律和政治问题。此外，匈牙利也吸纳了宪法诉愿制度。相比于德国的宪法诉愿，匈牙利属于间

---

① 张千帆等：《司法审查比较研究》，南京：译林出版社 2012 年版，第 88 页。

② Kim Lane Scheppele, Democracy by Judiciary. Or, why Courts Can be More Democratic than Parliaments, In *Rethinking the Rule of Law after Communism*, Edited by Adam Czarnota, Martin Krygier and Wojciech Sadurski, Published in 2005 by Central European University Press, p. 42.

③ Kim Lane Scheppele, Democracy by Judiciary. Or, why Courts Can be More Democratic than Parliaments, In *Rethinking the Rule of Law after Communism*, Edited by Adam Czarnota, Martin Krygier and Wojciech Sadurski, Published in 2005 by Central European University Press, p. 42.

④ 王卫明：《东欧国家违宪审查制度比较研究》，北京：中国政法大学出版社 2008 年版，第 95 页。

接宪法诉愿，即只是针对司法判决所依据的法律是否合宪提起的宪法诉愿。宪法法院只能通过禁止在特定案件中适用违宪的法律的方式对宪法诉愿者提供法律救济，也只限于此，宪法裁判不涉及具体的基本权利是否受到侵害。另外，审查范围不受审查提请者诉求的限制。即便挑战的只是法律的部分条款，法院通常都会审查整部法律的合宪性。

第三，实践中不断扩张管辖权。

权力扩张是天然的趋势。宪法法院积极地维护公民的基本权利，运用宪法解释不断扩张基本权利种类，如人的尊严、生命权、隐私权以及言论自由等。公民的基本权利越丰富，需要被保护的领域越拓展，相应接受宪法审查的领域就不断增加，作为基本权利的捍卫者，宪法法院就具备更多机会审查立法和行政机构的合宪性。这个有关基本权利保护的循环过程，成为增强宪法法院管辖能力的主要渠道。另一方面，宪法法院还发展了多项理论来扩张自身的管辖权。比如，通过发展“活法”理论，如后文将讨论的，宪法法院扩张了对普通法院和政府机构适用法律的合宪性管辖；还发明了“无形宪法”理论。为了解决宪法文本的内部不统一，宪法法院通过“无形宪法”来弥补缺漏，根据“无形宪法”，宪法文本间接提到的权利也获得了法院认可。① 宪法法院每年大概要判决 300 起案件，判决遍及政治生活的各个领域。②

宪法法院奉行能动主义。关于宪法法院到底是立法机构还是

---

① Herman Schwarz, *The struggle for constitutional justice in post-communist Europe*, the university of Chicago Press published in 2000, p. 82.

② Kim Lane Scheppele, Democracy by Judiciary. Or, why Courts Can be More Democratic than Parliaments, In *Rethinking the Rule of Law after Communism*, Edited by Adam Czarnota, Martin Krygier and Wojciech Sadurski, Published in 2005 by Central European University Press, p. 42.

司法机构，一向是个备受争议的话题，然而东欧的宪法法院都很喜欢自我定位为"法院"。[①]"司法能动意味着，法院本着对自由精神的理解，明显扩张了对基本权利的保护。法院也有意地接受着疑难案件的判决——在宪法审查的形成阶段，几乎每个案件都具备这样的特征。相应地，只要有可能，宪法法院就接受所有的申请。宪法法院本身并不受到诉愿请求范围的严格限制，而是将诉愿提起的请求作为启动程序，继而将判决覆盖受到质疑的整部法律。法院的目标始终致力于宪法的体系化发展。"[②]尽管院长本人认为，法院只在保护基本权利上采取能动主义，实际上，在机构争议的分权问题上，宪法法院也很能动。[③]

宪法法院也避免过多卷入政治纷争，在棘手政治问题上保持着克制。比如，通过事先审查，宪法法院可以介入立法进程中，行使一项"预防性审查"，但宪法法院在转型之初，"实际上就废止了立法过程中的预防性审查"，而对于适用"宪法的抽象解释以及咨询性意见也都适用严格的条件限制"。[④]

然而，看似庞大管辖能力的背后，宪法法院仍旧会逃避对一些棘手社会问题的管辖，比如弱势族群的保护问题。宪法法院大多

---

① Wojciech Sadurski, Legitimacy and Reasons of Constitutional Review After Communism, in *Constitutional Justice, East and West*, edited by Wojciech Sadurski, Kluwer Law International, 2002, pp. 168 – 170.

② *Constitutional Judiciary in a New Democracy: The Hungarian Constitutional Court, edited by Laszlo* Solyom and Georg Brunner, University of Michigan Press, 2000, pp. 3 – 4.

③ Zoltán Szente, The Interpretive Practice of the Hungarian Constitutional Court: A Critical View, *German Law Journal*, p. 1610.

④ *Constitutional Judiciary in a New Democracy: The Hungarian Constitutional Court*, edited by Laszlo Solyom and Georg Brunner, University of Michigan Press, 2000, p. 4.

数法官无法逃脱社会的偏见和政府的期待，对驱逐和歧视吉普赛人问题一直避而不谈；也从来不会在支持妇女的权利问题上与国会发生冲突。[①] 在保护少数族群问题上，宪法法院甚少作为。不仅是在匈牙利，整个东欧宪法法院对该问题的保护都十分有限，缺乏典型判决。[②] 虽然东欧各国宪法普遍都专文规定了少数族群的宪法权利，但是现实中少数族群在民主政治过程中很少发挥真正的作用。[③] 这种情形映射到司法，就不难理解法院对有关问题的回避。然而，对于政治过程中缺乏代表性的群体，对其实施积极的宪法保护，正应该是宪法法院的基本职责，但法院显然回避了。

2. 问责能力

匈牙利宪法法院的强悍突出表现在它的问责能力上。宪法法院判决违宪的比率之高在全世界都是罕见的。以 1991 年为例，法院审查的国会立法中有 19%违宪，政府法令的 47%违宪，同比德国为 10%，意大利为 11%。[④] 据统计，宪法法院运行的最初六年，所有受审查的法律中有三分之一被宣布无效。[⑤]（第一

---

① Gábor Attila Tóth, Historicism or Art Nouveau in Constitutional Interpretation? A Comment on Zoltan Szente's The Interpretive Practice of The Hungarian Constitutional Court —— A Critical View, 14 *German L. J*. 1615, p. 1618.

② 参见 W. Sadurski, *Rights Before Courts*: *A Study of Constitutional Courts in Post communist States of Central and Eastern Europe*, p. 328。

③ Jiri Priban and Wojciech Sadurski, The role of Political Rights in the Democratization of Central and Eastern Erope, in *Political Rights under Stress in 21st Century Europe*, Oxford University Press, 2006, p. 217.

④ Andras Sajo, Reading the Invisible Constitution: Judicial Review in Hungary, in 15 *Oxford Journal of Legal Studies*, 253, 1995, pp. 256 - 257.

⑤ Kim Lane Scheppele, Democracy by Judiciary. Or, why Courts Can be More Democratic than Parliaments, In *Rethinking the Rule of Law after Communism*, Edited by Adam Czarnota, Martin Krygier and Wojciech Sadurski, Published in 2005 by Central European University Press, p. 43.

宪法）法院出版的统计数据显示，社会主义时期的法律被宣布无效的比例与转型后的立法被宣布无效的比例是相同的。[①] 第一宪法法院运行的九年里，被挑战的法律与法规中有百分之三十被宣布违宪。宪法法院创造了这么高比例的违宪判决，一方面固然跟转型的特殊阶段有关，即以前的法律与新宪法秩序的冲突成为高违宪率的主要原因；另一方面也可表明宪法法院对新政权立法行为的深度制衡。

3. 对转型秩序的整合与建构

（1）维护基本权利，推动国内法制的现代化进程

1989 年的匈牙利宪法修正案中有关权利条款多出自国际人权文件，比如《世界人权宣言》以及《经济、社会和文化权利国际公约》。其实很多基本权利的规定在社会主义宪法中都已经存在，然而由于宪法不具备规范效力，无法付诸实施。为了实现宪法的规范效力，1989 年宪法确立了人权保障的实施框架，即宪法法院、普通法院以及人权专员制度等，确保基本权利的实施。在社会权利方面，尽管东欧制宪时就是否要将社会权利写进宪法，有着各种广泛的政治和学术讨论，[②]但最终在宪法文本中基本上都规定了社会经济权利。宪法文本设计上的局限性并不必然具有决定性，尤其是对于权限庞大的宪法法院来说，他们可以弥补宪法文本的不足。

宪法法院充分汲取国际人权保护的经验和理论，将欧洲人权

---

① Kim Lane Scheppele, Democracy by Judiciary. Or, why Courts Can be More Democratic than Parliaments, In *Rethinking the Rule of Law after Communism*, Edited by Adam Czarnota, Martin Krygier and Wojciech Sadurski, Published in 2005 by Central European University Press, p. 43.

② 参见 W. Sadurski, *Rights Before Courts: A Study of Constitutional Courts in Post communist States of Central and Eastern Europe*, pp. 251 – 260。

法院和德国联邦宪法法院等有关基本权利保护的法理学应用到本国的基本权利保护领域。捍卫人的生命与尊严，在宪法法院成立之初就宣布废除了死刑；一年后又宣布堕胎规定违宪；不得歧视同性伴侣；充分吸收美国最高法院解释，保护言论自由；充分保障公民的社会权利；涉及转型正义的案件中，处理前政权下的刑事责任、净化法以及财产赔偿问题。宪法法院对基本权利的维护、建构的功能，深切地回应了民众的需求，获得了民众的认可。宪法法院在民主转型和建构民主法治国家中发挥积极作用，甚至于有学者认为匈牙利在实践中诞生了一种新形式的民主治理模式，即宪法法院主导的法官治理模式。“强大的宪法法院比民选的议会和政府都更民主。”[①]在舍佩勒(Scheppele)教授看来，宪法法院并没有篡夺代议机构的立法权，恰恰相反，法院以一种新的民主形式来有效回应民众诉求。

法院最激进的一项判决是1990年第23号判决宣布废除死刑。在冗长的判决推理中，基于生命权、人的尊严以及死刑判决的恣意性，法院最终宣布废除死刑。[②] 宪法法院刚刚诞生不久，就对社会敏感问题做出违宪宣判，仅仅是宪法法院勇气与担当吗？毕竟，在当时的匈牙利，绝大多数人反对死刑。而按照1990年宪法的规定，只要有三分之二国会代表同意，就可以就此问题修改宪法，推翻该判决，但他们并没有这么做。一方面，固然是新生的国会行动力比较差，但更多的是基于政治考量。这项废死的

---

① Kim Lane Scheppele, Democracy by Judiciary. Or, why Courts Can be More Democratic than Parliaments, In *Rethinking the Rule of Law after Communism*, Edited by Adam Czarnota, Martin Krygier and Wojciech Sadurski, Published in 2005 by Central European University Press, p. 32.

② 参见宪法法院官网，23/1990号判决全文。

违宪判决本身就是一项政治判决，它的主要目的在于支持匈牙利加入欧洲理事会。[①] 也正是在宪法法院这样的努力下，同年 11 月 6 日匈牙利成为东欧第一个加入欧洲理事会的国家。事实上，这个判决所追求的政治效果契合了当时主要政治领袖在对外政策上的主要目标，因此没有遭到来自国会的抵制与民众的普遍抗议。

有关堕胎规定也是法院维护公民生命权与隐私权的重要判决。与波兰相比，堕胎问题在匈牙利获得了较早的关注。在波兰，天主教会在国会的强大势力，导致了堕胎问题迟迟不为宪法法庭所过问。与之不同，尽管有反对力量的抵制，匈牙利宪法法院对堕胎问题早在 1991 年就表达了立场。1991 年第 64 号判决，堕胎规定违宪。法院强调绝对禁止堕胎影响了母亲自决权以及婴儿的生命权，前者还关系着人的尊严，而不受限制地终止妊娠，不利于国家保护婴儿的生命，也是违宪的。[②] 对于婴儿的生命权问题，法院命令国会立法做出明确规定。1992 年国会通过了保护婴儿的立法。立法规定，一旦孕妇主张“危机情况”，就可以堕胎。该条款在实践中被滥用，造成了无节制的堕胎。1998 年 11 月，也是索庸任大法官的最后时日里，对该问题终于做出了判决。第 48 号判决认为，堕胎所要求的“危机情况”的规定过于模糊，有待立法具体化。但法院授权原规定生效至 2000 年 6 月 30 日。[③] 2000 年 6 月 20 日，国会根据宪法法院 1998 年第 48 号判决的要求，修改了“保护

① Jiri Priban and Wojciech Sadurski, The role of Political Rights in the Democratization of Central and Eastern Europe, in *Political Rights under Stress in 21st Century Europe*, Oxford University Press, 2006, p. 203.

② 参见 Herman Schwartz, *The Struggle for Constitutional Justice in Post-Communist Europe*, p. 90。

③ 参见宪法法院官网，48/1998 号判决。

婴儿生命的立法”。该修正案重申了妇女在“危机情况”下拥有堕胎的权利。但对“危机情况”的定义和处理程序做了进一步限定，有利于谨慎处理“危机情况”。①

除了生命权之外，法院在维护表达自由领域也相当积极。保护表达自由是圆桌会谈的共识，也是宪法的明确规定。然而，在各种言论井喷似爆发的同时，仇恨言论、诽谤言论和保护言论自由的关系如何确定？同时，面对各派政治力量对媒体的干预和争夺，媒体自由如何保护？这些都构成了转型期间言论自由领域的重要议题，宪法法院主要集中在这三个领域保护言论自由。第一份保护表达自由的判决就是禁止仇恨言论。1992 年第 30 号判决，支持了刑法典第 269 条第 1 款规定，任何人在公众场合煽动对匈牙利国家或任何人、信仰或族群、团体的仇恨，将构成犯罪；而判决该条第 2 款，在公众场合对匈牙利国家或任何人、信仰或族群、团体使用挑衅性或诋毁性语言，将被处以监禁、改造或罚款，构成违宪。② 法院认为，第 1 款规定有助于实现社会的和谐，而第 2 款规定则是基于表达内容进行的惩罚，违背了内容中立的原则，侵犯了言论自由。索庸自称本判决开创了“匈牙利第一修正案”。③ 索庸将表达自由置于基本权利价值体系的顶端，充分肯定了公共言论对于建设民主国家的必要性。此外，法院还有限度地保护了媒体

① 主张“危机情况”下堕胎的妇女，要等三天才能获得咨询医师的答复；在第二次与医师会面后还要等八天方可终止妊娠。参见 Constitutional Watch, in *East Constitutional Review*, Fall 2000, p. 20。

② 参见 Herman Schwartz, *The Struggle for Constitutional Justice in Post-Communist Europe*, p. 95。

③ W. Sadurski, *Rights Before Courts: A Study of Constitutional Courts in Postcommunist States of Central and Eastern Europe*, p. 235.

自由,宣布 1992 年匈牙利广播电视令违宪等。[①]

(2) 维护社会权利,促进转型正义

在匈牙利法院对基本权利的保护上,最引人注目的要属社会权利领域。在社会权利宪法化的质疑声中,[②]大多数东欧国家制宪中都普遍在宪法中列入了社会权利。这不仅仅是继承了此前宪法遗产问题,更是面临社会转型动荡时期,民众对宪法的基本要求。也只有这样的宪法承诺和政治誓言才能确保民众顺利地批准宪法。经济市场化转型过程中涉及诸多利益调整,很多群体的社会权利遭受冲击,宪法法院成了他们的庇护所。宪法法院积极保护社会权利,这是东欧转型比较普遍的现象。不过宪法法院在保护社会权利时,自身卷入了复杂的决策过程,也相应稀释了对公民权利与政治权利的保护。[③]

一般认为,社会经济权利不具有可司法性,不能作为主观权利存在,然而,这并没有妨碍东欧各国以社会经济权利为由通过抽象司法审查挑战法律和政策的合宪性。"实际上,东欧宪法学说的主流观点恰是,所有的宪法条款包括社会经济权利,都可以用来审查法律的合宪性。"[④]东欧各国的宪法法院在社会权利的保护上普遍

---

① 匈牙利第一宪法法院维护基本权利的判决详情请参见 W. Sadurski, *Rights Before Courts: A Study of Constitutional Courts in Post communist States of Central and Eastern Europe*,第二部分各章中有关匈牙利宪法法院判决的论述。

② 比如很多美国学者或深受美国宪法学说影响的学者都反对社会权利的宪法化。比较有代表性的有,Cass R. Sunstein, "Against Positive Rights", *East European Constitutional Review* 2: 1 (Winter 1993): 35 - 39; Andras Sajo, "How the Rule of Law Killed Hungarian Welfare Reform", *East European Constitutional Review* 5: 1 (Winter 1996): 31 - 41。

③ W. Sadurski, *Rights Before Courts: A Study of Constitutional Courts in Post communist States of Central and Eastern Europe*, p. 266.

④ W. Sadurski, *Rights Before Courts: A Study of Constitutional Courts in Post communist States of Central and Eastern Europe*, p. 267.

采取了能动立场，匈牙利宪法法院尤其突出。

匈牙利宪法法院对社会保障权的基本态度最初表现在1990年第31号判决中，认为“社会保障权既不是确定的收入，也不是指获得的生活水平不降低”，索庸院长并没有把社会经济权利提高到主观权利的位阶上，可以诉诸司法实施。① 在宪法法院运行初期，大多数法官并没有对社会经济权利抱以同情。不过，这种态度在实践运行中发生了转变。以1995年财政紧缩系列措施违宪案为代表，包括母婴与家庭保障变更违宪案、降低日常津贴以及病假补贴违宪案、提高住宅建筑商的国家贷款利率违宪案等系列案件②都表明了宪法法院维护社会保障体制的积极立场。

对社会保障权利的这种转变，是法院顺应国家转型期间人民迫切生活需求的产物。转型前的匈牙利，突出特征是强调对民众社会福利的保障。伴随着转型初期带来的各种经济问题，国家财政日益陷入困境，民众发现自身的福利权利保障逐渐成为问题。民众开始对转型的意义和新政权产生了怀疑，有不少底层民众开始怀念前政权。在这种民众情绪的背景下，肩负着保障转型成功重任的宪法法院通过宪法裁决回应了人民的需求。

困扰于财政赤字以及高额的外债，1995年新政府计划缩减财政开支，推出了财政紧缩的系列措施。财政紧缩计划遭遇了民众的激烈反对，经历着转型阵痛的民众本来对社会主义政党上台充满期待，期待能够拯救他们，未料却是要削减社会福利。于是，1995年夏天，宪法法院的诉愿纷至沓来。宪法法院不得不推迟夏

---

① 参见 W. Sadurski, *Rights Before Courts: A Study of Constitutional Courts in Post communist States of Central and Eastern Europe*, p. 267。

② W. Sadurski, *Rights Before Courts: A Study of Constitutional Courts in Post communist States of Central and Eastern Europe*, p. 259.

季休假，来应对这些宪法诉求。[①] 主要是基于法的安定性原理、合理期待学说以及新财产等理论，对缩减财政开支的计划，宪法法院做出了多项违宪判决。[②]

宪法法院在社会权利上的能动立场，令法院与其他政治机构之间关系紧张。[③] 宪法法院遭到了激烈的批判，内阁成员批评宪法法院僭越宪法的授权，入侵立法权限。判决加剧了政府的压力。1996 年 2 月，在财政紧缩计划的争议声中，财政部长辞职。“在财政部长看来，预期立法节省的开支，其中一半都被宪法法院判决弄丢了。同时，为了维护社会福利又不进一步增加预算赤字，国会只好增加最高收入档次的个人收入所得税。”[④]宪法法院偏激地维护着社会福利体制的现状，被一贯反对社会权利宪法化的学者安德拉斯・萨霍（Andras Sajo）称为“国家社会主义的复活”，（实质）法治在扼杀匈牙利的社会福利体制。[⑤]

另一方面，通过积极维护社会权利，宪法法院获得了民众的普遍支持。在财政缩减违宪案中，宪法法院采取了近乎民粹的立场，判决受到了普通民众的拥护，制度合法性获得了较大的提升。有民调显示，公众中有 89%了解宪法法院做出的缩减财政开支系列

---

① 参见 Herman Schwarz, *The struggle for constitutional justice in post-communist Europe*, the university of Chicago Press published in 2000, pp. 92 - 93。

② 参见 Andras Sajo, “How the Rule of Law Killed Hungarian Welfare Reform”, *East European Constitutional Review* 5: 1 (Winter 1996): 31 - 41. pp. 35 - 36; Herman Schwartz, *The Struggle for Constitutional Justice in Post-Communist Europe*, pp. 92 - 93。

③ 参见 Andras Sajo, *Social Rights as Middle-Class Entitlement in Hungary: The role of the constitutional Court*, p. 89。

④ Andras Sajo, “How the Rule of Law Killed Hungarian Welfare Reform”, *East European Constitutional Review* 5: 1 (Winter 1996): 31 - 41. pp. 35 - 36.

⑤ 参见 Andras Sajo, “How the Rule of Law Killed Hungarian Welfare Reform”, *East European Constitutional Review* 5: 1 (Winter 1996): pp. 31 - 41。

违宪案，其中压倒性多数认为，法院做得很正确。[①] 然而，这种公众合法性的获得却是以各国家机构之间激烈的政治冲突为代价的。1995 年的司法能动冒着对抗政府机构的风险，而政府又不得不顺从于法院的判决，很大程度上在于民众站在了宪法法院的身后。事实上，宪法法院倾向于保护现状下的福利体制，并没有为救济穷困人民提供多少希望，宪法法院的司法决策导向一直都没有延伸至立法不曾保护的边缘群体。[②] 对于缓解贫困问题，宪法法院的能力其实非常有限，他们所能做的只是维护了中产阶层的社会权利保障体系。尽管如此，却不得不承认，面对民众对新政权的失望与怀疑，宪法法院维护福利体制的判决，增强了民众对宪法法院的信赖，也稳定了民众的情绪，坚定了民众对新政权的信心。

（3）解决国家机关权限争议

东欧转型以来，各国国家结构、国家机构权限划分问题一直不够清晰。由于宪法文本规定模糊，实践中围绕总统、国会以及政府之间的关系问题，争议不断。匈牙利转型之初也受到这个问题的困扰，不过与波兰的久拖不决相比，匈牙利是幸运的。经由宪法法院的裁决和解释，这类问题较迅速获得解决。

首先出现的就是总理与总统的权限之争。第一任总理来自匈牙利民主论坛，而总统则来自国会的反对派自由民主联盟，双方围绕宪法上各自的权限，斗争激烈。总理向宪法法院提出了宪法解释

---

① Kim Lane Scheppele, Democracy by Judiciary. Or, why Courts Can be More Democratic than Parliaments, In *Rethinking the Rule of Law after Communism*, Edited by Adam Czarnota, Martin Krygier and Wojciech Sadurski, Published in 2005 by Central European University Press, p. 49.

② 参见 Andras Sajo, Social Rights as Middle-Class Entitlement in Hungary: The role of the constitutional Court, in *Courts and Social Transformation in New Democracies*, p. 84。

的请求。法院1991年第48号判决明确限制总统的权限，限缩解释了总统作为军队总司令的权力以及他的任命权，确立了纯粹的议会民主制。[①] 判决以内阁制政府的特点以及总统缺乏必要的政治责任为裁判基础，宪法法院支持了总理，明确了议会民主制下"弱总统"的政体特征。该判决也成为明确总统权限的五个案例中最具有意义的判决。[②] 实践中，该判决显著地削弱了总统的权限。[③]

中央以及地方机构的权限争议众多，涉及公投的内容、议员资格、国会党派的准入条件、设立行政法院问题上立法不作为的情形下宪法解决办法以及大量的地方条例审查等。[④] 其中，最具争议的案件在于明确检察官的性质与角色。在前政权里，受苏联检察制度的影响，检察机关是法律监督机关，在广泛的监督权之下检察官可以介入刑事、民事、行政案件的任何阶段。宪法法院认为，"检察官在介入民事诉讼方面，宽泛而不受限制的权力侵犯了当事人的自治权和自决权"。"是否要提起民事诉讼属于当事人的自治权范围"，最后法院判决"检察官介入民事诉讼的权力侵犯了法治原则、侵犯了人的尊严，间接侵犯了有关正当程序的宪法规定"。[⑤] 这些判决和解释厘清了权限的争议和机构角色的定位，弥补了宪法的疏漏，推进转型的进程，较快地平息了政治纷争，维护

① 参见宪法法院官网，48/1991号判决摘要。

② 参见 *Constitutional Judiciary in a New Democracy: The Hungarian Constitutional Court*, edited by Laszlo Solyom and Georg Brunner, University of Michigan Press, 2000, p. 159。

③ Herman Schwarz, *The struggle for constitutional justice in post-communist Europe*, the university of Chicago Press published in 2000, p. 85.

④ 参见 Herman Schwarz, *The struggle for constitutional justice in post-communist Europe*, the university of Chicago Press published in 2000, pp. 85 – 87。

⑤ Herman Schwarz, *The struggle for constitutional justice in post-communist Europe*, the university of Chicago Press published in 2000, p. 86.

了转型的稳定。当然，在院长索庸看来，宪法法院对新兴民主的最重要贡献在于，恢复了法律本身的权威，法律不再是权力的工具，而是受宪法调整的、有原则的权威体系。①

维护司法独立。宪法法院支持普通法院司法自治。② 1991 年修改的"司法法"为强化司法自治，设立了司法委员会制度。司法委员会在法官任命以及院长的遴选方面起重要作用。然而，司法部长仍旧保留着对各级法院院长的任命权限。1993 年第 38 号判决认为，"司法法"并未违宪，但是其他机构任命法官必须要受到司法委员会的制衡，并且在任命问题上，委员会的意见要具有实质作用。③

在清晰界定总理、总统权限以及中央与地方关系，维护司法独立的同时，在国家机关运行原则的阐释上仍存在着模糊之处。比如，对机构运行中不得兼任原则的解释上。1994 年新当选的国会议员中有几位来自地方的市长。就能否兼任问题，国会修改了立法，废除了市长与国会议员不得兼任的规定。宪法诉求认为，此修改违背了权力分立原则，该立法行为违宪。④ 法院在第 55 号判决中，支持了该立法修改的合宪性。判决指出，宪法已经列举了议员不得兼任几种关键情形，并且也授权国会立法来详细规定该原则，因此，国会在"议员不得兼任"问题上享有立法裁量权，甚至废除该原则，并不违背权力分立的原理。⑤ 不过这项判决的推理和结论

---

① László Sólyom, The Role of Constitutional Courts in the Transition to Democracy: With Special Reference to Hungary, *International Sociology*, 2003 18, p. 143.

② Constitutional Watch, in *East European Constitutional Review*, Summer 1993, p. 10.

③ 参见 Constitutional Watch, in *East European Constitutional Review*, Summer 1993, pp. 9 - 10。

④ 参见宪法法院官网，55/1994 号年判决摘要。

⑤ 参见宪法法院官网，55/1994 号判决摘要。

都缺乏说服力。现代政治运行的基本常识就是基于权力分立而来的不得兼任原则,立法与行政不得兼任,避免因身份冲突导致权力的垄断。该判决的主体推理部分论证行政官员兼任议员的合法性,很大程度上背离了常识,最后判决以 5: 4 的微弱多数支持了立法修改的合宪性。

(4) 保守处理转型司法,平稳推进转型

东欧国家在转型过程中不仅要处理好眼前和未来的事务,还涉及如何面对过去的问题。这构成了东欧国家一个重要的转型议题,即转型正义问题。转型正义,发生在第三波民主化过程中,公民为追诉国家所从事的不法压迫,所进行的正义平反程序。[①]各国在处理转型正义时,普遍使用了政治手段和法律手段。转型正义的机制主要有:刑事追诉、真相调查和解委员会、权力净化、赔偿、大赦以及遗忘过去。[②] 匈牙利转型正义的重点主要体现在三个领域:刑事追诉前政权下政治压迫、如何处理前政权国有化取得的财产以及净化法所涉及到的前政权下的公务人员在新政权任职。

转型初期,国会提案立法废除 1944 年到 1990 年犯下的叛国罪、谋杀以及重大伤害罪的诉讼时效,对这些罪恶追诉到底;总统拒绝颁布该法案,并将它提交给了宪法法院;1992 年 3 月的第 11 号判决根据法的安定性原则、法治原则,认为刑法不可溯及既往,因此判决立法草案违宪。[③] 接下来,国会又通过了两项限制追诉

---

① Mihai, Mihaela. 2010. "Transitional Justice and the Quest for Democracy: A Contribution to a Political Theory of Democratic Transformations." *Ratio Juris*, Vol. 23, No. 2, p. 183.

② 李怡俐:《转型正义的机制及脉络因素——以台湾为例》,《台湾人权学刊》第一辑第二期,2012 年 6 月,第 315 页。

③ Herman Schwarz, *The struggle for constitutional justice in post-communist Europe*, the university of Chicago Press published in 2000, p. 100.

时效的尝试也都被宪法法院宣布无效。[1] 刑事追诉前政权的政治犯罪被宪法法院宣告违宪，一方面根据法的安定性、法治原则等学说，另一方面在宪法法院眼中，不存在转型的特殊阶段，在任何时候宪法的效力都要发挥作用，决不因为处于转型的特殊期，就中断宪法效力。[2] 索庸也指出，对于过去罪恶可以诉诸国际法，惩罚战争罪、反人类罪等最严重的犯罪。不同于波兰、捷克等国认为刑法可以溯及既往，匈牙利宪法法院坚守刑法不可溯及既往的宪法原则，坚持认为法律超越于政治需求。

同样，在净化法问题上，与捷克等国的血雨腥风相比，匈牙利在处理相关问题上要温和得多。东欧国家在净化法上有三种模式：1. 激进模式，如捷克；2. 中间模式，如阿尔巴尼亚；3. 仁慈模式，如波兰、匈牙利等。[3] 在匈牙利，这种仁慈模式很大程度上归功于宪法法院对国会的成功制衡。事实上，第一届国会对待净化法更倾向于“复仇”立场。他们中的大多数议员，都曾经遭受前政权迫害，因此没有谁比他们更渴望根除前政权的这些罪犯们。第一届国会最初通过了“Zetenyi-Takacs”法，将诉讼时效溯及到苏联时代因政治原因未被起诉的所有犯罪。[4] 但是该法案遭到了宪法法院的否决。

---

① Herman Schwarz, The struggle for constitutional justice in post-communist Europe, the university of Chicago Press published in 2000, p. 101.

② László Sólyom, The Role of Constitutional Courts in the Transition to Democracy: With Special Reference to Hungary, International Sociology, 2003 18, p. 139.

③ W. Sadurski, Rights Before Courts: A Study of Constitutional Courts in Post communist States of Central and Eastern Europe, pp. 344 – 352.

④ 参见 Kim Lane Scheppele, Constitutional Negotiations: Political Contexts of Judicial Activism in Post-Soviet Europe, International Sociology, vol 18(1), March 2003, p. 225。

1994年第一届国会在任期届满之时，经过多次讨论修改终于推出了"净化法"。在如何对待国家公职人员与前政权秘密警察合作的问题上，匈牙利宪法法院以维护个人隐私以及保护公众知情权为依据，判决该立法关键条款违宪，并只适用于极其有限的人群。[①] 宪法法院判决部分条款违宪，并提出了立法建议。1996年社会党修订净化法，进一步缩小了适用范围，只限于：总统、总理、部长以及国会议员。实际上，这部净化法没有"牙齿"，约束力不足。尽管法律规定，一旦发现被审查人曾经在前政权下跟秘密警察合作过，那么就要宣布辞职，然而却一直没有发生辞职事件。[②] 这种现象普遍存在于社会党执政期间。

此外，在国会争议很大、对前政权征收国有财产的赔偿问题上，宪法法院根据法的安定性和连续性原则，对经受国有化过程遭受损失的所有者给予象征性的金钱赔偿。简言之，以法律手段处理转型正义，由于国会在相应问题上的分裂与无力，整个过程实质上是在宪法法院的主导下进行的。国会相关立法的最后话语权落在了宪法法院手中。这种模式与东欧其他国家相比，在处理转型正义上并没有那么深入和彻底。宪法法院将政治问题转化成了宪法问题，温和地处理了转型正义的核心议题，虽然遵循了法治，但也面临着伦理困境。同时，对待转型正义问题的立场与处理方法令宪法法院与政府的关系颇为紧张。宪法法院的这种处理方式可以从匈牙利的转型路径中寻找到答案。匈牙利转型是内部改革派主动发起的协商型转型，反对派力量相对没有那么强大，更容易实

① 参见 Herman Schwarz, *The struggle for constitutional justice in post-communist Europe*, the university of Chicago Press published in 2000, pp. 102－103。

② Constitutional Watch, in *East European Constitutional Review*, Summer 2002, p. 25.

现对前政权统治阶层利益的维护，但这种利益维护，由于国会的分裂，无法由国会在政治过程中完成，宪法法院作为一个避难所，以宪法裁判方式实现了转型协商中的政治承诺。这种政治承诺转化成宪法话语就是尊重法治与法的安定性。

4. 积极的立法者，建构民主

索庸认为，东欧宪法法院的突出特征，就是它作出的积极性规范无论是质量还是数量都远远超出一般法官立法的必要限度。[①] 法院通过设定立法的最后期限以及提供明确的实体性解决方案等方式来指导立法。[②] 宪法法院不再是凯尔森眼中的“消极立法者”，而是作为积极的立法者参与民主进程，在实际操作上表现出“强化讯息释放功能”，“避免零和式的价值判断”。[③]

（1）推动国会立法

匈牙利转型初期，因为缺乏民主政治的经验，国会运行的效率低下，选民们抱怨不断。第一届国会通常要在宪法法院的督促下推进改革措施，宪法法院推动国会通过了一系列法律，比如保护少数群体立法、新闻媒体立法以及环境保护立法等。[④]

宪法法院利用宪法解释、审查立法不作为等方式来推动或替代国会立法。在立法不作为的情形下，宪法法院不仅为立法机关

---

① László Sólyom, The Role of Constitutional Courts in the Transition to Democracy: With Special Reference to Hungary, *International Sociology*, 2003 18, p. 148.

② 参见 Andras Sajo, Reading the Invisible Constitution: Judicial Review in Hungary, in 15 *Oxford Journal of Legal Studies*, 253, 1995, p. 267。

③ 叶俊荣：《转型法院的自我定位：论宪法解释对修宪机制的影响》，《台大法学论丛》第三十二卷第六期，第 21 页。

④ Kim Lane Scheppele, Democracy by Judiciary. Or, why Courts Can be More Democratic than Parliaments, In *Rethinking the Rule of Law after Communism*, Edited by Adam Czarnota, Martin Krygier and Wojciech Sadurski, Published in 2005 by Central European University Press, pp. 42 – 43.

设置最后期限督促其积极立法,还可能对立法内容作出规定。宪法法院会在判决中对立法者如何规定特定问题作出正面要求。[①] 例如,在行政法院迟迟没建立的情形下,对行政机构的决议进行司法审查,始终没有相关立法规定。1990 年第 32 号宪法判决认为,应该采取由普通法院来审查行政决议的方式。[②] 宪法法院对国会立法的督促和指导,结果就变成了"大量的国会议程仅仅是在遵循法院判决"。[③] 1991 年宪法法院关于堕胎的判决中指出,胎儿是否属于"人",要通过立法决定。于是,根据宪法法院的判决指示,国会于 1992 年通过了一部保护胎儿的立法。

(2) 设置宪法条件,补充立法

匈牙利宪法法院在对特定法律的事后审查中,往往不是宣布该立法无效,而是选择设定该项立法不得不满足的合宪性条件。[④] 这种宪法要求的设定包含以下情形:如果该立法既有合宪又有违宪的两种解释,那么宪法法院会以合宪性解释为标准;如果对该立法有多种解释,那么宪法法院会限缩为其中一种解释;宪法法院也可能宽泛地解释该立法;或者是宪法法院完全赋予了该立法崭新的含义,而与立法原意无关。[⑤]

---

① *Constitutional Courts as Positive Legislators: A Comparative Law Study*, edited by Allan R. Brewer-Carias, Cambridge Press, 2011, p. 582.

② *Constitutional Courts as Positive Legislators: A Comparative Law Study*, edited by Allan R. Brewer-Carias, Cambridge Press, 2011, p. 583.

③ Kim Lane Scheppele, Democracy by Judiciary. Or, why Courts Can be More Democratic than Parliaments, In *Rethinking the Rule of Law after Communism*, Edited by Adam Czarnota, Martin Krygier and Wojciech Sadurski, Published in 2005 by Central European University Press, p. 44.

④ *Constitutional Courts as Positive Legislators: A Comparative Law Study*, edited by Allan R. Brewer-Carias, Cambridge Press, 2011, p. 579.

⑤ *Constitutional Courts as Positive Legislators: A Comparative Law Study*, edited by Allan R. Brewer-Carias, Cambridge Press, 2011, pp. 579 - 580.

无疑，这种设定宪法要求的方式是对原立法的变更、补充乃至替代。通过赋予新的含义，宪法法院其实就是在行使立法权。当然，这种立法成本比较低。尽管在民主合法性上遭受质疑，但是匈牙利宪法法院却可以满足转型期间对效率的需求。通过这种立法建构的方式，宪法法院推动转型。匈牙利这种司法主导的立法形式，在短期内有效弥补民主赤字，有助于引导新生民主逐步前行。

5. *初步建立完整的宪法解释体系*

在一个缺乏宪法审查传统的国家，宪法法院制度从无到有，最初工作表现为开创和奠基。从 1990 年 1 月 1 日宪法法院正式运行开始，宪法审查的议题不但包括转型时期的特殊话题，还几乎覆盖了所有发达的宪政国家都会涉及的经典宪法问题。索庸带领的宪法法院“每年都会有六到十个对匈牙利宪法发展具有决定意义的案件”。[①] 索庸院长的第一任期内，每年都出版两百至三百个判决。经历了“索庸时代”，宪法法院建立了一套内涵丰富、议题广泛的法学理论。

东欧宪法法院诞生于全球宪治的年代。这个时代背景下，宪法法院不可避免地会吸收国际标准并借鉴宪治发达国家的理论。通过借鉴德国宪法法院、美国最高法院、欧洲人权法院以及南非宪法法院等宪法学理论，[②]匈牙利宪法法院继承和发展了法的安定性原则、分权原则、比例原则、司法独立原则等。宪法法院创立了

---

① *Constitutional Judiciary in a New Democracy*: *The Hungarian Constitutional Court*, edited by Laszlo Solyom and Georg Brunner, University of Michigan Press, 2000, p. 2.

② 参见 László Sólyom, The Role of Constitutional Courts in the Transition to Democracy: With Special Reference to Hungary, *International Sociology*, 2003 18, pp. 145 - 146。

基本权利的位阶体系。[①] 位于这个金字塔位阶最顶端的是生命权和人的尊严，神圣不可侵犯；其次是交流的自由：表达自由、宗教自由以及良心自由；再次是社会经济权利等。此外，宪法法院还发展了“无形宪法”理论以及继承发扬“活法”理论等。在索庸领导下，第一宪法法院经过九年的努力，建立了比较完整的宪法解释体系，并获得了国际社会的认可。

匈牙利宪法法院的解释方法也体现了法院的能动主义。在解释宪法时，多采取目的性解释，很少使用文义解释或原旨解释方式，对原旨主义解释方法的拒斥，主要源于法官们不信任宪法的制定者们，包括 1989 年圆桌会谈的各方；明确采取非文本的解释方法，利用自然法学说和宪法学原理等，极大地脱离了宪法文本；引用大量的外国学说，随着宪法解释体系的不断完善，这种完整引用的趋势开始下降；判决具有很强的实用主义特征，法官在判决过程中会充分考虑判决的社会后果。[②] 在宪法法院较为完整地建立了宪法解释体系的同时，也存在着宪法解释互相矛盾的问题，很难捉摸判决的规律。“宪法法院的推理很难捉摸：宪法和判决对宪法解释都缺乏明确和令人信服的准则；法官用到了绝大多数著名的解释技术和方法，但是法官们在相似案件中频繁使用不同方法。”[③]

---

① Herman Schwarz, *The struggle for constitutional justice in post-communist Europe*, the university of Chicago Press published in 2000, p. 87.

② 参见 Zoltán Szente, The Interpretive Practice of the Hungarian Constitutional Court: A Critical View, *German Law Journal*, pp. 1597 – 1603。

③ Gábor Attila Tóth, Historicism or Art Nouveau in Constitutional Interpretation? A Comment on Zoltan Szente's the Interpretive Practice of the Hungarian Constitutional Court —— A Critical view, 14 *German L. J*. 1615, p. 1615.

6. 实施能力

(1) 行政和立法机构对判决的尊重和实施

一方面宪法法院保持着30%左右的违宪问责率，另一方面宪法法院也非常注重与立法机关之间的协作，给立法机关充分的时间和空间来调整法律，实现判决的要求。匈牙利宪法法院充分彰显了转型法院"着重与政治部门对话"以及"保留政治部门的活动空间"等特征。① 原则上应将一部立法整体宣布无效，但宪法法院很少采取这种方法，它尽量容忍该项立法，将其中的无效部分降至最低。② 宪法法院会将该法律中某段落或某条款，甚至条款中的某项具体文本宣布无效，精细的运作有利于减少立法的工作量。这种方式可以降低立法机关的抵触情绪，推动判决的实施。同时，法院维护"法的安定性"原则。为转型政府的正常运行考虑，有些违宪判决并不是在判决作出之后立即生效，而是设定了三到九个月的宽限期间。③ 这个期间，违宪的有关法律仍然有效，但立法机构要利用这个期间制定新法以代替违宪的法律。

尽管宪法法院在宣布立法无效的时候，仍会被国会批评为"反多数"，但是转型初期宪法法院的地位很快就获得了国会和政府的认可，国会无力抵制宪法法院。④ 同时，在法治与人权成为一种政治正确的意识形态的背景下，又有多少政客会直接挑战宪法法院

① 叶俊荣：《转型法院的自我定位：论宪法解释对修宪机制的影响》，《台大法学论丛》第三十二卷第六期，第21页。

② *Constitutional Courts as Positive Legislators: A Comparative Law Study*, edited by Allan R. Brewer-Carias, Cambridge Press, 2011, p. 581.

③ Andras Sajo, Reading the Invisible Constitution: Judicial Review in Hungary, in 15 *Oxford Journal of Legal Studies*, 253, 1995, p. 259.

④ László Sólyom, The Role of Constitutional Courts in the Transition to Democracy: With Special Reference to Hungary, *International Sociology*, 2003 18, p. 146.

呢？在1990—1995年间，宪法法院判决273件国会立法违宪，频繁宣布国会存在立法不作为。[①] 对此，国会几乎全部遵守法院判决，偶尔做不到的情形，也是由于立法需要国会代表三分之二同意，而建立初期的国会碎片化严重，达不到这个要求。[②] “1994—1996年间，国家机构都很愿意服从宪法法院，即使政府或国会不认同法院判决。”政府的其他机构普遍遵守“法治”。“国会一名领导者在他最支持的新法被判决无效，仍旧申明，法治要求法院判决都要执行，他说，我们是法律人的国度。”[③]

不过，有些关键判决还只是象征。比如，数据平等保护判决，就以“实效性”或“政治利益”遭到了政府有关部门的强烈抵制；1994年之后，政府又进一步强调为了抓捕税收欺诈和富人们的其他诡计需要限制隐私，通过煽动民众的负面情绪来反对数据保护。[④] 另外，随着1995年宪法法院财政紧缩系列违宪判决的做出，政治机构对宪法法院怨声载道，两者关系趋于紧张。在1997到

---

① 参见 Kim Lane Scheppele, Constitutional Negotiations: Political Contexts of Judicial Activism in Post-Soviet Europe, *International Sociology*, vol 18 (1), March 2003, p. 223。

② 参见 Kim Lane Scheppele, Constitutional Negotiations: Political Contexts of Judicial Activism in Post-Soviet Europe, *International Sociology*, vol 18 (1), March 2003, p. 223。

③ Kim Lane Scheppele, Democracy by Judiciary. Or, why Courts Can be More Democratic than Parliaments, In *Rethinking the Rule of Law after Communism*, Edited by Adam Czarnota, Martin Krygier and Wojciech Sadurski, Published in 2005 by Central European University Press, p. 43.

④ *Constitutional Judiciary in a New Democracy: The Hungarian Constitutional Court*, edited by Laszlo Solyom and Georg Brunner, University of Michigan Press, 2000, p. 10.

1998 年，索庸根据宪法规定寻求连任，[①]未能连任也一定程度说明了政治机构对他及他领导的宪法法院的不满。事实上，不但索庸没有连任，其他法官也都没有获得连任。

(2) 判决在普通司法系统受阻

一般认为，宪法法院判决作为一种法律渊源，具有拘束力，普通法院在裁决时应直接引用。不过，在匈牙利转型阶段却并非如此。转型之后的匈牙利宪法法院与普通司法尤其是最高法院之间关系较为紧张，这种情况一直持续到 2011 年，随着根本法的制定，双方权属划分的宪法化而有所改善。这种紧张关系一方面源自部门利益的竞争，另一方面源自各自法官构成与素养的差异。

匈牙利属于欧陆的民法法系，司法体制实行严苛的科层管理制度，大量的行政管理权限都掌握在最高法院手中。最高法院处于整个司法科层制度的最顶端，控制着下级法官的考核晋升。“如果把专业人士区分为不同的等级并且置入一个服从链条之中，由此使他们处在保持一致和顺从的压力之下，他们占据地盘的心理就会大大减弱。时刻担心上级审查的心理促进着一种合作的伦理，而级别晋升的动力又有助于一种团队工作精神的形成。那些试图施加特殊影响的官员妨碍了组织的和谐运作，因此可能丧失晋升的机会。”[②]这种服从型的司法哲学控制着普通司法系统，确保了最高法院的权威。

---

① 参见 Kim Lane Scheppele, The Chief Justice and the Institutional Judiciary (Jun. 2006), *University of Pennsylvania Law Review*, Vol. 154, No. 6, pp. 1842-1843。

② [美]达玛什卡：《司法和国家权力的多种面孔》，郑戈译，北京：中国政法大学出版社 2015 年版，第 27 页。

而宪法法院则是新生事物,历史上并不存在。一旦宪法法院置喙最高法院的权属,分享过去完全属于最高法院的权力,难免遭遇最高法院抵触。"宪法法院与普通法院之间的关系表现为某种竞争关系而不是有助益的合作关系,最高法院和宪法法院都热衷于主张各自的权限范围。"①

1989 年宪法并没有授予宪法法院对普通法院判决和行政机构决定的审查权,是宪法法院发展了"活法概念",扩张了对整个普通司法系统适用法律进行审查的管辖权,激化了最高法院与宪法法院之间的矛盾。吸收了意大利宪法法院的"活法概念",索庸将"活法"解释为"宪法法院不会审查法律本身的言辞,而是从适用法律的连续而统一的实践中勘察该项法律的含义和内容"。"这就提出了宪法法院入侵最高法院管辖权的问题。"②理论上讲,宪法法院的判决是法律的渊源,普通法院在做判决的时候,需要直接引用,然而宪法法院的此类判决,并没有获得普通法院的重视。③ 在宪法法院和最高法院之间的权力斗争中,普通法院的大多数法官都纷纷支持了最高法院,而对宪法法院的裁决置之不理。

与德国普通法院法官对宪法问题都很敏锐相比,东欧的普通法院法官对宪法问题一向不敏感。由于转型对普通法院的人事并

---

① Catherine Dupre: *Importing the Law in Post-Communist Transitions, The Hungarian Constitutional Court and the Right to Human Dignity*, Oxford — Portland Oregon, 2003, p. 182.

② Herman Schwarz, *The struggle for constitutional justice in post-communist Europe*, the university of Chicago Press published in 2000, p. 83.

③ Catherine Dupre: *Importing the Law in Post-Communist Transitions, The Hungarian Constitutional Court and the Right to Human Dignity*, Oxford — Portland Oregon, 2003, p. 182.

没有产生大的更替和震荡，转型后对司法系统的清洗法案又遭到了违宪判决，因此普通司法系统较为完整地保留了以前的法官。① 这些法官的法学知识结构陈旧，普遍接受的是前苏联法学的熏陶和训练，普遍受制于实在法理论，盲目遵从立法，缺乏对立法的挑战精神。同时，在最高法院与宪法法院之间又欠缺良好的制度性沟通渠道，而人事上的互通交流的机会也比较少。此外，普通法院很少就法律的合宪性问题提请宪法法院解释，也不认为人权保护跟他们之间有多大关系，这在一定程度上就阻滞了宪法法院判决在普通司法领域的实施和推广，不利于法律体制的现代化以及整个法律体系的统一。② “东欧的宪法法院能够形成政策，但是至少在匈牙利，普通法院与宪法法院之间是完全分开的，宪法法院无权令普通法院执行他们的决策。”③

匈牙利普通法院对宪法法院的漠视还不难从匈牙利行政法院的裁决基准看出。对匈牙利转型十五年来行政法院裁决标准的统计分析显示，行政法院裁决采纳内部标准的比例在 90%左右，而采纳宪法标准的判决却很少，比例在 2%左右。④ 转型发生了十余年后，宪法法院对普通法院的影响依旧很低。“直到 2002 年，大多

---

① 参见 Pedro C. Magalhaes, The Politics of Judicial Reform in Eastern Europe, *Comparative Politics*, Vol. 32, No. 1(Oct. 1999), pp. 52－54。

② 参见 Catherine Dupre: *Importing the Law in Post-Communist Transitions, The Hungarian Constitutional Court and the Right to Human Dignity*, Oxford-Portland Oregon, 2003, p. 183。

③ Social Rights as middle-class entitlement in Hungary: the Role of Constitutional Court, in *Courts and Social Transformation in New Democracies*, Ashgate 2006, p. 83.

④ 参见 Marcin Matczak, Matysa Bencze and Zdenek Kuhn, Constitutions, Eu Law and Judicial Strategies in the Czech Republic, Hungary and Poland, in *Journal of Public Policy*, vol. 30, April 2010, p. 91, p. 93。

数普通法院的法官仍旧看不到宪法与他们日常判案的实践有多大联系。”①

（三）合宪性审查的消极能力

转型之前，司法欠缺独立性。转型时期，鉴于宪法法院的重要性，各党派都致力于建设宪法审查独立性。根据“政治保险理论”，在选举不确定的情形下，面对未来政局的“无知之幕”，宪法法院的独立才可能保障选举失利的政党免受不公的政治境遇。无论是圆桌会谈还是修宪，都积极保障宪法法院消极能力的建设，以确保它能有效抵御外界的压力，独立地做出判断。

1. 宪法法院法官的选任基本体现各党派共识

宪法法院法官的选任程序颇为敏感。如前所述，圆桌会谈期间对宪法法官的选任程序就产生了激烈的分歧。后经反对派力争，宪法更多吸收了反对派的意见。1990 年宪法规定，“由国会中的各党团派出的一名成员组成的提名委员会对宪法法院成员提出建议”。这力图确保提名的候选人首先要获得国会各党派的共识，避免某个党派施加不当的政治影响。理论上，执政党和反对党都有能力影响宪法法院的组成，从政党政治的视角看，这种组成是均衡的。实际上，在 2010 年之前，尽管“只有两三名宪法法院法官是各党一致通过的候选人，绝大多数法官要么是政府提名，要么是反对党提名”②，但是“执政党和反对党基本上都能坚持提名的均衡

---

① Halmai G.， The Hungarian Approach to Constitutional Review， The end of Activism? The First Dacade of the Hungarian Constitutional Court， in Sadurski W. （ed.），*constitutional Justice*， *East and West*， p. 209.

② Zoltán Szente， The Interpretive Practice of the Hungarian Constitutional Court： A Critical View， *German Law Journal*， Vol. 14 No. 8， p. 1594.

以及法院内部的政治平衡”。[1]

同时，宪法法院法进一步规定了宪法法官的职业资格，需要博学的法学家或多年执业经历的律师，并在一定程度上与政治无涉：在国会选举宪法法院成员之前的四年内从事国会议员、政党雇员以及政府高级官员的，都不得成为候选人。[2] 该条规定也避免了在转型初期，前政权的主要官员进入宪法法院。[3]

宪法和宪法法院法都规定了宪法法官的选举要求国会代表的三分之二多数通过。这条要求照搬德国的宪法法院法。按照德国的经验，“通过三分之二多数的要求，应该能够更进一步保证联邦宪法法院法官的政治中立性：对议会的多数性要求防止了只把自己的人或倾向于自己的人选任为联邦宪法法院法官的做法——除非能够达到特定的多数”。[4] 三分之二的投票门槛，确保候选人为更多党派共识，体现政治均衡原则。

2. 宪法法院的运行体现程序自主

1990 年的宪法吸收了反对派意见，确定宪法法院由十五名成员组成。不过在实践中，这一时期的宪法法院一直都在十一人以下的规模运行，有时就是九到十人。[5] “1994 年大选之前，宪法法

① Zoltán Szente, The Interpretive Practice of the Hungarian Constitutional Court: A Critical View, *German Law Journal*, Vol. 14 No. 8, p. 1610.

② 参见胡建森编：《世界宪法法院法选编》，杭州：浙江大学出版社 2007 年版、青岛：青岛出版社 1999 年版，第 272 页。

③ Laszlo Solym, Structure and proceedings of the Hungarian Constitutional Judiciary, in *Constitutional Judiciary in a New Democracy: The Hungarian Constitutional Court*, edited by Laszlo Solyom and Georg Brunner, University of Michigan Press, 2000, p. 73.

④ [德]克劳斯·施莱希：《德国联邦宪法法院：地位、程序与裁判》，刘飞译，北京：法律出版社 2007 年版，第 47 页。

⑤ Herman Schwarz, *The struggle for Constitutional Justice in Post-Communist Europe*, p. 78.

院法官的人数最终确定为十一人……因为此前五年的经验显示，十五人的机构没法良好运作，而且像德国宪法法院那样，设立两院制，也不明智。”①

宪法法院法规定宪法法院法官任期九年，可以连任一次。不过实践中，第一宪法法院的法官在任期届满时都没有获得连任。实际上，“不得连任”才可以有效将法官隔离于国会多数派，避免法官为获得连任而取悦于国会议员。宪法法院法官的地位获得了充分的认可和保障。在待遇和报酬上，宪法法院法官相当于内阁部长的地位，这就是说，根据官方的解释，宪法法院法官享受着部长的优待。② 宪法法院院长的报酬与总理齐平，在外交礼仪上排名居总理之前，在总统和国会议长之后，这主要是因为宪法在讨论政府之前先讨论了宪法法院。③

为了确保法官的独立，确立了宪法法院法官不得兼任的原则。宪法规定，“宪法法院的成员不能是政党的成员，而且除了宪法法院权力范围内的任务外不能进行政治活动”。④ 宪法法院法进一步规定，“宪法法院成员不能兼任国会议员、委员会委员、其他国家机构官员或者利益代表机关和党派成员”。“宪法法院成员不得从

① Herman Schwarz, *The struggle for Constitutional Justice in Post-Communist Europe*, p. 78.

② Laszlo Solym, Structure and proceedings of the Hungarian Constitutional Judiciary, in *Constitutional Judiciary in a New Democracy: The Hungarian Constitutional Court*, edited by Laszlo Solyom and Georg Brunner, University of Michigan Press, 2000, p. 74.

③ Laszlo Solym, Structure and proceedings of the Hungarian Constitutional Judiciary, in *Constitutional Judiciary in a New Democracy: The Hungarian Constitutional Court*, edited by Laszlo Solyom and Georg Brunner, University of Michigan Press, 2000, p. 74.

④ 姜士林：《世界宪法全书》，青岛：青岛出版社 1999 年版，第 1240 页。

事除了科研、教育、文学艺术活动以外的收益性职业。”[①]

宪法法院法难以规范到宪法法院运行程序的各个方面，更何况它的仓促制定也暴露了大量的问题与缺陷，[②]尚未规范之处就留给了《宪法法院议事规则》(The Constitutional Court's Rules of Procedure)来补充。宪法法院在运行的第一年就设计出了该规则，形式上该规则需要由国会立法通过。不过直到 1999 年，国会始终都没有就该套议事规则立法。法院一直都在临时规则下运行，却也保障了“议事规则”的灵活性，必要的时候就可以根据实践需要修改规则。[③] 宪法法院致力于程序自治，曾在修改宪法法院法时建议，法院自己就可以批准宪法法院议事规则，而不需要国会的参与。[④]

同时，1989 年宪法法院法第 2 条规定“宪法法院决定自己的预算，该预算要提交给国会作为国家预算一部分予以批准”。[⑤] 国会对宪法法院预算的批准更多是形式上的，即便不是橡皮图章，只要宪法法院预算要求比较现实，国会都会批准。这一条确保了第一宪法法院对预算的决定权和财政独立。

以上这些措施，作为确保司法独立的制度设计，一定程度上

---

① 胡建森编：《世界宪法法院法选编》，青岛：青岛出版社 1999 年版，第 273 页。

② Herman Schwarz, *The struggle for Constitutional Justice in Post-Communist Europe*, p. 78.

③ Herman Schwarz, *The struggle for Constitutional Justice in Post-Communist Europe*, p. 78.

④ Laszlo Solym, Structure and proceedings of the Hungarian Constitutional Judiciary, in *Constitutional Judiciary in a New Democracy: The Hungarian Constitutional Court*, edited by Laszlo Solyom and Georg Brunner, University of Michigan Press, 2000, p. 89.

⑤ 原文参见胡建森等，编：《世界宪法法院法选编》，杭州：浙江大学出版社 2007 年版，第 272 页。

可以确保司法独立，但却不是绝对的。拉美国家就是典型的例子，规范层面确保司法独立的措施都很健全，但依然摆脱不了军事政权等的干涉。事实上，制度设计和制度运行的张力随处可见。在运行中，宪法法院的消极能力能否获得保障，主要取决于政治力量干涉宪法法院的能力和意愿。这将在下一节详细展开说明。

此外，索庸领导的宪法法院赢得了世界的瞩目和赞誉，宪法法院的权威获得了较大的提升。国际社会的肯定和支持也增长了宪法法院的消极能力。国际上对宪法法院的认可为宪法法院提供了一种保护，免于政府或本国政治力量的压力。毕竟，国内政客对宪法法院的干涉，背负的干涉司法独立、不尊重法治与人权的恶名，在那个急于获得西方世界认可的年代里，确是无法承受之重。如第一章所言，宪法审查的消极能力，即宪法审查抵御政治干涉的能力，往往取决于政治介入宪法法院的成本。在宪法法院声誉日隆的情形下，制度合法性不断强化，宪法法院逐渐积累了消极能力的资本，干涉宪法法院的政治成本相应提高。

三、强审查是如何产生的？

匈牙利宪法法院一度被誉为世界上最强大的宪法法院。如此年轻的宪法法院却如此强悍，颇为不可思议。美国的司法审查制度用了两百年才逐步树立了司法至上，虽然早在 1803 年，马歇尔首席大法官就通过马伯里诉麦迪逊案宣布国会立法违宪，但再次宣布国会立法违宪却是在时隔五十余年之后，而最高法院又经历了林肯、罗斯福等总统实行的重建过程之后才逐步成长为今天“司法至上"的宪法审查。[①] 一般而言，司法审查只有经过长时间的积累逐步实现了制度化，方可显示这种制度的能动和强悍。而在最初的制度积累阶段，司法审慎、小心翼翼避免遭受政治干涉才是通常应该选择的司法策略。[②] 但匈牙利宪法法院却采纳了不同路径，这与宪法法院所在的特殊制度环境和司法文化等要素密切相关。设计一个独立而强大的宪法法院，是匈牙利面对政党竞争导致的选举不确定性时，各政党自我保护的需要；同时，宪法法院的独立强大与匈牙利回归欧洲的政治目标相一致，符合匈牙利领导者的转型需要；而第一宪法法院的积极能动，是匈牙利宪法法院强大的基础。另外，匈牙利宪制的特点也可用来解释宪法法院的强大。"司法权……必须在政治舞台里得到不断的滋养。"[③]"重建型政治"为宪法法院开创了全新的政治舞台，有且只有宪法法院能够肩负起重建的重任。在匈牙利转型的政治舞台上，宪法法院获得了充分的滋养并不断壮大。

（一）制度因素

1. 宪制设计对宪法法院的重视以及宪法文本本身的不完善

第一，圆桌会谈中法治革命的守护人。

相比于捷克斯洛伐克和东德，匈牙利和波兰的转型更多是通过宪法和法律的框架进行，圆桌会谈在转型初期起到了核心作用，通过协商和政治交易逐步地、渐进式转移权力，因此被称为"法治

① 参见[美]基斯·威廷顿：《司法至上的政治基础：美国历史上的总统、最高法院及宪政领导权》，牛悦译，北京：北京大学出版社 2010 年版，第五章。

② Tom Ginsburg, *Judicial Review in New Democracies: Constitutional Courts in Asian Cases*, Cambridge University Press, 2003, p. 123.

③ [美]基斯·威廷顿：《司法至上的政治基础：美国历史上的总统、最高法院及宪政领导权》，牛悦译，北京：北京大学出版社 2010 年版，第 172 页。

革命”。

圆桌会谈期间，宪法法院是由共产党人提议设立的。如前所述，宪法法院问题在圆桌会谈期间就引起了各方激烈的讨论，并最终就宪法法院的地位和重要性达成了妥协。反对派们不信任前政权下的司法机构，而与会的三方之间也无法相互信任，在这种情形下，设立一个独立的裁决机构来破除政治僵局，成为必然。宪法法院受到了会谈各方的充分重视，建立独立而强大的宪法法院成为各方共识。“匈牙利圆桌会谈实际上创设了一种新的政治体制，既不是总统制也不是国会制，而是法院统治。直到九十年代中期，宪法法院驾驭着这个国家。”①

匈牙利的圆桌会谈不同于波兰。匈牙利反对派比起波兰的团结工会，则要弱小很多。匈牙利的转型是由执政的共产党内部改革势力启动的。“当波兰民主化的讨论陷入两个相对强大而统一的政治组织的斗争中时，匈牙利这种紧张态势则是在内部分裂的共产主义保守派和改革派以及一个早期试图缓和利益冲突的反对派之间展开。”同时，“（协议）针对选举竞争做好准备，而不是像波兰一样，为社会发展勾画详细的轮廓”。② 这场圆桌会议的主要目标非常清晰，“不应该是关于社会政策或者权力共享，而必须是关于达到决定匈牙利未来权力的自由竞争的根本细节”。③

---

① Kim Lane Scheppele, Democracy by Judiciary. Or, why Courts Can be More Democratic than Parliaments, In *Rethinking the Rule of Law after Communism*, Edited by Adam Czarnota, Martin Krygier and Wojciech Sadurski, Published in 2005 by Central European University Press, p. 44.

② Prochazka, Radoslav, *Mission Accomplished: On Founding Constitutional Adjudication in Central Europe*, Central European University Press, 2002, p. 53.

③ [美]胡安·林茨：《民主转型与巩固的问题：南欧、南美和后共产主义欧洲》，孙龙等译，杭州：浙江人民出版社 2008 年版，第 316 页。

这场改革派、保守派与反对派的三边谈判进行到后来，改革派开始占据优势，并开始接受民主选举的不确定性。而一旦意识到这种自由竞争的不确定性，"无知之幕"的恐惧就将宪法法院提到了重要位置；同时，会谈达成的协议实施问题也摆上了日程。要确保会谈协议的实施，就需要设立一种监督协议执行的机制。"各方是否遵守基本协议，这种不确定性以及协议狭窄的范围，需要一种监督协议实施的机制……于是，法治革命的守护人诞生了。"①

法治革命的守护人首先要具备独立的姿态，能够为各方所信任，才能更好守护转型的成果。转型政权之下的司法系统尚未来得及改革，普遍存在着司法腐败与不公，更主要的是，与前政权有着千丝万缕的联系，②根本无法获得各方尤其是反对派的信任。这种情形下，建立宪法法院成为法治革命守护人的不二选择。"出于保护权利和解决新的权力中心之间的争端，比如总统和国会，共产党与反对派都一致同意要效仿德国模式建立宪法法院。"③

为宪法法院赋权符合圆桌各方的利益需求。宪法法院是在共产党人的提议下建立起来。在日后宪法法院首席顾问，前任宪法法院院长彼得·帕克索雷(Peter Paczolay)看来，无论是反对派还是共产党员都希望建立一个独立并且强大的宪法法院。反对派寻求给宪法法院赋予广泛的权力，在于这是一项全新的机构，并且能够真正的独立；而共产党员们则寄希望一个强大的宪法法院来保

---

① Prochazka, Radoslav, *Mission Accomplished: On Founding Constitutional Adjudication in Central Europe*, Central European University Press, 2002, p. 54.

② Pedro C. Magalhaes, The Politics of Judicial Reform in Eastern Europe, *Comparative Politics*, Vol. 32, No. 1(Oct., 1999), p. 50.

③ Herman Schwarz, *The struggle for Constitutional Justice in Post-Communist Europe*, p. 77.

护他们。[①] 对于反对派来说，强大而独立的宪法法院可以有效制衡当权政府。而对于共产党员来说，未来选举的不确定性，则可利用宪法法院作为最后的避难所。基于双方的互不信任，和平转型的匈牙利产生了异常强大的宪法法院。政治行动者们给予了宪法法院很高的政治地位，这不难从宪法法院院长和法官的待遇中得知。如前所述，院长的待遇相当于总理，在外交礼仪的排名上位居总理之前，而法官的待遇则相当于部长。

第二，"一院制"与有限政府原则需要强化宪法法院功能。相比于波兰等其他东欧国家，转型初期的匈牙利政治碎片化并不严重。国会是一院制，政局比较稳定，但政治过程中缺少有效制衡。宪法法院则可以体现制衡，体现有限政府原则。

"一项制度所包含的立法否决点越多，宪法法院与立法机关之间的冲突才可能越少。"[②]如果国会实行两院制，可以互相制约，一定程度上减少了国会反对派提交给宪法法院审查立法的可能，或者是如波兰那样的半总统制下，总统享有一定的立法否决权，通过总统的立法否决权可以令国会重新考虑立法。这两种宪政体制的设计都有效地制衡了国会的立法，有效地拦截了宪法审查的出现，减少了宪法法院卷入政治冲突的可能。而一院制下的匈牙利，总统属虚位元首，享有着极其有限的立法否决权，这就在客观上增加了宪法法院与立法机关之间立法摩擦的机会。宪法法院接近立法冲突的机会越多，发挥作用的可能性也就越大。

① Herman Schwarz, *The struggle for Constitutional Justice in Post-Communist Europe*, p. 77.

② Wojciech Sadurski, Constitutional Courts and Constitutional Culture, in *Central and Eastern Europe After Transition*, edited by Alberto Febbrajo, Ashgate publishing, 2010, p. 105.

第三，不完善的宪法文本为宪法法院创造了更多的审查空间。

规范性不足为法院的能动和创造预留了空间。仓促修改的宪法遗留了很多问题，比如文字的模糊、法条之间的相互冲突等。机构权限的划分十分含混，乃至纷争不断；基本权利的设计上也是如此，有学者分析了中东欧宪法文本的基本权利规范后，认为这些基本权利的文本设计普遍非常混乱，不但忽视了公民权利和政治权利之间的区分，也忽略了他们和社会经济权利之间的区分。[①] 这种混乱，将积极权利与消极权利混为一谈，都视同为主观权利，在实施和保障上也不加区分，一定程度上造成了社会权利的宪法化和司法化的泛滥。[②]

不仅诸如此类的技术难题，更重要的是，这部宪法的修改和通过都缺乏正当性，很难赢得宪法法院的尊重。在斯大林宪法的基础上，1989 年夏天由前政权下的司法部对其进行了全新的修改，并于同年 10 月由共产党主导之下的国会通过，而此时的国会还未经全国选举产生，缺乏代表性。宪法法院并不看好这部宪法，乃至于宪法法院在解释宪法时，从来不使用原旨主义解释方法，对制宪者的立法意图，宪法法院不表示认同。索庸甚至认为，宪法法院就是凌驾于宪法之上的。“宪法法院解释宪法，创设宪法的理论根基、限制宪法并创设权利，宪法法院用判决创立了一套连贯的体制，它凌驾于宪法之上，随着日常的政治利益而修改和解释，因为无形的宪法才是宪政的尺度。”[③]

---

① W. Sadurski, *Rights Before Courts: A Study of Constitutional Courts in Post communist States of Central and Eastern Europe*, p. 266.

② W. Sadurski, *Rights Before Courts: A Study of Constitutional Courts in Post communist States of Central and Eastern Europe*, p. 266.

③ 23/1990 号判决，索庸的异议。转引自 Zoltán Szente, The Interpretive Practice of the Hungarian Constitutional Court: A Critical View, German Law Journal, p. 1604。

眼前的宪法无法令人民满意，但是短时间内又无法制定出一部新宪法。实际上，在2011年之前，匈牙利始终无法制定一部新宪法，因此也成为东欧转型各国唯一没有制定新宪法的国家。1990年宪法文本的诸多缺陷，是立法机关无力纠正的。毕竟，在修宪问题上所需要的国会三分之二多数，是转型初期碎片化的国会所达不到的。宪法的不尽如人意，却成全了宪法法院，促进了宪法法院能动性。宪法法院有充分的解释空间来弥补疏漏甚至替代宪法。宪法法院借鉴“无形宪法”理论，为匈牙利转型时期的宪制建设提供了理论支撑。

2. 政党政治相对稳定

匈牙利是东欧最早实现多党制的国家。前政权下的社会主义工人党（共产党）积极推动了从一党制向多党制的过渡。社会主义工人党在1989年10月更名为社会党，新党性质发生改变。同时，新的政党制度框架初步形成。宪法保障政党的合法地位，认可政治多元化。根据宪法第3条规定，匈牙利共和国各党派可在尊重宪法和法律法规的基础上自主建立并自由活动。各政党为表达人民的愿望而合作。[①] 宪法还确认党政分开原则，政党地位的合法化为新民主展开政治竞争奠定了法制基础。

1990年3月全国大选是匈牙利战后第一次真正意义的民主选举，采用了“单一选区比例代表混合制”。新选举法还确立了选票率5%的门槛规定。匈牙利民主论坛在大选中胜出，取得执政地位。1994年第二届国会选举，社会党获胜。1998年国会大选中，获得国会议席的政党有六个，青民盟胜出。经历了周期性选举

① 姜士林：《世界宪法全书》，青岛：青岛出版社1999年版，第1236页。

更替，实现了政党轮流执政，多党政治生态渐趋稳定。[①] 实际上，如后文将看到的，转型以来，匈牙利政党体制的稳定性相对较高，青民盟与社会党一直保持平稳发展，并逐渐演变成为两大主要政党竞争的结构。

与转型的波兰和捷克相比，[②]匈牙利第一届国会能够持续下来，没有被中断，政治竞争相对平稳而良性，这就确保了宪法法院运行的制度环境。在这种相对平稳有序的政治环境中，宪法法院更能集中精力解决转型议题，而非耗费在频繁更迭的政争之中，更有助于宪法法院决策的连续性，相对有利于宪法决策的施行。毕竟，稳定的政治与法律环境才有助于促进民主进程中的司法独立和司法的制度化，而司法的制度化才能增强司法的力量。[③]

3. 利益趋同性及其急迫性

在匈牙利转型过程中，"欧洲化"上升为主导性意识形态。无论是执政党还是宪法法院，回归欧洲都成为他们共同的外交理想。各政党政策的主要导向也是加速欧洲化进程，不断接近欧盟的入盟标准。匈牙利宪法法院的独立与强大，可以提升该国的法治指数，用来取悦西欧，满足入盟的要求。这种利益一致性，增强了政治行动者对宪法法院的容忍度。

根据1993年欧盟的哥本哈根入盟标准，申请国必须要满足四项基本条件：第一，申请国属于巩固的民主国家、实行法治尊重人

---

① 洪茂雄：《东欧各国宪政体制比较研究》，台湾地区"行政院""国家科学委员会"专题研究计划成果报告，2001年，第27页。

② 波兰转型前五年，总统与国会冲突不断上演，国会三次改选，内阁六易其主；捷克政府更迭更加频繁惨烈，并且持续的时间更长：从1993年到2014年，产生了十三届政府，十一名总理。

③ 参见 Christopher M. Larkins, Judicial Independence and Democratization: A Theoretical and Conceptual Analysis, 44 *Am. J. Comp. L.* 605, 1996。

权，定期选举；第二，申请国要具备市场经济；第三，申请国必须能够应对内部压力；第四，申请国必须赞同欧盟的各项目标。[①] 该四项基本条件的第一条就对申请国的政治属性和法治标准提出了要求，强化了入盟标准的政治性。这无疑是对匈牙利提升法治的最强激励，宪法法院也因此成为这种法治水平的标杆和旗手。“根据加入欧盟的哥本哈根标准，转型是在法治的监督之下，由形式合理性激发的普遍流行的工程。追求的目标涵盖了最重要的社会制度，要强调政治的有限性、要证明与前政权的极权主义、国家干预主义和集体主义模式之间实质和形式地脱离。”[②]国内政治转型的过程是一个欧洲化的过程。同时，欧洲化过程也是国内各派政治力量和政治结构对欧盟标准的回应过程。

匈牙利缺乏波兰那样的地缘优势，在工业发展和民主传统上又落后于捷克斯洛伐克，匈牙利的政客们苦苦寻求何种方式来弥补，能让欧洲更好地接受。在其他方面都差强人意的情形下，使得比较优势集中于西方自由价值的领先上，以此博得西方认可。[③] 随着匈牙利宪法法院的国际地位不断提升，匈牙利宪法法院俨然是该国在西方首要的国际关系资产。[④] 宪法法院获得西方世界的承

---

① 参见朱晓中主编：《曲折的历程：中东欧卷》，上海：东方出版社 2015 年版，第 233 页。

② Alberto Febbrajo, Legal Cultures in Transition: A System-theory Approach, in *Central and Eastern Europe After Transition* edited by Alberto Febbrajo, Ashgate publishing, 2010, p. 55.

③ Prochazka, Radoslav, *Mission Accomplished: On Founding Constitutional Adjudication in Central Europe*, Central European University Press, 2002, p. 56.

④ Prochazka, Radoslav, *Mission Accomplished: On Founding Constitutional Adjudication in Central Europe*, Central European University Press, 2002, p. 47.

认，有助于加强与西方世界的沟通，有利于加入欧盟等国际组织，这与当时主要政治力量的奋斗目标一致。政治行动者理所当然地兼容宪法法院的独立与能动。也正是这种利益趋同性，阻止了当权者干涉宪法法院。在欧洲化问题上，两者总体说来还是“志同道合”，尽管难免摩擦，但“回归欧洲”的政治目标更为急迫的情形下，执政者乐见宪法法院的成功与强大。也正是执政者对宪法法院的宽容态度，成就了宪法法院的强大。事实上，宪法法院的能动和强大离不开执政者的支持或默许。“如果不是掌权者或明或暗的支持，依赖法院解决政治领域的核心问题，是不具有可持续性的。”①

4. 比较优势：政治机构的无能成全了宪法法院

转型初期的匈牙利民主效能低下。转型时期的匈牙利，新生的民主制度脆弱、生长缓慢，民选机构无力且低效，政党逐渐失信于民，而国家的转型压力又迫切需要解决。这种情形下，拥有强大权力、广泛卷入着政治进程的宪法法院，难免要肩负起国家转型的重任。正如民主宪政国家近年来发生的司法治理，是由于“国家的民主特征（和立法机关相连）和福利（和执行机构相连）特征的双重失败，导致了国家合法性的中心发生脱位，从立法机构和执行机构转向司法机构”②，转型的匈牙利宪法法院进入国家治理的中心地带，很大程度上也是由于政治机构的失灵导致的权力真空，为宪法法院能力的发挥和提升提供了充分的制度空间。

---

① Ran Hirschl：Juristocracy —— Political，not Juridical，*The Good Society*，Vol. 13，No. 3(2004)，p. 9.

② ［葡］桑托斯：《迈向新法律常识：法律、全球化和解放》，刘坤轮译，北京：中国人民大学出版社 2009 年版，第 414 页。转引自于明：《司法治国：英国法庭的政治史（1154—1701）》，北京：法律出版社 2015 年版，第 316 页。

"重建型政治"往往迫切需要开创型机构或人物来承担重建重任。匈牙利的"重建型"政治首先意味着宪政秩序的重新建立。这种重建，不仅是宪法的修订，更重要的是整部宪法的全新解释，宪法机构权限的重新划分与基本权利的统一阐释、实施。"重建型政治"意味着应当将"政治"纳入"法治"的轨道。而对于转型初期的匈牙利而言，这样的任务落到了宪法法院身上，就如同转型初期的波兰，这样的任务落到了总统身上一样，其实属于必然。匈牙利总统虽然颇受民众尊重，但在宪法上权力极其有限，而国会又如同一盘散沙，缺乏必要的领导力。在这种情形下，重建型政治迫切呼唤的强力机构或人物就落在宪法法院身上。同时，"民主、自由与法治"作为"重建型政治"的意识形态，有且只有宪法法院更有能力解释这种意识形态的确切内涵，引领新生的匈牙利政治稳步回归欧洲的民主法治之路。

民主体制之下，民主运作越失调，司法权扩张的可能性就越大。国会受支持程度较低时，某种程度上，就会令司法受益，并且刺激司法能动。"有民主而无效能，终将损害民主本身。"[①]匈牙利选择通过能动的宪法法院来弥补民主效能的低下。宪法法院的积极能动往往能聚焦整个社会的根本问题，更能有效推动公民社会朝着常识性和公民责任方向前进，补偿立法者、领导者对民主价值的忽视；还能够在平衡国家机构权限的争议中，为政党竞争设置界限，保护平衡，强化政党与公民社会的关系，促进政党建设。[②] 宪法审查涉及

① 包刚升：《政治学通识》，北京：北京大学出版社2015年版，第146页。

② Cindy Skatch, Rethinking Judicial Review: Shaping the Toleration of Difference? pp. 66 – 68, In *Rethinking the Rule of Law after Communism*, Edited by Adam Czarnota, Martin Krygier and Wojciech Sadurski, Published in 2005 by Central European University Press.

广泛的转型议题，在增强宪法法院的权力的同时，其实也是在分担政治行动者在转型中应当承担的责任。换句话说，政治行动者在转让给宪法法院一部分权力的同时，也成功转嫁了政治责任。

东欧新兴民主国家政党与选民之间联系不紧密，关系也不稳固。事实上，这些国家的政党由于自身的脆弱，其在转型进程中的作用都是值得怀疑的。有学者指出，东欧国家的政党在公民的日常生活中承担的角色很边缘，甚至于对民主巩固的作用都成问题。也有学者怀疑，在东欧社会秩序发展过程中，政党制度的因素有点功能失调，甚至于动摇了政治体制本身。[①] 新兴政党的脆弱尤其体现在最初入主国会，承担国家权力时的稚嫩与无力。比如，匈牙利、波兰以及捷克等国的议会，公众支持率很低，更可怕的是，1989年后当选为议员的很多人都不知道议会该如何工作。[②] “利益和代表结构不稳定，国会、总理以及总统等新民主制度都是建立在沙滩之上。”[③]政党与选民的关系松散，政党对社会的渗透程度较低，很容易出现与现有政党进行竞争的新党。艾伦·韦尔认为，东欧新民主国家的新党较容易发展起来的很大原因在于，选民同现有政党之间缺少联系——前共产党除外。[④] 新党的不断出现，很大程度上就为整个政党体系的运行添加了新的变量，增加了政党体

① Zsolt Enyedi and Gubor Toka, Party Politics in Hungary, in *Party Politics in new democracies*, edited by Paul Webb, Oxford Press, 2007, p. 147.

② 参见[美]马克·开赛尔曼等：《转型中的欧洲政治》，史志钦等译，北京：人民出版社 2016 年版，第 648 页。

③ Kim Lane Scheppele, Democracy by Judiciary. Or, why Courts Can be More Democratic than Parliaments, In *Rethinking the Rule of Law after Communism*, Edited by Adam Czarnota, Martin Krygier and Wojciech Sadurski, Published in 2005 by Central European University Press, p. 33.

④ 参见[英]艾伦·韦尔：《政党与政党制度》，谢峰译，北京：北京大学出版社 2016 年版，第 136 页。

系不稳定的风险。

匈牙利第一届国会,四年任期最大的成就,在于国会制度本身获得了存续。[①] 从这个角度说,相对于东欧其他国家,比如波兰、捷克,匈牙利的政党政治获得维系。然而,它仍旧避免不了新生政党固有的不稳定性与脆弱性。国会党派不断分化组合,执政联盟与反对党的政治价值分化严重,而且执政联盟自身在价值观上也激烈分歧,并不断撕裂。经过 1990 年国会大选(国会大选的议席分配比率如图 2. 1),民主论坛以国会席位 42. 5%得票率胜出,联合独立小农公民党、基督教人民党组成执政联盟。初一入主国会,六个党就形成了七个派别;尽管最大的执政党民主论坛,一直宣称自己的联盟是“和谐联盟”,然而两年后“和谐联盟”也不见了,该党的副主席领导着一派人马,不断攻击政府,要求严惩前政权下的领导层,宣扬极端排外的“匈牙利之路”;执政联盟中的小农党 1991 年就分裂成两个派别,一支包含着大多数党员以及政府部长们,拥护政府;另一支则只是一小部分,却更为激进,由约瑟夫·托格扬(Jozsef Torgyan)领导,1992 年约瑟夫由于看不到担任部长的希望,干脆带领该党派脱离小农党。[②] 同时,最大的反对党自由民主联盟,也存在着两支派别,一支强调传统自由主义,另一支强调党要敏锐地关注社会问题;同一党内不同派别对同一问题持有不同立场,个人主义严重,政党纪律松弛,投票表决涣散;退党和易党现象突出;执政联盟在结盟偏好上也表现得极其不

① Laszlo Szarvas (1994), Parties and Party fractions in the Hungarian Parliament, *Journal of Communist Studies and Transition Politics*, 10: 3, p. 120.

② Brigid Fowler (2004) Concentrated Orange: Fidesz and the remaking of the Hungarian center —— right, 1994 - 2002, *Journal of Communist Studies and Transition Politics*, p. 84.

稳定。① 到了1994年4月，各党派在国会席位的比率发生了一定幅度的变动，其中民主论坛席位比率降至35.22%，分裂的小农党脱离了执政联盟，占据席位的两个百分点，这种变动情况可以通过图2.2与图2.1的对比中得知。通过对比，不难发现图2.2的进一步分裂和碎片化的趋势。这也不难说明，第一届国会在任期届满之际，已经摇摇欲坠。

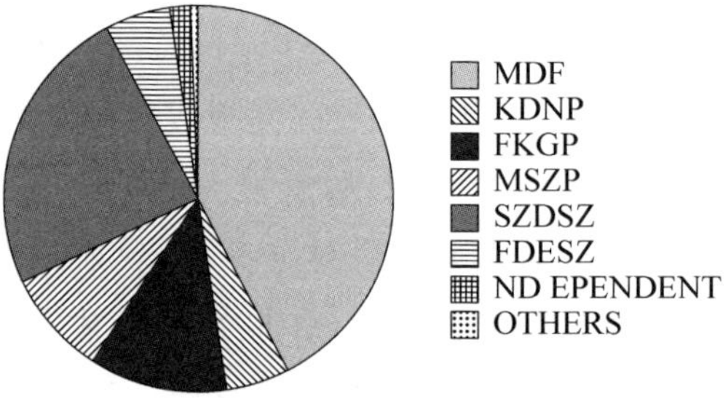

图2.1 1990年国会大选席位分配比率图

数据来源：Hungary：Parliamentary Elections 1990.

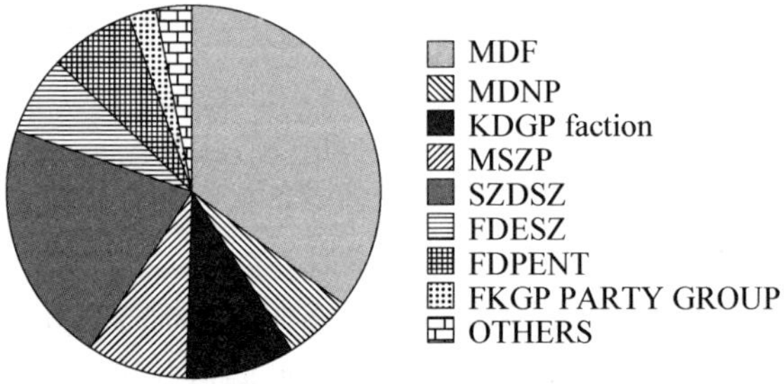

图2.2 1994年4月国会议席分配比率图

数据来源：Laszlo Szarvas，Parties and party factions in the Hungarian parliament，*in Journal of Communist Studies and Transition Politics*，p. 122.

---

① 参见 László Szarvas（1994）Parties and party factions in the Hungarian parliament，*Journal of Communist Studies and Transition Politics*，10：3，120－136，pp. 125－128。

第一届国会尽管做出了数目可观的立法和决议，然而，在事关转型的关键议题上，比如经济的私有化改革、遭受前政权迫害的赔偿问题、预算问题、教产问题、媒体问题、社会保障体制问题以及政府官员和公务员法问题等则分裂严重，根本无法形成统一的立法。[①] 很多时候，新生的匈牙利国会根本不是制定一部法律，其实只是制造了一起诉讼输送给宪法法院，将矛盾转移给宪法法院来处理。在国会辩论中，新手的议员们实际上是在请求宪法法院做出决定。

第一届国会在执政联盟四分五裂、岌岌可危中结束任期。面对转型的空前压力，执政联盟几乎未着手经济改革。前政权国家机器的破旧立新上也甚少作为。媒体仍旧控制在国家手中，绝大多数经济资源也控制在国家手中。他们以自由主义面貌出现在选民面前，执政时却是地地道道的国家主义者。竞选时承诺的一系列政策根本没有兑现。[②] 这些政党为自身的无能付出了代价，在四年之后的大选中惨败甚至政党解体。

第二届国会大选中胜出的社会党与自由民主党联合执政。社会党获得了 209 席，占 54.1%，自由民主党获得 70 议席，占 18.1%。而上任执政党在第二届国会中所得议席比率均已经降到了十个百分点以下（这些政党议席比例的变化情况参见图 2.3）。尽管他们在立法效率上高于前任，但是总体而言，随着转型危机的

---

① 参见 László Szarvas (1994) Parties and party factions in the Hungarian parliament, *Journal of Communist Studies and Transition Politics*, 10: 3, 120 - 136, pp. 129 - 130。

② 参见 Kim Lane Scheppele, Democracy by Judiciary. Or, why Courts Can be More Democratic than Parliaments, p. 42, In *Rethinking the Rule of Law after Communism*, Edited by Adam Czarnota, Martin Krygier and Wojciech Sadurski, Published in 2005 by Central European University Press。

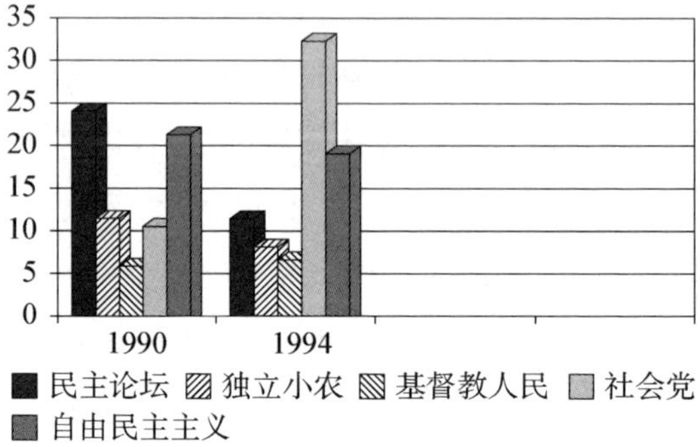

图 2.3　1990、1994 年国会大选执政联盟与主要反对党获取议席比率图(%)

数据来源：Hungary：Parliamentary Elections 1990 - 1994

加深，新政府无力转化国家的整体性危机。[①] 而且，执政联盟之间在主要的经济议题和立法上也爆发了严重的分裂。1995 年对国有企业私有化的经济政策上，自由民主主义者联盟指责社会党不兑现竞选诺言，拖延私有化进程。[②] 由于经济议题的巨大分歧导致了执政联盟的危机。社会党为摆脱自由民主党联盟，欲实施政府改组计划，而自由民主党联盟以退出政府相威胁，迫使社会党放弃了改组计划。但是继而在个人所得税法上，两党之间再次爆发分歧。与此同时，政局一直较为稳定的匈牙利出现了大规模的游行示威活动，局面动荡。[③] 很大程度上，这些分裂与动荡充分暴露了执政联盟的统治无力。“政党越是分裂，宪法法院就越发有权和更具开放性。”各种转型议题纷纷摆到国会面前，当那些政治行动

① 参见 Kim Lane Scheppele, Democracy by Judiciary. Or, why Courts Can be More Democratic than Parliaments, p. 43, In *Rethinking the Rule of Law after Communism*, Edited by Adam Czarnota, Martin Krygier and Wojciech Sadurski, Published in 2005 by Central European University Press。

② 参见朱晓中主编：《曲折的历程：中东欧卷》，上海：东方出版社 2016 年版，第 322 页。

③ 参见朱晓中主编：《曲折的历程：中东欧卷》，上海：东方出版社 2016 年版，第 322 页。

者难以驾驭立法联盟来解决这些议题时，把他们转移到宪法法院就成了政治行动者们普遍的策略选择。更何况，对于不那么受欢迎的政治行动者来说，由宪法法院出面推动这些转型议题，在执行和实施的过程中，所受到的阻力会相对小些。毕竟，对于民众来说，他们普遍排斥政党政治的同时，对宪法法院非常信任，宪法法院的决策更容易接受。

与议会较低的公众支持率相比，宪法法院持续获得民众较高的信任（如图 2.4）。尼尔·泰特（Neal Tate）认为，党派分裂或较低的公众支持率削弱了政府其他机构的情形下，宪法法院的政策影响力会相应提升。[①] 转型阶段，政治机构的无能涣散以及失信

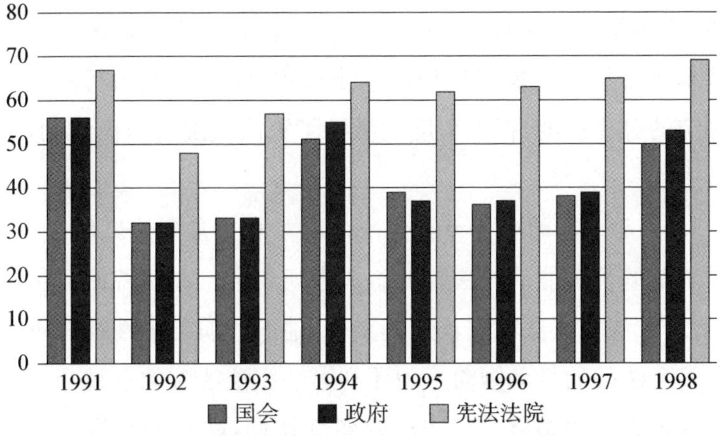

图 2.4　1991—1998 年对国会、政府以及宪法法院公众信任比率图

来源：匈牙利媒体公众意见与市场研究所的民意调查，数据转引自：Zsolt Enyedi and Gubor Toka, Party Politics in Hungary, in *Party Politics in new democracies*, edited by Paul Webb, Oxford Press, 2007, p. 152

① Tate, C. Neal (1995) "Why the Expansion of Judicial Power?" in N. Tate and T. Vallinder, eds., *The Global Expansion of Judicial Power*. New York: New York Univ. Press. 转引自 Shannon Ishiyama Smithey John Ishiyama, Judicial Activism in Post-Communist Politics, *Law & Society Review*, Volume 36, Number 4(2002), p. 730。

于民令选民们失望，同时转型带来的经济危机导致了统治的合法性危机。某种程度上，正是在这种权力的真空地带，宪法法院得以在诸多议程上主导着国会立法，在社会权利问题上，积极回应民众需求，确保社会保障体系的稳定，这些措施都深得民众的支持。宪法法院一直是转型以来获得民众支持率最高的政府机构，乃至于"新生的宪法法院的受欢迎程度正在威胁着新生的政治力量"。[①] 这种较高的支持率，一定程度上赋予了宪法法院制度的合法性，激励着法官们发挥能动作用。同时，绝大多数政党能够尊重民主，坚守法治的底线，无论是法律上还是政治上都与宪法法院共同分享着对人权保障和有限政府的欧洲标准。第一届"学习中的国会"即便在政治取向上极其多变分裂，但绝大多数政党却有一项基本政治共识：遵守欧洲规范，走民主之路。[②] 政治行动者对宪法法院的尊让态度，很大程度上激励了宪法法院的积极能动，引领转型进程。

5. 索庸个人的领导力与宪法法院对自身角色的认知

法院的积极能动与法院的组成密切相关。在法院的成员结构中，首席大法官或法院院长尤其重要，他的气质与个性往往彰显和决定整个法院的行动倾向。匈牙利第一宪法法院的卓越与成就离不开院长索庸的领导。宪法法院建立初期，院长的领导力也是决定宪法审查制度能力的关键要素。索庸连任三届院长，本人具有深厚的法学素养，处事公正，积累了领导宪法法院的丰富经验。比

---

① Kim Lane Scheppele, Constitutional Negotiations: Political Contexts of Judicial Activism in Post-Soviet Europe, *International Sociology*, vol 18(1), March 2003, p. 221.

② 参见 Laszlo Szarvas (1994), Parties and Party fractions in the Hungarian Parliament, *Journal of Communist Studies and Transition Politics*, 10: 3, p. 135。

如，根据宪法法院法第十七条第一款的规定，在宪法判决打成平局时，院长的投票决定最终的判决结果。不过，索庸从来没有运用过该条权力，他认为这有违法官之间的平等原则。[①] 他忠于宪法和自由，颇受民众欢迎，在卸任院长七年后，2005 年经国会反对党提名，当选为匈牙利总统。

索庸带领着本国的宪法法院活跃于政治舞台。宪法法院从无到有，制度合法性尚待长期的过程才能建立，必须靠一个接一个判决来奠定法院所必须的道德和智识基础。在判决做出之前，宪法法院院长对其他法官的团结和说服能力，影响着判决结果。要巩固在政治秩序中的地位，除了法院的系列判决外，院长频繁地曝光于公众，也是巩固法院地位的重要手段。在宪法法院设立初期，院长只有不断主张法院的权力，才能确保这种权力获得政权及民众的认可。院长在政治权力的牌桌上出手要快，才能获得一席之地。

院长做个公众人物，才能增强宪法法院的可见度，揭开宪法法院的神秘面纱，获得人民的认可和支持。频繁走到聚光灯下，接受媒体采访，发表演讲，回应政客们的公开批评，捍卫宪法法院。比如在转型之初，在转型正义问题上，国会立法刑事追诉前政权的罪恶，宪法法院做出了违宪判决。国会批评宪法法院的判决“法理上无可争议，道德上却不可接受”。宪法法院为避免公众的误解并且回应国会批评，索庸站到了公众面前，解释判决的实质与

---

① Laszlo Solyom, Structure and proceedings of the Hungarian *Constitutional Judiciary*, *in Constitutional Judiciary in a New Democracy*: *The Hungarian Constitutional Court*, edited by Laszlo Solyom and Georg Brunner, University of Michigan Press, 2000, p. 74.

意义。[①]

索庸带领宪法法院建立起了完整的宪法解释体系，塑造了宪法解释过程的中立性，尽量超越于政治纷争，保护宪法免受政治的干涉。第一个任期，每年都出版两百至三百个判决；第二任期，明确宪法含义，著名的判决体现为1995年紧缩预算案，获得了民众压倒性多数的支持，法院以十八个单独的判决，判处该法中159条中有26条无效。该判决开罪了执政党；第三任任期内，削减法院权力的声音不绝于耳。[②]

1998年11月索庸任期结束。争取连任的努力失败了，索庸又企图修改宪法法院法，将任期九年修改成十二年，不得连任，无论是即将离任的政府还是即将入主的政府都没有就他的提议做出任何决定，他们都没有任何行动。[③] 与此前后，相继爆出了两则关于宪法法院的消息。1997年底，索庸会见金融部长，请求他从国家预算的总贮备金中转移一部分给宪法法院，以供法院为即将退休的首席大法官购买官邸。[④] 在各种质疑和批评声中，政府给索庸购买了昂贵的二层小楼。另一则信息有关宪法法官的纪律惩戒。[⑤] 宪法法院法官伊姆雷·沃罗斯(Imre Voros)，一个经常持异

---

① Herman Schwarz, *The struggle for Constitutional Justice in Post-Communist Europe*, the university of Chicago Press, 2000, p. 101.

② 参见 Kim Lane Scheppele, Symposium: The Chief Justice and the Institutional Judiciary (Jun., 2006), *University of Pennsylvania Law Review*, Vol. 154, No. 6, pp. 1779 - 1794。

③ Kim Lane Scheppele, Symposium: The Chief Justice and the Institutional Judiciary (Jun., 2006), *University of Pennsylvania Law Review*, Vol. 154, No. 6, p. 1785.

④ Constitutional Watch, in *East Europe Constitutional Review*, winter 1998, p. 17.

⑤ Constitutional Watch, in *East Europe Constitutional Review*, Spring1998, pp. 14 - 15.

议的法官,致信给某媒体,质疑近来法院延长任期的主张,并声明该主张与他无关。他因此遭到了法院的秘密训斥,该消息泄漏给了媒体,而法院则对此事保持沉默。这两则消息无论是对宪法法院还是对索庸本身,都是较为负面的,暴露了法院内部管理的不完善和人事斗争的激烈。而这两则事件的爆发又处于能否连任的敏感时期,不利于索庸要求连任的政治主张。

1998 年国会大选,欧尔班领导的青民盟获胜。如下文所述,欧尔班属于克里斯马型政治人物,他的权力欲望极高,政策严厉而刚性。这样一个政治强人,很难兼容强势的宪法审查。索庸法院的强势风格与欧尔班针锋相对,欧尔班是不会提名或留任这样一位与自己意识形态或政治立场完全迥异的大法官。而且,欧尔班还显然不愿意与索庸共事,无论索庸做法官还是总统。2010 年索庸总统任期届满,没有获得青民盟的支持得以连任。

(二)文化性要素

1. 社会蔓延的防御性心理

转型初期,整个国家上下充满了对转型的热切期待与对前政权的坚决抵制。转型期间,全社会普遍蔓延着"防守型"社会心理,[①]防止退回到前政权时代,同时也防止民粹滋生。这种普遍的防御型社会心理,形成了对建设宪法审查颇为有利的环境。对前政权的深恶痛绝与对人权、法治的期盼,都为宪法法院积极能力的发挥奠定了基础。同时,在更广泛的意识形态层面,欧美国家倡导的宪政民主价值居于主导地位。尤其是欧盟的人权与民主标准所

---

① Alberto Febbrajo, Legal Cultures in Transition: A System-theory Approach, in *Central and Eastern Europe After Transition* edited by Alberto Febbrajo, Ashgate publishing, 2010, p. 45.

形成的价值共同体，已成为匈牙利国家上下在转型初期的深刻共识。总体上说，转型初期的匈牙利人民期待新的宪法审查机构发挥积极作用，为强规范性审查模式的形成奠定了民意基础。

2. 积极司法传统在法律执业阶层的有限复归

宪法法院适用宪法之所以游刃有余，一方面固然由于宽松的政治环境所赋予宪法法院的较高期待，也离不开院长和诸位法官的胆识与勇气；另一方面则得益于历史上司法的实践品性以及传统上对法典至上性的抵制。

这种实践品行主要包括司法运行中的独立特性。佐城(Sajo)认为，在社会主义时期匈牙利司法仍旧保持着较高的独立性。[①] 过去二十年里，司法很少被用作公开的政治倾轧的工具。而且，那些对压迫性司法负责的法官们都基于“绅士协定”退休了，而司法领导者们都很快适应了新政体，匈牙利民主重建的宪法修正要比1997年之前的波兰和1993年之前的捷克斯洛伐克要广泛得多，就在波兰被过去的权利宪章牢固束缚时，匈牙利宪法法院有着自己支配和阐述的权利条目。更重要的是，历史上匈牙利具备一定的法治传统。匈牙利早在1222年，在英国大宪章颁布七年之后，就在国王与领主之间形成了“黄金诏书”[②]限制国王的权力并保障领主的权利。“黄金诏书”与英国《大宪章》齐名。匈牙利法律传统倾向于抵制成文法典的至上性，司法机关主要依赖广泛存在的习惯法，在司法实践中具有相当广泛的解释权和裁量权。

---

① *Mission Accomplished*: *On Founding Constitutional Adjudication in Central Europe*, by Prochazka, Radoslav, Central European University Press (CEU Press), 2002, p. 135.

② Herman Schwarz, *The struggle for Constitutional Justice in Post-Communist Europe*, the university of Chicago Press, 2000, p. 75.

随着政治环境的宽松，这种曾经的传统在资深司法官中获得了有限的复归。之所以称之为有限，在于司法独立的观念更普遍存在于资深司法官或者法律执业阶层之中，是在这一特定的群体中获得回归。而对于广大的民众来说，裹挟在转型思潮中的他们，并没有对司法独立或法治观点存在更深刻的认知，而仅仅是出于对以往政治的排斥，支撑他们对宪法法院这一新生政体的代表机关充满了期待。

小结

综上所述，制度变量对于匈牙利合宪性审查的兴起发挥了决定性作用。转型之前，匈牙利受制于议会至上原则等，合宪性审查的运作空间较为有限。即便建立了宪法委员会，这个机构也没有发挥任何实质性作用。

转型之后，和宪法审查相关的制度变量都发生了本质变化。马丁·夏皮罗认为，司法审查的力量之源在于，通过减低政治转型成本，让统治阶层受益。① 新生政体为宪法审查制度的兴起提供了先决条件。尤其转型之初，匈牙利多党制在成长初期的稚嫩以及各党之间相互掣肘，产生了弱势政府，为宪法审查权的大展身手预留了政治空间。加上法院获得了强势院长的有力领导，使匈牙利宪法法院不仅得以确立自己的司法独立地位，而且在问责政府、维护自由、稳定秩序、建构并完善宪法体系等诸多领域游刃有余。

---

① Wojciech Sadurski, Judicial Review in Central and Eastern Europe: Rationals or Rationalizations? 42 *Isr. L. Rev.* 500 2009, p. 500.

第三章　渐趋常态法院

第一宪法法院的持续强大，有其必然的政治逻辑和语境。[①] 脱离转型的特殊阶段，强势司法的政治语境一旦消失，则司法便不再有强势的必要，也很难持续强势下去。后索庸时代，宪法法院的发展趋势证明了这一点。

诚如斯洛伐克宪法法院顾问普罗恰兹卡·拉多斯拉夫(Prochazka Radoslav)所言：匈牙利(第一)宪法法院的抽象审查权过于强大，需要削弱该项权力，将宪法法院从建立现代国家的沉重负担中解放出来，成为一个正常的宪法法院。[②] 继索庸之后担任院长的内梅特，是新任总理欧尔班的朋友。新任院长开始不同的宪法裁判方法，限缩宪法审查的广度和深度。新的法院，"司法产量"急剧下降，1999 年只做出了 50 多个判决，[③]远远低于索庸时代每年 300 项的数量。后索庸时代宪法法院开始逐步回归常态

---

① 参见赵丹：《强势司法的政治逻辑：匈牙利宪法法院的启示》，《环球法律评论》2017 年第 4 期。

② *Mission Accomplished*：*On Founding Constitutional Adjudication in Central Europe*，by Prochazka，Radoslav，Central European University Press（CEU Press），2002，p. 139.

③ 参见 Kim Lane Scheppele，The New Hungarian Constitutional Court，8 *East European Constitutional Review*，81 1999，p. 85。

司法。

从1999年到2010年，宪法法院院长先后由内梅特(1998年11月24日—2003年7月31日)、安德拉斯·霍洛(Andras Hollo)(2003年8月1日—2005年11月12日)、米哈利亚·比哈里(Mihaly Bihari)(2005年11月13日—2008年7月2日)以及彼得·帕克索雷(Peter Paczolay)(2008年7月3日—2015年2月24日)四位担任。同期，宪法法院签发了1016项判决，[①]年均判决100项。这些判决涵盖了人的尊严、隐私权、公民政治权利、社会经济权利以及平等保护等，还覆盖了对机构权限、国家机构运行原则等的讨论。

本章通过《东欧宪法审查》期刊对匈牙利宪法法院有代表性判决的报导，以及匈牙利宪法法院官方刊登的典型判决，进而分析这些典型个案，从中发现宪法审查制度能力的变化，并尝试探索制度能力变化背后的逻辑。

一、制度能力之体现

如前所述，宪法审查制度能力有积极能力与消极能力之分。积极能力是宪法审查机构通过宪法裁决来划定国家机关权限、制定政策、解决政治纷争、推进民主巩固、保障基本权利的能力，表现为整合、稳定、平衡以及建构等功能；而消极能力是宪法审查抵御外界(主要是政治)干预的能力，是司法独立程度的体现。宪法

① Zoltan Szente, Hungary: Unsystematic and Incoherent Borrowing of Law. The Use of Foreign Judicial Precedents in the Jurisprudence of the Constitutional Court, 1999 - 2010, in *The Use of Foreign Precedents By Constitutional Judges*, Hart Publishing, 2013, p. 259.

赋予宪法法院两项基本功能：第一，维护基本权利；第二，明确机构权限。宪法审查制度能力也正是透过这两项基本功能体现出来。

（一）维护基本权利

1. 保障人的尊严

继索庸法院对个人数据的保护之后，内梅特继续推进在个人数据领域隐私权的保护。

（1）禁止医疗数据滥用。根据1992年个人数据保护法的规定，2002年第65号判决认为，事关性行为的数据信息构成了敏感数据，处置这些数据的目的必须要明确列出和清晰界定，除非很有必要，否则不能动用这些数据。据此，法院认为，1997年处置和保护医疗数据法第3条中有关性行为医疗数据的使用目的过于宽泛，不予支持。[①]

（2）规范警察的监控权。2003年10月第47号判决，宪法法院推翻了1994年警察法中对犯罪预防进行监控的规定。1994年警察法规定，对那些判处三年以上监禁的犯罪分子，在其释放后，出于犯罪预防的需要，授权警察进行监控。法院认为，该项规定侵犯了罪犯的基本权利，尤其是个人数据和隐私权的保护。[②] 这个判决对于法院而言，是个"政治上的疑难案件"，被一再搁置，才最终做出违宪决定。[③] 两年之后，继禁止不受控制地搜集个人数据的判决之后，2005年宪法法院对私人使用电子监控设备的法律作

---

① 参见宪法法院官网，65/2002号判决摘要。

② 参见宪法法院官网，47/2003号判决摘要。

③ Zolt6n Szente, The Interpretive Practice of the Hungarian Constitutional Court, 14 *German L. J.* 1591 2013, p. 1602, Note 48.

出了违宪判决。[1]

（3）安乐死之争。经过十余年等待，“安乐死”判决终于面世。2003 年第 22 号判决，法院一致表决禁止使用“积极安乐死”，以 8∶3 判决“消极安乐死”的使用只限于卫生保健立法明确规定的限缩条件。[2] 对个人尊严的保护上，宪法法院有代表性的案件，比如 2001 年第 58 号判决，支持作为基本权利的姓名使用权。法院中众多私法学专业出身的法官们，更倾向于私领域中的权利保护，而对公法领域中诸如分权等问题，裁判中往往没有那么得心应手。法官们更像是“自身专业的囚徒”[3]。

2. 保障政治权利与自由

（1）结社、集会自由的保障

2001 年第 6 号判决，从程序上保障结社自由权。1989 年制定的匈牙利结社自由法规定，社团只有履行了登记程序才可以作为社会组织开展活动。社团要向普通法院提交书面材料，不需要听证，以一种非讼程序进行登记，而法院则根据民事诉讼法，在合理时间里处理。法院支持了社团的登记制度，但认为登记程序中可能存在不适当耽搁，属于立法疏漏，要求国会立法给予修正；不过，包含首席大法官在内的五名法官则持异议，认为目前的立法保障

---

① Wojciech Sadurski, *Rights Before Courts: A Study of Constitutional Courts in Post-communist States of Central and Eastern Europe*, 2008 Springer, p. 203.

② 参见 Constitutional Watch, in *East European Constitutional Review*, spring/summer 2003, p. 24。所谓“积极安乐死”是指经病人同意，对绝症患者实施安乐死结束生命；而“消极安乐死”是指长期依赖药物维系生命体征的患者，通过阻断该药物来结束患者生命。

③ Zolt6n Szente, Hungarian Constitutional Court's Interpretive Practice, *German Law Journal*, Vol. 14, p. 1614.

已经很充分，不存在所说的搁置问题。[①]

对于新型集会予以宪法保障。近年来随着“自发集会”的发展，这种集会的宪法地位问题亟待解决。匈牙利2008年第75号判决，如果集会没有事先告知，则警方有理由驱散集会，这种立法规定违宪。判决认为，有些类型的集会，比如事先没有计划与组织的自发型集会，无法根据一般性规定做到事先告知，但是这些类型的集会也需要宪法保护，警察因为这些集会缺乏事先告知程序予以驱散的规定，法院不予支持。[②]

（2）对言论自由的“双重”立场

欧尔班一上台就改革政府结构，设立总理办公室，强化总理个人集权，改革各部，削弱各部长权力，竭力树立个人权威[③]收紧言论，打击与前政权关系密切的人。与其说通过这种方式在净化转型政权的残余势力，不如说是在为青民盟整肃政敌，矛头直接指向的是社会党人，意在削弱社会党的力量。比如，为解决转型正义的《净化法》本来在2000年就应该停止实施，结果当年被青民盟修改，继续实施四年，并扩张了法律的适用范围，包括几千名法官、检察官和新闻记者。[④] 宪法学者加伯·哈尔迈（Gabor Halmai）认为

---

① Constitutional Watch, In *East European Constitutional Review*, Spring/Summer 2001, pp. 21 - 22.

② Wojciech Sadurski, *Rights Before Courts: A Study of Constitutional Courts in Post-communist States of Central and Eastern Europe*, 2008 Springer, pp. 221 - 222.

③ 参见 Constitutional Watch, in *East Europe Constitutional Watch*, summer 1998, p. 14。

④ Constitutional Watch, in *East Europe Constitutional Watch*, Summer 2000, p. 19.

供职于私家媒体的记者是不应该包含在审查范围之列的。[①] 这些严厉措施进一步渲染了紧张的政治氛围。而从这一阶段开始，匈牙利的政党结构越来越趋向于青民盟与社会党两大党主导模式，两党之间的意识形态对立日趋尖锐。

在这样的政治环境下，2000 年宪法法院先后通过两项判决，限制表达自由。2000 年第 13 号判决，宣布刑法典规定亵渎国家标志如国徽、国旗等构成犯罪并不违宪。法院认为，法律保护国家标志是欧洲各国的惯例，这种措施在向民主转型阶段非常必要，国会在保护措施上享有充分的裁量权。[②] 不久，法院又发出了第 14 号判决，支持刑法禁止使用宣扬极权的符号，比如纳粹标志等。法院认为，这种禁止行为构成对表达自由的限制，但考虑到匈牙利的历史，这种限制是必要的，并合乎比例原则。[③] 不过，在法官 Kukorelli 看来，这种独特的历史环境并不能证成对该行为的刑事制裁，恰恰相反，正是这段历史才更需要言论自由，以便公众舆论越发宽容。[④] 显而易见，判决过分渲染了这种极权标志使用的政治目的，而忽略了可能的交流价值，这种交流价值中也蕴涵着教育意义，即对极权政治的反思。以上这两份判决，难免让人怀疑宪法法院的国家主义立场。这两项判决，相比于第一宪法法院，更多限

① Constitutional Watch, in *East Europe Constitutional Watch*, Summer 2000, p. 20.

② 参见 Constitutional Watch, in *East Europe Constitutional Watch*, Summer 2000, p. 20。

③ 参见 Constitutional Watch, in *East Europe Constitutional Watch*, Summer 2000, p. 20。

④ 参见宪法法院官网，14/2000 号裁决。

制了表达自由，这种改变是攀附政治的结果。①

2000年夏天，宪法法院又通过了一项支持言论自由的判决。法院宣布，刑法规定将传播恐慌列为犯罪，构成违宪。刑法典第270条规定，无论是编织虚假事实还是以一种破坏公共和平的方式来传播真实情况，均构成轻罪。法院认为，充分广泛的信息流通，才能促进公众交流；即便存在歪曲事实的情况，因此招致刑事制裁，也是不恰当的，更何况"恐慌"这样的措辞非常的模糊，该条构成对言论自由的不当限制。②

2001年，大量涉及诽谤政客的民事和刑事案件涌进了普通法院。5月，经青民盟议员提案，国会修改了民法典。修正案规定，任何遭受纸媒或电子出版物侵权的人都有权要求相应地刊出自身的观点，这被称为"回击权"，如果出版方拒绝，则本人可以诉诸法院并据此产生罚款。总统将该修正案提交到了宪法法院，质疑是否侵犯了言论自由和出版自由。③

宪法法院第57/2001号判决该项修正案违宪。然而，此判决呈现了两个特点：一，判决的分裂性，十一名法官中有四人持不同意见，一人协同意见，④法院内部对此判决分歧较大；二，判决说理极为片面。判决肯定了"回击权虽然限制了出版自由，但是对于维护人的尊严和名誉权却具有正当性"，而它之所以违宪，仅在于"没

---

① Zolt6n Szente, Hungarian Constitutional Court's Interpretive Practice, *German Law Journal*, Vol. 14, p. 1603.

② 参见 Constitutional Watch, in *East Europe Constitutional Review*, Summer 2000, p. 21。

③ 参见 Constitutional Watch, in *East European Constitutional Review*, Winter/Spring 2002, p. 21。

④ 参见 Constitutional Watch, in *East European Constitutional Review*, Winter/Spring 2002, p. 21。

有对回击权做出限制”[1]，而对该修正案的其他方面，比如罚款的合宪性以及罚款的上限等都语焉不详，法院也不认为，巨额罚款会导致的寒蝉效应。事实上，判决的主体部分并不支持言论自由，尤其是缺乏对政治言论的保护。判决说理片面而含糊，充分暴露了“骑墙”的立场。判决的说服力极差，虽然产生了对国会的问责，却将责任降至了最低。只需要返回国会做适当修改，而这“适当”到底意味什么，语焉不详，事实上提案人早就已经准备好了相关修改方案。

综合这四项判决，不难看出，裁决事项越是靠近敏感问题，比如关乎意识形态领域或涉及到其他敏感的政治争议问题，法院的问责能力就越差，即便有问责，也降低责任负担。法院对此类案件回避实质法律问题，更加倾向于形式主义审判；而随着偏离这些敏感领域，法院的独立自主性才有所发挥。

通过民事诉讼渠道限制言论自由的立法在2007年再次出现。10月国会修改民法典，拓宽了受到仇恨言论侵害者提起民事诉讼的原告范围，允许个人提起诉讼，即便该仇恨言论并不是直接针对他本人，而是针对他所在的族裔或社会组织。时任总统索庸向宪法法院提起诉讼，挑战该项规定。法院2008年第96号判决认为，立法保护的是自然人的个体尊严，并未将这种保护拓展到更宽泛的群体或社团。对受到仇恨言论影响的身份规定含混不清，造成对言论自由的侵害，构成违宪。[2]

应该说，随着青民盟政党在2002年、2006年大选中连续失利，社会党联盟连续执政，意识形态领域的斗争趋势有所减缓。宪

① 参见宪法法院官网，57/2001号裁决。

② 参见宪法法院网，96/2008号判决摘要。

法法院遭受的政治压力也有所减弱。同时，整个社会仍旧对法治与民主充满信心。2005 年宪法法院前院长索庸经国会选举为总统，一定程度上标志着这个国家对其法治精神与民主事业的认可，也是这个国家渴望推动法治的标识。作为总统的索庸，积极通过法治渠道改善政治冲突，一定程度上促进了将政治问题法律化。

（3）对新闻自由的有限保护

媒体问题一直是政治斗争的焦点。当欧尔班执政，随着意识形态斗争的升级，媒体之战就更加激烈。1996 年媒体法为降低媒体的政治干预，设立三个信托人董事会，董事会主席团成员经国会过半数表决同意，其中一半由执政党提名，另一半由反对党提名。这种规定本意是为了均衡党派在媒体问题上施加的政治影响，但这里存在着一定法律漏洞，即随着选举更替，权力易主，那些来自不再占有国会席位的党派的代表，是算此时的执政党代表还是反对派代表？这个问题是模糊的。1998 年青民盟执政后，用自己的代表填塞了董事会，阻断了反对党对代表的提名，这一冲突被诉至宪法法院。①

宪法法院 22/1999 号判决，公共媒体董事会的成员所在的党派，不再在国会中占有席位时，这些成员既不能算作执政党提名，也不能算作反对党提名。② 宪法法院的判决被认为是模糊的，双方都是胜利者。③ 1996 年媒体法的立法本意是要弱化政党政治对媒体的不当控制，然而，结果却适得其反，反而将

---

① 参见 Constitutional Watch，*East Europe Constitutional Review*，winter/spring 2000，p. 18。

② 参见宪法法院官网，22/1999 号判决摘要。

③ Constitutional Watch，*East Europe Constitutional Review*，winter/spring 2000，p. 18.

党派的不当介入彻底制度化了，从而导致了媒体更易受政治的干涉。

对新闻自由的维护，宪法法院表现得越发克制。法院 2007 年第 1 号判决，宪法法院支持了政府对媒体的规制政策。新媒体法对视听媒体提出了“信息均衡”的规制原则，要求新闻事件的报导要本着客观、多元以及均衡的方式来传播信息，对任何有争议的问题片面地展现单方观点，未被代言的另一方就可以向国家广播电视局提起特别的诉愿诉讼。① 商业媒体的运作也要遵循此原则。学者 Sadurski 认为，这种做法其实是转型以来开了政府对新闻媒体进行实质审查的先河。② 这无疑是对新闻自由的削弱。

（4）有关选举程序的原则

大选之年，有关选举争议充斥着宪法法院的待决事项。2001 年，为次年大选积极筹备的青民盟与民主论坛，根据 1989 年的选举法和 1998 年的选举程序法形成了选举联盟，遭到质疑。诉愿者认为，选举法规定的全国性联合选举名册，违背了直接选举和选票平等原则。2001 年向宪法法院提起诉讼，直到 2002 年 5 月全国大选落幕，宪法法院做出了 21/2002 号判决。宪法法院全体一致表决支持了全国性联合选举名册规则的合宪性，认为国会在设计选举制度上有充分的裁量权。③ 判决做出时，社会党已经获得大选的胜利，但该判决“明显强化了反对党的地位”，有利于加强民主论坛在国会政党中的地位，从而巩固反对党联盟，强化反对党在国

---

① 参见 Wojciech Sadurski, *Rights Before Courts: A Study of Constitutional Courts in Post-communist States of Central and Eastern Europe*, 2015 Springer, p. 245。

② Wojciech Sadurski, *Rights Before Courts: A Study of Constitutional Courts in Post-communist States of Central and Eastern Europe*, 2015 Springer, p. 246.

③ 参见 Constitutional Watch, in *East European Constitutional Review*, summer 2002, p. 23。

会中的力量。[①]

在竞选投票的最后阶段，为了帮助选民在没有外部压力的情形下自由投票，一般都设立选前沉默日。在这样的沉默日，会禁止竞选的新闻报导和民意测评等。匈牙利宪法法院2002年第39号判决支持了有关选前沉默日的立法，该法将选前的最后一天适用于选前沉默。而2007年有关选前沉默日的立法，则被法院禁止。该立法将选前沉默日延伸到选前八天，要求在这八天里禁止任何有关选举的报导和公布民意测验结果，法院认为，这条立法禁令违背了比例原则，妨碍了表达自由。[②]

3. 有限保护少数族裔

少数族群的政治代表问题。匈牙利1990年宪法专门规定，少数族群有权在国家机构中获得一定数额的代表席位，并实行自治。到了90年代中期，匈牙利已经有八百多个少数自治群体存在，到了2002年，这一数字达到了3158个。[③] 然而，有关少数族群的议会代表之立法却始终达不成共识，无法通过立法。宪法法院宣布，缺少实施少数族群国会代表之宪法要求的机制，构成违宪。这也是一项宪法法院就少数族群政治权利发声的较为鲜见的判决。

匈牙利国内不断加剧对罗姆人的歧视和驱赶，这无疑影响着匈牙利入盟的进程。2000年5月底，将近有一半的罗姆人出逃扎莫利一线，前往法国寻求难民身份。[④] 同年定期发出的《匈牙利入

---

① Constitutional Watch, in *East European Constitutional Review*, summer 2002, p. 23.

② Wojciech Sadurski, *Rights Before Courts: A Study of Constitutional Courts in Post-communist States of Central and Eastern Europe*, 2015 Springer, p. 217.

③ 参见 Hungary 2003, www. freedomhouse. org. ,最后访问日期：2016年3月5日。

④ Constitutional Watch, in *East Europe Constitutional Review*, spring/summer 2001, p. 20.

盟进程报告》指出,“罗姆人持续遭受偏见与普遍的歧视,尤其是在司法、治安、招工以及教育领域”。[①] 来自欧盟的监督报告督促匈牙利的政治领袖们改善少数族裔境遇。司法领域也做出回应。2001 年 8 月最高法院首次裁决罗姆人遭受种族暴力案。1995 年 9 名暴徒袭击了一家罗姆人,在袭击中高喊种族主义口号。刑事法院以破坏和平罪和损坏财产罪惩罚了犯罪分子。同时,在民事判决中对罗姆家庭的损失给予了赔偿。2001 年 8 月,最高法院判决确认了该民事赔偿,在此基础上,对罗姆人在种族歧视中遭受人格尊严的侵犯予以损害赔偿。该判决既是匈牙利在抵制种族暴力领域里程碑式判决,也开启了民事领域对种族暴力给予金钱赔偿的救济方式。[②] 然而,此项判决的政治宣示意义要远远大于其法律价值,是司法领域对欧盟监督报告的最高回应。

在宪法法院判决的督促下,在入盟标准的压力下,各方政治力量抓紧立法改善罗姆人政治权利。2001 年秋天,青民盟与一罗姆人组织伦戈·德罗姆(Lungo Drom)签署了第一份正式协议;2002 年 2 月,社会党总理候选人彼得·梅吉西(Peter Medgyessy)会见了其他的罗姆人组织,承诺解决办法。[③] 经过多方努力,2002 年国会选举中,分配了四个议席给罗姆人。至此,经过十余年的努力,罗姆人在国会的政治席位问题方才得以落实。

4. 在社会经济领域的尊让态度

(1) 支持社会保障管理体制的改革。在 1993 年之前,匈牙利社会保障体制都是处于政府的管理之下。1991 年通过了社会保

---

① Constitutional Watch, in *East Europe Constitutional Review*, spring/summer 2001, p. 21.

② 参见 Constitutional Watch, in *East European Constitutional Review*, Fall 2001, p. 21。

③ 参见 Hungary 2003, www. freedomhouse. org。最后访问日期:2016 年 3 月 5 日。

障自治管理立法，立法意图在于促进决策的民主性以及管理的透明和高效。1993年开始实施社会保障体制自治管理，不过该管理体制受到普遍批评，并伴随着腐败丑闻。① 由于青民盟一直反对该项立法，因此1998年欧尔班一上台就对该项体制进行了改革，重新由政府收回管理。面对对这一体制改革的挑战，宪法法院1998年第50号判决，支持国会立法，将社会保障管理体制改为政府直接管理。

（2）削减养老金增长利率。1998年政府降低了养老金增长利率。养老金法规定1999年1月增长养老金，最初认定增长利率应根据1998年收入的净产量而增长，不过1999年预算修改了该增长利率，确定为11％，实际上这就降低了增长利率。② 诉愿人以既得利益、财产权遭受侵犯以及侵犯了可预期原则为由提起诉讼。宪法法院认为，养老金在利率增长问题上不存在既得利益，维护社会保障体制的详细规则和运行原则并不出自宪法。③ 宪法法院维护了削减养老金增长利率的做法。

不同于转型时期索庸宪法法院在社会保障体制维护上的司法能动和干涉主义，法院对社会保障体制所牵涉的经济运行状况和国家财政现状问题，将决策权更多留在政治过程之中，没有贸然干涉。其实对于积极权利的保护，如第二章所讨论的，采取尊让的态度，尊让立法和行政决策更符合现代国家司法的惯例。一定程度上，这也标志着宪法法院在向常态法院迈进。

---

① 参见 Constitutional Watch，in *East Europe Constitutional Review*，summer 1998，pp. 15 - 16。

② Constitutional Watch，in *East Europe Constitutional Review*，winter/spring 2000，p. 20.

③ Constitutional Watch，in *East Europe Constitutional Review*，winter/spring 2000，pp. 20 - 21.

5. 平等保护

(1) 反歧视法的缺位不构成违宪

2000年第45号判决处理了一项久压不决的案件。诉愿人挑战国会在反歧视法上构成了立法不作为。虽然在各项法律中都有反歧视条款,但对消除反歧视远远不够。缺少一部完整的反歧视立法,国会因此构成违宪。[①] 宪法法院一致通过判决,没有支持该请求。法院认为,“国会未能通过一部专项反歧视立法,本质上并不构成违宪。宪法并没有要求国会应当制定一部统一而宽泛的反歧视立法。”[②]

(2) 降低赔偿数额是否构成歧视

2000年第46号裁决也是宪法法院一份迟来的判决。2000年12月,法院审查了国会1999年赔偿预演算法的有关规定,宣布其无效。1992年颁布的“由于政治原因被非法剥夺生命或自由的赔偿法”规定,在匈牙利反纳粹时代被剥夺性命的个体,其配偶或近亲属有权获得大约3200美元的赔偿,而1998年政府将此赔偿数额降至100美元。[③] 诉愿人认为政府此举不但构成歧视,还是对个体生命的不敬,挑战政府该行为。经过了两年多的等待,宪法法院终于做出判决。判决认为,“在个人赔偿方面最重要的宪法考量就应该是对人性尊严的平等对待。而1992年对剥夺生命的赔偿之有关规定是违宪的,因为赔偿数额比冤狱赔偿还要低”。[④] 法院宣布预演算法无效,但法院没有指明具体赔偿数额,而是命令国会修

① 参见 Constitutional Watch, in *East European Constitutional Review*, winter 2001, p. 21。

② 宪法法院官网,45/2000号判决摘要。

③ 参见 Constitutional Watch, in *East European Constitutional Review*, winter 2001, p. 22。

④ 宪法法院官网,46/2000号判决摘要。

改规定，适用新的数额并可以溯及既往。

(3) 对同性性行为入罪的最低年龄歧视

经过十年之久的等待，法院终于做出了 2002 年第 37 号判决，对刑事法典第 199—200 条有关鸡奸罪做出违宪裁决。刑法典规定，十八岁以上成人与年龄在十四到十八岁之间的人经双方合议发生同性性行为，被列为犯罪。如此一来，合法的同性性行为年龄在十八岁以上，而异性性行为则只需十四岁以上。这种区别对待遭到挑战，1993 年首次就此规定提出宪法诉讼，诉愿人认为，这种差别对待属于基于年龄的歧视，侵犯人的尊严、个人隐私以及良心自由。①

法院认为，同性性倾向事关人的尊严，该规定对同等人的尊严之不平等对待缺乏正当性，刑法规定对非基本权利的差别对待不具有充分依据，构成违宪。② 该法院判决意见呈现分裂性，在协同意见中，内梅特大法官认为，将同性性行为的合法年龄提高是不合理的，缺乏充分的科学依据；而在另外一名法官看来，国家有义务促进十四至十八周岁公民个体健康的性发展，法院不应该只简单认可国家在该问题上的中立立场。“违宪判决受到欢迎，尽管该判决的推理也留下了许多未竟的问题。非常重要的一点在于，法院在判决中运用了最低、最宽松的审查标准。一般而言，对涉及基本权利的判决，采取必要性-合比例审查标准，而在不涉及宪法权利的案件中采纳最低宪法保护的合理审查标准。”③本判决所采纳的合理审查的标准获得较普遍的认可。

---

① 参见 Constitutional Watch, in *East Europe Constitutional Review*, Fall 2002/winter 2003, p. 26。

② 参见宪法法院网，37/2002 号判决摘要。

③ Constitutional Watch, in *East Europe Constitutional Review*, Fall 2002/winter 2003, p. 27.

(4) 涉及卫生法上绝育条件的歧视规定

1997 年卫生保健法第 187 条第 2 款，禁止三十五岁以下个人或者少于三个孩子的家庭自愿绝育。至少有两起宪法诉愿针对该规定。诉愿人认为，基于年龄和家庭孩子数量的差别规定，不具有正当性，构成歧视，同时也侵犯了个体尊严。① 法院判决认为，该规定所设立的限制性手段并不恰当，虽然其目标在于国家对不断下降的人口、不断倾斜的人口结构以及老龄化趋势的整体关注，但这种手段与目标之间不符合比例原则，国家的限制措施具有鲜明的家长制特征。②

另外，在医疗卫生法领域，除了禁止歧视原则，宪法法院还注重对公民自决权的保护。对于 1997 年卫生保健立法中有关对拒绝强制接种疫苗的个人，授权相关机构毫无耽搁地勒令对其进行接种疫苗的规定，宪法法院 2007 年第 39 号判决该规定违宪。③ 虽然例外的情形下允许强制接种，然而此规定对于接种疫苗的迅速管理措施侵犯了个人对身体的自决权和人的尊严。④

(二) 国家机构权限划分与运行原则

1. 对“特定多数”的解释

1999 年 1 号判决认为，要求国会与会代表三分之二赞成才能

---

① 参见宪法法院官网，43/2005 号判决摘要。

② 参见宪法法院官网，43/2005 号判决摘要以及 Wojciech Sadurski, *Rights Before Courts: A Study of Constitutional Courts in Post-communist States of Central and Eastern Europe*, 2015 Springer, pp. 281 - 282。

③ 参见宪法法院官网，39/2007 号判决。

④ Wojciech Sadurski, *Rights Before Courts: A Study of Constitutional Courts in Post-communist States of Central and Eastern Europe*, 2015 Springer, pp. 281 - 282.

通过的立法，作为一种宪法保障，其核心在于确保议员之间就立法问题达成广泛共识，该立法不得以简单多数的方式进行修改。[①] 也有不同意见的宪法法官认为，不能这么形式化简单判断，这项程序要件应该更注重该项法律实体内容的考察，要根据宪法来定义这些实体标准，而这正是宪法法院管辖范围。[②]

实际上，第一宪法法院早在 1993 年判决中就对“三分之二多数”做出过解释。索庸在该判决中指出，对于那些需要三分之二多数通过的法律，其核心部分（比如有关基本权利）才需要三分之二多数的表决通过，而对于其他不那么重要的条款，只需要简单多数表决通过即可。[③] 此判决考虑到转型初期国会政党的碎片化，意在提高国会立法效率，以达到议会代表制的简单多数要求与宪法所要求的三分之二多数规定之间的平衡与兼容。然而，该判决却没有获得内梅特法院的支持。该案中，内梅特法院更加注重形式要件，而缺乏对法律实体内容的考量。

禁止税务机构滥用秘密调查手段。[④] 1998 年第 93 号立法授权税务机构设立刑事调查部门，并授权该部门采取秘密措施查看邮件。该项立法遭到了社会党联盟的反对派的激烈抵制。反对派不赞成该规定，致使该法案的赞成票只有 61.8%。反对派以该法案赞成票不足三分之二为由，向宪法法院提起诉讼。宪法法院 2001 年第 31 号判决认为，根据宪法规定，“有关警察和国家安全活动的立法，需要经过国会与会代表三分之二多数通过”。

---

① 参见宪法法院官网，1/1999 号判决摘要。

② 参见宪法法院官网，1/1999 号判决摘要。

③ 参见 Kim Lane Scheppele, The New Hungarian Constitutional Court, *8 E. Eur. Const. Rev.* 81 1999, p. 83。

④ 参见 Constitutional Watch, *East European Constitutional Review*, Fall 2001, p. 20。

1998年立法吸收了上述有关规定，被吸收的部分在新法中如果只需要简单多数就能通过，那就没有达到三分之二的宪法要求。宪法法院据此认定，该法律中有关刑事调查部门采纳秘密监控的规定构成违宪。

2. 国会会期的确定

青民盟执政不久，就将国会全体大会的开会时间从每周一次更改为每三周一次。批评者认为，全体大会的新日程缩减了国会辩论的时间，无法确保议员们充分商议。反对派主张，这种调整限制了国会立法能力，并且认为更改国会守则的方式有违宪法。[①] 社会党向宪法法院提起审查诉求。

根据国会守则第24条第4款规定，"守则中有关国会活动与程序的规则，其制定需要与会代表三分之二多数通过"。反对派认为，守则的更改并没有经过三分之二多数的同意。宪法法院在1999年第4号判决认为，国会在立法机关的议事程序中没有制定规则的会期，有违宪之嫌。国会有义务确保自身的连续运转。国会应当尊重各方，并在合理时间内确定会期以确保国会能完成宪法规定的职责。法院虽然做出了违宪判决，不过对确立国会会期是否遵循三分之二多数规则，却没有给出答案。法院强调，"国会应该多久召开一次，对这个问题的回答并不在本院的管辖范围之内。要由国会自身来决定会期的频率，但是应当在合理时间内定期召开会议"。[②] 法院的这项判决可谓"避重就轻"，对本案的实质问题，即确立国会会期程序要求，以"不在管辖范围之内"为由不予支持。这与此前宪法法院判决形成了鲜明的对比。在舍普尔(Kim Lane Scheppele)教

---

① 参见 Constitutional Watch, in East Europe Constitutional Review, winter/spring 1999, p. 16。

② 参见宪法法院官网，4/1999号判决摘要。

授看来，一个民主国家如此缩减国会的会期，这显然有违"法治与共和"的宪法原则，如果是索庸法院时期，一定会判决政府的做法违宪。[①]事实上，索庸宪法法院早在1998年27号判决中就对国会守则第15条、第31—33条以及35条第2款、第36条第4款，基于守则的内容，判定违宪。[②] 相比之下，新一届宪法法院的裁决策略，尤其是直接挑战欧尔班政策时，过于小心谨慎。

3. 削减人权专员的管辖权

1993年第59号立法第29条规定了人权专员的管辖权。该规定人权专员的基本法律于1993年6月22日经国会三分之二多数代表通过。人权专员为维护基本权利之需要，具有广泛的管辖权：有权质疑各类政府档案、数据，与政府有关的公共机构的信息；有权启动调查；有权质疑与在审案件有关的各类解释、意见以及声明；有权向被质疑机构或其监督部门提出建议；可以就特定案件，向宪法法院提起诉讼，或者直接向检察官或其他各类国家机构提出诉讼建议。[③]

宪法法院在2001年第7号判决中认为，该管辖权的部分规定违背了法治和权力分立原则，所谓管辖政府机构、法庭外冲突解决机构等出现的侵犯人权问题的规定并不清晰，该项规定违宪。人权专员将不再对国会、检察官、公正处、消协等机构或组织拥有管辖权。[④] 然而，该判决的篇幅却非常短小，推理部分也不够充分。

---

① 参见 Kim Lane Scheppele, The New Hungarian Constitutional Court, 8 East European Constitutional Review. 81 1999, p. 84。

② 参见 Constitutional Watch, In East Europe Constitutional Review, Summer 1998, p. 15。

③ 参见 Constitutional Watch, In *East Europe Constitutional Review*, Summer 1993, p. 10。

④ 参见宪法法院官网，7/2001 号判决摘要。

舆论普遍认为该项判决是一项政治判决。它是在整个社会政治氛围都敌视人权专员的情形下做出的一项不利于人权专员的判决。[①] 2001 年匈牙利展开了十年一次的人口普查。几乎与开展普查同步，负责数据保护的人权专员马捷尼(Laszlo Majtenyi)，发表了一项声明，提示公众们在接受普查的过程中，就种族或宗教问题可以选择性回答，也可以采取匿名回答的方式，并且问卷中不会涉及被普查人口的家庭住址等问题。[②] 政客们本想从人口普查统计中获得大量选民隐私等信息，但这一声明却阻碍了该目的的实现，政客们普遍对人权专员不满。宪法法院裹挟在削减人权专员权限的政治气氛中，做出了以上判决。

4. 维护司法独立

欧尔班一面极力树立个人威权，另一方面又阻碍社会党执政时期着手的司法系统改革。1997 年国会修改了宪法第 45 条第一款，将司法体制更改为四级法院，在市政法院和最高法院之间增设一级上诉法院，以减少案件积压，减轻地方法院和最高法院的案件压力。此项司法改革预定在 1999 年 1 月 1 日在布达佩斯、赛格德以及佩奇市设立三个上诉法院，2003 年 1 月 1 日在焦耳市和德布勒森市增设两个上诉法院。[③] 这项改革以宪法修正案的方式确立，具有宪法地位。然而该项司法改革遭到了欧尔班的阻拦。

欧尔班认为，该项改革设计不完善，整项计划耗资五百万美元的要价太高，而且新改革措施没有缓解各级法院的案件积压情况，

---

① Constitutional Watch, in 10 *East Europe Constitutional Review* 2, Spring/Summer 2001, p. 22.

② 参见 Constitutional Watch, in 10 *East Europe Constitutional Review* 2, Spring/Summer 2001, p. 22。

③ Constitutional Watch, in *East Europe Constitutional Review*, Fall 1998, p. 17.

而是拖延司法程序。他主张司法改革应致力于目前的地方法院，欧尔班提出只需要两百万美元就可以解决地方法院的问题。[①]

最高法院院长、国家司法委员会主席帕尔·索特（Pal Solt），将欧尔班阻挠司法改革的行为以违宪为由，诉诸宪法法院。经过漫长的等待，2001 年 11 月宪法法院判决支持设立上诉法院。[②]

5. 总统权限

（1）总统对立法的有限否决权

根据 89 年宪法第 26 条规定，总统对国会法案享有有限的否决权。不过，国会面对总统对医疗法案的否决，却并没有修改。宪法法院 2003 年签发的第 62 号判决认为，宪法第 26 条规定的总统权立是对国会立法权的平衡，国会再次商议该项立法，这是权力分立原则的体现。如果国会对总统返回的法案，并没有切实保障再次商议，国会就构成违宪。确保总统加入立法过程并具有话语权，是再议法案获得有效性的前提。[③]

（2）有关总统权限的宪法解释

2007 年 7 月 3 日宪法法院根据总统的提请，对宪法第 30 条 A 项部分条款做出宪法解释。宪法第 30 条 A 第十项规定，总统颁布法律中规定的称号、勋章和嘉奖并允许佩戴；第十一项规定，总统行使个人赦免权。[④] 法院 47/2007 号判决以 7：4 通过了该项宪法解释。在第十项宪法规定上，法院认为，总统在颁布称号、勋章和嘉奖时实际上具有裁量权，但是这种裁量权是有限的。这种限

---

① 参见 Constitutional Watch，in *East Europe Constitutional Review*，Fall 1998，p. 17。

② 参见 Hungary 2003，www. freedomhouse. org。最后访问日期：2016 年 3 月 5 日。

③ 宪法法院官网，62/2003 号判决摘要。

④ 姜士林编：《世界宪法全书》（匈牙利宪法），青岛：青岛出版社 1999 年版，第 1239 页。

制包括总统在颁布的程序上就要受到立法限制。所谓"法律中规定的"即要由国会立法对颁布程序做出规定。因此,法院认为,在此项颁布程序的立法上,国会存在立法不作为,并要求国会在2007年12月31日以前履行立法义务。而在第十一项宪法规定上,法院认为,在授予个人赦免权上总统有权决定行使赦免权的程序,不受预先程序的限制。①

(三)司法立场、裁判策略以及总体司法状况评估

综合以上典型案件的裁决情况,不难看出,无论是在案件数量还是裁决质量上,这一时期的宪法法院与索庸宪法法院之间存在着较大差距。裁决数量急剧下降,一方面由于转型的完成,前政权下法律的违宪问题已经由索庸宪法法院给予了大面积的纠正,过了井喷阶段;另一方面,也很大程度上在于这一时期宪法法院的克制,对待诸多宪法问题,缺乏索庸的积极能动。如前所述,对待敏感案件往往采取拖延战术。同时,在案件裁决质量上,有的案件裁决篇幅精简,推理过程含混,缺乏说服力,法院内部意见分裂,解释体系杂乱。对"先例"的援引和遵循②遭到了一定程度的破坏,比如言论自由保护标准上,对国会守则的解释上以及其他宪法规范的解释等问题上,都做出了不同于索庸法院的解释。诚如有学者主张的匈牙利宪法法院的解释方法内部不统一,缺乏连续性,甚至

① 参见匈牙利宪法法院官网,47/2007号判决全文(英文)。

② 匈牙利作为民法系传统国家,并没有遵循先例的传统。不过自宪法法院建立以来,宪法法院在判决中一直较为自觉遵守先例原则,将自身逐渐积累起来的宪法判例应用到此后的同案判决中。"通过这种方式,九十年代初期的一些基础性判决获得了准宪法的地位,甚至取代宪法的文本规定。"参见 Zolt6n Szente, Hungarian Constitutional Court's Interpretive Practice, German Law Journal, Vol. 14, p. 1612。

相互矛盾。[1]

此外，这一时期宪法法院的裁判策略发生了较大改变，具有着明显的“实用主义”特征。在裁决议题上，越是关乎敏感话题，宪法法院越谨慎克制。有些疑难案件，法院会一拖再拖，“明天能做出答案的问题，绝不会在今天回答”。对这些议题的审理，其问责程度也取决于议题的敏感性。审查中更过于关注程序性问题，而较少地对实体问题做出正面阐释。采取中间道路的解决模式，是这一时期宪法法院对待疑难案件的基本态度。[2]

政治压力以及裁判策略都直接影响宪法法院的管辖能力，司法自制的立场也导致管辖能力的降低；同样，如上所述，在政治敏感问题上法院的问责能力以及问责程度均降低；而这一时期宪法法院的实施能力上，则没有明显数据或政治事件表明该能力有所下降。但第一宪法法院索庸时期判决的实施能力则在欧尔班政府时期下降，集中地体现在言论自由领域。索庸宪法法院在 1992 年第 30 号判决中明确了禁止煽动仇恨的言论。然而，2002 年上半年，随着国会大选的逼近，极右翼激进组织匈牙利真理生活党不断煽动种族主义的仇恨言论、反北约、反欧盟以及反资本主义，还主张重审战争犯，追溯社会主义时期主要领导人的法律责任。真理生活党虽然不是国会执政党联盟成员，但是却获得了欧尔班政府在关键议题上的支持和默许。面对不断发起的煽动仇恨的言论，检察官拒绝提起公诉，政府也拒绝立即采取行动，或与真理生活

---

① 参见 Zolt6n Szente, Hungarian Constitutional Court's Interpretive Practice, German Law Journal, Vol. 14, p. 1591。

② Zolt6n Szente, Hungarian Constitutional Court's Interpretive Practice, *German Law Journal*, Vol. 14, p. 1597.

党在政治上拉开距离。[①] 欧尔班政府纵容煽动仇恨言论，不仅是无视刑法典第 269 条第 1 款，也是对索庸法院相关判决的公然漠视。

虽然这一时期无法与第一宪法法院时期相提并论，但是 1999—2010 年的宪法审查整体上仍旧属于规范性审查。这一定程度上可以通过自由之家颁布的司法指数获得印证。根据匈牙利 2009 年、2010 年、2011 年三年颁布的司法指数(如表 3.1)[②]可知，大多数时期处于 1.75，比较糟糕的 2001 年、2002 年、2010 年三年为 2.0，2011 年为 2.25。根据这些指数可以总体评估这一阶段司法独立状况尚好，司法结构较为合理，仍旧属于规范性司法。

表 3.1 1999—2010 年匈牙利司法结构与司法独立指数一览表

年份 \ 指数	1999—2000	2001	2002	2003	2004	2005	2006	2007	2008	2009	2010	2011
指数	1.75	2.00	2.00	1.75	1.75	1.75	1.75	1.75	1.75	1.75	2.00	2.25

数据来源：自由之家 Hungary2009，2010，2011 年度司法指数报告。

二、核心影响因素之考察

从 20 世纪 90 年代后期到本世纪前十年，宪法法院逐步走向常态司法，坚持司法自制的立场，恪守被动司法的原则，在匈牙利

① 参见 Constitutional Watch, in *East European Constitutional Review*, Fall 2001, pp. 19 - 20。

② 参见自由之家 Hungary, Nations in transition 2009, 2010, 2011 年度报告，www.freedomhouse.org，最后访问日期：2016 年 5 月 8 日。自由之家每年度的报告反映的是上一年 1 月 1 日至 12 月 31 日的各指标情况，因此对 1998 年至 2010 年民主指数的考察时段限定为 1999—2011 年度报告。同时，自由之家指数的分值从 1 到 7，其中 1 代表最高水平，而 7 代表最差状态。指数越低，代表水平越高。

民主巩固过程中起到了有限的整合、建构、平衡等作用。与第一宪法法院的主导作用相比，这种宪法审查制度能力的变化，不仅源自法院内部成员的更替以及相应司法认知的改变，更主要的是，这种变化是对外界政治属性、政治结构以及权力更替等政治生态的同步回应。笔者认为，可以从“重建型政治”发展到“巩固型政治”，政党结构从碎片化、脆弱的多党制发展到两大党主导的激烈竞争的稳定型结构，以及意识形态上入盟进一步强化的价值共同体制约等角度来考察导致制度能力改变的核心变量。

（一）“巩固型政治”对司法的要求

上个世纪末的匈牙利已经开始走上了民主巩固之路。同时，欧洲化进程也取得了显著成果。1999 年加入北约，2004 年率先成为第一批东扩目标下加入欧盟的国家之一。匈牙利在巩固自身民主与法治的同时，在欧洲化的道路上顺利前行。根据“自由之家”发表的 1999—2011 年民主指数显示（如表 3. 2），2011 年匈牙利民主指数为 2. 61，是这个阶段匈牙利民主指数最高的一年，仍旧定性为民主巩固国家。① 由此可见，20 世纪 90 年代末直到本世纪最初十年，匈牙利都属于民主巩固国家。外部压力没有显著增大的情形下，内部政党政治稳定发展，在现有的体制框架下，维护转型的成就，巩固民主与法治的成果，成为匈牙利人民的政治选项。匈牙利进入了“巩固型政治”阶段。

① 参见 Hungary, Nations In Transition 2011, www. freedomhouse. org，访问日期为 2016 年 5 月 7 日。自由之家指数的分值从 1 到 7，其中 1 代表最高水平，而 7 代表最差状态。指数越高，代表水平越差。

表 3.2 1998—2010 年匈牙利民主指数一览表[①]

年份 \ 指数	1999—2000	2001	2002	2003	2004	2005	2006	2007	2008	2009	2010	2011
指数	1.88	2.13	2.13	1.96	1.96	1.96	2.00	2.14	2.14	2.29	2.39	2.61

数据来源：自由之家（匈牙利）2009，2010，2011 年度民主指数报告

经历了近十年的转型，经济的私有化进程基本结束，国有资产流失严重，这也造就了社会党政府的腐败，政客们在私有化过程中不断自肥，从而产生了官僚买办阶层。而民众则要求不断拓展自身权利，并迫切需要能够代表自身政治利益的政党，以便在转型过程中维护自己利益。比如土地所有权问题，社会党政府要将土地卖给外国人，而青民盟发起就土地所有权的公投行动，则获得了民众的广泛支持。[②] 青民盟崛起，并代表以城市中产和农民为主体的平民利益，获得了民众的广泛支持，继而在 1998 年大选中获胜。

90 年代中期开始了基于物质利益集团的政党政治，[③]到 90 年代末已经初步形成。两大政党的社会基础很明确——青民盟代表城市中产和农民的平民政治；社会党代表前政权政客以及买办官僚阶层。事实上，这个相对稳定的政治框架将持续存在达十余年。而此前转型震荡与经济凋敝之下，民众渴望秩序的回归、民主的巩

① 参见自由之家（匈牙利），Nations in transition 2009，2010，2011 年度报告，www.freedomhouse.org，最后访问日期，2016 年 5 月 8 日。自由之家每年度的报告反映的是上一年 1 月 1 日至 12 月 31 日的各指标情况，因此对 1998 年至 2010 年民主指数的考察时段限定为 1999—2011 年度报告。

② 参见 András Bozóki (2008) Consolidation or Second Revolution? The Emergence of the New Right in Hungary, *Journal of Communist Studies and Transition Politics*, 24: 2, 191 - 231, p. 195。

③ András Bozóki (2008) Consolidation or Second Revolution? The Emergence of the New Right in Hungary, *Journal of Communist Studies and Transition Politics*, 24: 2, 191 - 231, p. 195.

固。民众对秩序和安全的期待，正是“巩固型政治”的内在要求。

“巩固型政治”要求常态司法即恪守被动性、杜绝能动。“巩固型”政治某种程度上具有“守成型”的特征，客观上只需要在现有的制度框架内稳步推进，不需要行动者凸显强悍和开创。如果出现了那种克里斯马型[①]政治人物，那也注定了他的失败。欧尔班就是这种克里斯马型领袖，然而他的施政纲领恰恰是对“巩固型政治”的背离，与民主巩固的历史趋势背道而驰，结果换来的是执政四年之后，权力易手。这一时期，无论是底层的民众还是外界的主要国际力量（来自欧美），都对匈牙利的发展方向表示满意，而不需要迫切的革新。因此，“巩固型”政治需要“平庸”，而它也导致“平庸”。这个时期，制度框架的约束力往往更强，无论是政治力量还是司法力量，都难以跳出这个制度框架。在缺乏强烈刺激的情形下，制度惯性会推着各方力量在框架体制内稳定前行，而不会有大量的“出格”或突破制度框架的行为。这种政治生态滋养的宪法审查，在第一宪法法院丰富的宪法理论基础上，不需要有太多的理论创新；随着民主政治的逐步成熟，政党的主体地位进一步凸显，法院对待政治问题也不宜积极能动，只需要保持被动的常态司法即可。

（二）主要政党具备充分能力领导国家，宪法法院退出领导者地位

1. 主要政党迅速壮大、竞争激烈

这一时期青民盟与社会党迅速壮大，政党力量充实。1998 年

---

① 克里斯马型人格往往具有反法治特征，“纯正的克里斯马支配不知有所谓抽象的法规、行政规则以及‘形式的’司法”。参见马克斯·韦伯：《支配社会学》，康乐、简惠美译，桂林：广西师范大学出版社 2016 年版，第 260 页。

大选进入国会的政党有六个，分别是青民盟获得 38.3%的席位，社会党获得 34.7%，独立小农公民党 12.4%，自由民主主义联盟 6.2%，民主论坛 4.4%，正义党 3.6%。青民盟与独立小农公民党、民主论坛联合执政。2002 年进入国会的政党有四个，分别是社会党获得 46.1%的席位，青民盟获得 42.5%，自由民主主义论坛 5.2%，民主论坛 6.2%。社会党与自由民主主义论坛联合执政。2006 年进入国会的政党有五个，分别是社会党 49.2%，青民盟 36.5%，自由民主主义论坛 5.2%，基督教人民党 6%，民主论坛 2.8%。社会党与自由民主主义论坛联合执政。综合这三届国会选举情况（如图 3.1）可知，进入国会的政党数量都在六个或以下，其中 2002 年进入国会的政党只有四个，这在一定程度上标志着匈牙利政党在优胜劣汰的竞争性政治中逐渐走向成熟与稳定。同时，三届选举均由青民盟与社会党主导，社会党国会席位逐届增长，超 40%以上；青民盟稳步发展，国会席位始终居于 40%上下；两党分享的国会席位 1998 年达到了 72%，而在 2002 年和 2006 年都在 85%—90%之间。两党之间实力不相上下。

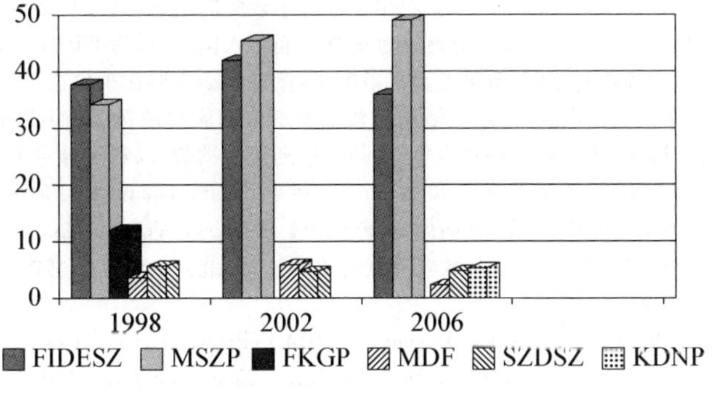

图 3.1　1998 年、2002 年、2006 年三届国会选举席位分配比率图(%)

数据来源：NSD Europe Election Database，http://129.177.90.166：80/obj/fCube/HUPA1998_Display_C1&top=yes 访问日期：2016 年 5 月 14 日

从“1998—2006国会席位分配比率图”中可以看出，本世纪初的十年，两大主要政党实力相当。然而，两大政党意识形态则尖锐对立。青民盟属于中右势力，而社会党属于左翼势力。本世纪初，随着政党卡特尔联盟①的逐渐消失，两大党之间的对峙越来越严峻。“双方合意投票数量的不断降低证明了双方共识的下降：2000年，国会投票的共识程度达到52%，而2009年则只有7.2%；在三分之二多数的立法比率上，1996年达到17%，而2008年下降到了3%。”②两大主要政党之间竞争激烈，严重缺乏共识。合意投票率的连续降低，说明了两大主要政党之间妥协的可能性越来越小。

事实上，转型以来匈牙利政党体系经历了逐步发展壮大的历程。匈牙利政党的成长与逐渐成熟表现为政党渗透社会程度的不断加强、自身组织力量的逐步提升以及治理国家能力的显著改善上。上个世纪90年代，与许多东欧政党相似，匈牙利政党体系不断分化组合，政党与选民关系松散，政党力量薄弱，选民易变且公众参与投票率较低。公民不愿加入政党，入党率一般只有2%—3%。③ 不过经

---

① 爱尔兰学者梅尔和美国学者卡茨提出了卡特尔政党的概念。它的主要特点：“1. 作为国家与社会联系纽带的政党逐渐远离社会而融入国家，成为准国家机构；2. 争夺国家权力的各政党之间，政策差异日益缩小，竞选运动主要在于挑选更合适的公职人员，而不是具体政策；3. 政党活动经费主要来自国家财政拨款，而不再依赖党员个人的支持；4. 各大党在相互竞争的同时，达到某种默契，以利于自身生存，并排斥新的政治力量的介入。”参见 R. S. Katz and P. Mair, Changing Models of Party Organization and Party Democracy, in *Party Politics*, Vol. 1, No. 1, pp. 5 - 28。转引自[意]萨托利：《政党与政党制度》，王明进译，北京：商务印书馆2006年版，总序，第6页。

② Gabriella Ilonszki & Réka Várnagy (2014) From party cartel to one-party dominance. The case of institutional failure, *East European Politics*, 30: 3, p. 421.

③ Zsolt Enyedi and Gubor Toka, Party Politics in Hungary, in *Party Politics in new democracies*, edited by Paul Webb, Oxford Press, 2007, p. 151.

历了近十年的发展，尤其是21世纪初以来，匈牙利政党发生了较大转变，政党政治中出现了颇受瞩目的新特征。

如图3.1所示，政党竞争结构趋于左右两大党对峙的局面，其余小党在政党体系中趋于边缘化，或逐步被吸收，或解体消亡。同期，政党对社会的渗透能力不断加强。选民的偏好趋于稳定，选民对政党的认同度较高，有更多的公民加入政党，而特定政党的选民基础较为稳定与扎实，党群关系较为固定，选民易变性降低，选票浮动率由90年代的30%左右下降到8.2%。① 随着政党对公众的吸引力加强，很多以前远离政治的个体或组织也都积极加入政治生活，公众参与投票率也达到了历史新高，到了2002年投票率高达73%。② 主要政党对社会的动员能力获得了较大提升。尤其是作为中右势力的青民盟在2002年大选期间颇具规模的抗议活动，从中可以窥视青民盟动员社会的强大力量。艾伦·韦尔指出，政党对社会渗透程度越低，就越容易出现新党，就容易同现有的政党进行竞争；相反，政党对社会渗透程度越深，则越注意维持忠诚者对它的支持。③ 渗透程度越高，就越集中力量关注忠诚选民的支持，缺乏转变为"全方位"政党的动力，竞争结构越趋于稳定。④ 显而易见，随着匈牙利两大政党社会渗透度的加深，政党与其选民之间维持良性互动，有利于巩固政党自身的稳定并维护政党竞争结

① Zsolt Enyedi and Gubor Toka, Party Politics in Hungary, in *Party Politics in new democracies*, edited by Paul Webb, Oxford Press, 2007, p. 153.

② Zsolt Enyedi and Gubor Toka, Party Politics in Hungary, in *Party Politics in new democracies*, edited by Paul Webb, Oxford Press, 2007, pp. 153-154.

③ 参见[英]艾伦·韦尔：《政党与政党制度》，谢峰译，北京：北京大学出版社2016年版，第136页。

④ 参见[英]艾伦·韦尔：《政党与政党制度》，谢峰译，北京：北京大学出版社2016年版，第136-137页。

构的稳定，从而在相当长的一段时期，匈牙利形成了稳定的两大党互相竞争的政党结构。

同时，政党自身的组织力量也获得较大改善。经历了十年的发展，匈牙利政党的组织规模健全起来。匈牙利右翼政党体现了相对较高程度的体系化：他们在全国都具有统一的组织和科层管理机制，选区之间高度依赖，分部的自主性较低，决策集中化，内部的决策过程不断制度化，而国会议员们的表决行为也受到所属政党纪律的充分约束。[①] 右翼力量注重强化党的中央集权。不仅是欧尔班对青民盟进行有效控制，其他右翼势力，比如独立小农公民党以及民主论坛，都将权力集中于政党领袖，甚至于国会选举候选人的国家名单的提名上，都是由党领袖一人决策。[②] 与右翼政党的中央集权趋势形成鲜明对比的是，左翼力量内部治理的相对民主化。“社会党强调党内民主，组织规则规定直接投票，将意识形态为基础的党派严格制度化，导致党内权力趋于分散化。”[③]此外，社会党的地方分部也保持着较高的自主性。无论何种内部管理模式，左右翼政党都在逐步完善自身的组织力量，以增强政党的组织能力和行动能力。当然，在行动能力方面，集权的组织模式往往行动力更强。

与政党的社会渗透和社会动员能力的增强以及组织力量的强化相适应，政党治理国家的能力也获得较大提升。这可以从自由之家发布的政府治理指数中获得证实。治理指数从 1 到 7，指数越低，则代表能力越强。如图 3. 2 所示，按照以上逻辑，从 1999—

---

① Zsolt Enyedi and Gubor Toka, Party Politics in Hungary, in *Party Politics in new democracies*, edited by Paul Webb, Oxford Press, 2007, pp. 156 - 157.

② Zsolt Enyedi and Gubor Toka, Party Politics in Hungary, in *Party Politics in new democracies*, edited by Paul Webb, Oxford Press, 2007, p. 160.

③ Zsolt Enyedi and Gubor Toka, Party Politics in Hungary, in *Party Politics in new democracies*, edited by Paul Webb, Oxford Press, 2007, p. 159.

2010年匈牙利政府的治理能力总体上处于中等偏上水平，其中2003—2008年指数降低，并一直居于上等水平。① 这种政府治理能力指数，彰显的是执政党领导政府治理国家的能力，揭示的是特定执政党的领导力。同时，由该治理指数图示可见，社会党执政时期治理能力与水平略高于青民盟。这种情况一直持续到2008年下半年，国际金融危机和欧元区债务危机的相继到来，社会党联盟应对经济危机的不力，引发执政危机。总体而言，与转型初期国会的四分五裂、政府的无能导致国家政治近乎瘫痪相比，自90年代中期以后，主要政党开始适应民主治理方式，政治体制稳定，治理能力稳步提升，匈牙利主要政党在治理国家方面逐步走向成熟。

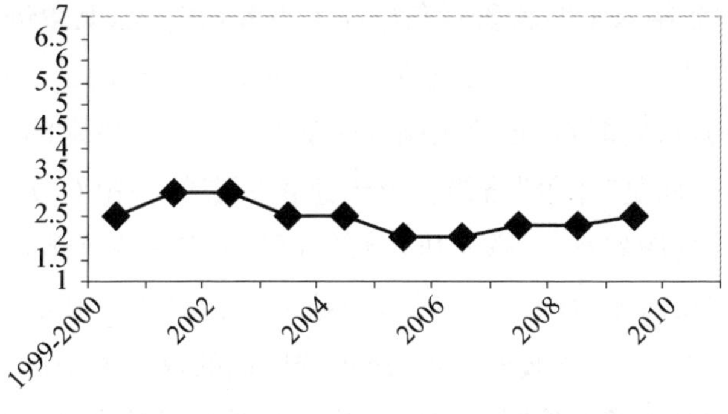

图3.2 匈牙利1999—2010年的政府治理指数分布图

数据来源：自由之家匈牙利2008—2010年治理指数。从2003年起，自由之家治理指数拆分成“中央治理与地方治理”两项。本书考察的主要是中央政府的治理能力，因此2003年之后的指数参考的是中央治理指数

① 自由之家指数的分值从1到7，其中1代表最高水平，而7代表最低。所谓治理指数，则是考虑政府体制的民主性与稳定性，立法、行政机构的独立性、有效性以及责任制；还包括对军队和安全机构的监管程度。这个综合指数可以有效窥视政府的治理水平和治理能力。参见Nations in transit Methodology, freedom house. org.，最后访问日期：2016年3月25日。

伴随着民主治理经验的逐步累积，政党作为政治社会的主要力量，逐步掌握了国家转型和民主巩固的步伐。随着政党力量的壮大和政治地位的巩固，宪法法院曾被历史赋予的转型领导者的地位也逐步被政党所取代，宪法法院退出领导地位成为必然。

2. 欧尔班与宪法法院的博弈

欧尔班的统治，构成了宪法法院的转折点。与昔日相比，此时的宪法法院不再能动和强悍，变得谨慎、迟疑和观望。这种态度很大程度上来自宪法法院所处的政治生态。欧尔班领导的青民盟带领匈牙利在回归欧洲的路上，悄然开启了反法治、反自由的倒退之势，从而展开了总理与法院之间的策略博弈。

（1）欧尔班之路

“1998 年入主的新政府在目标上市井，在心态上激进，它的执政要旨在于民主政治就是一场要么全赢要么全输的游戏：赢才是最重要的，只要能赢，政治策略无关紧要。”[①]欧尔班走的不是自由民主之路，而是“斗争”路线。出于意识形态的尖锐对立以及与反对派之间的激烈竞争，欧尔班执政后抓紧争夺舆论阵地，通过各种手段削弱反对派（社会党）力量，而精力不在民主权利的维护和民主的巩固上。“对于政府来说，维护选民们的权利主张远没有严厉筛查政治对手或者控制那些批评政府的新闻记者重要。对于欧尔班来说，更重要的还在于对电视和纸媒施加像前任政府那样广泛的影响。”[②]欧尔班政府管控新闻电视传媒，以便更好地控制舆

① András Bozóki (2008) Consolidation or Second Revolution? The Emergence of the New Right in Hungary, *Journal of Communist Studies and Transition Politics*, 24: 2,191 – 231, p. 196.

② András Bozóki (2008) Consolidation or Second Revolution? The Emergence of the New Right in Hungary, *Journal of Communist Studies and Transition Politics*, 24: 2,191 – 231, p. 203.

论。他还积极地建设匈牙利人的文化共同体。欧尔班致力于“匈牙利梦”，从匈牙利的历史中寻求匈牙利精神以此来团结匈牙利人民。[①]“一个成熟的典型的政治人格总是以公共利益为名，在公众的世界中实现他的命运。他总是打着集体利益的旗号，把私人利益转移到公共事物上面。”[②]“匈牙利梦”就体现了欧尔班这种典型的政治人格。“他的行动并不是以行动本身为目的，是为了上帝的荣光，为了家庭的神圣，为了国家的独立，为了阶级的解放而努力奋斗。”[③]于是，欧尔班的行动就变成了为匈牙利荣光而奋斗。然而，这种所谓的文化共同体究其实质，在于寻求文化的一元论。

同时，欧尔班实施强硬的税收政策，致力于强国目标，推行以国家为中心的政治，公民社会愈发边缘化。欧尔班反感国会的制衡和论辩功能，他一上台就将国会会期缩短，缩减开会频率。他任用的部长们多数是外行，比较顺从欧尔班的指挥。欧尔班进一步强化总理办公室的职能，从而将各部部长的权力收回总理手中。他致力于对抗性政治，提出了全新的民主观即“革命型民主”[④]。

---

① 根据 1/2000 法律的规定，在千禧年的第一天，匈牙利的神圣皇冠就被从国家博物院迁到了国会大厦。该法律具文：“神圣皇冠与国家意识同在，在匈牙利公法传统中作为一种纪念，标志着匈牙利国家的连续性和独立性。”将皇冠立法上升为国家的宪法符号，青民盟要从这个神圣皇冠中寻求一种国家精神来团结和统治匈牙利人民。参见 Kim Lane Scheppele, The Constitutional Basis of Hungarian Conservatism, in *East European Constitutional Review*, Fall 2000, p. 51。

② [美]哈罗德·D. 拉斯韦尔：《政治学：谁得到什么？何时和如何得到？》，杨昌裕译，北京：商务印书馆 2016 年版，第 12 页。

③ [美]哈罗德·D. 拉斯韦尔：《政治学：谁得到什么？何时和如何得到？》，杨昌裕译，北京：商务印书馆 2016 年版，第 12 页。

④ András Bozóki (2008) Consolidation or Second Revolution? The Emergence of the New Right in Hungary, *Journal of Communist Studies and Transition Politics*, 24: 2, 191 – 231, p. 202.

他否认匈牙利转型时期协商政治的合法性，认为不存在所谓的“共识性民主”，号召民众要实行“二次革命”来实现匈牙利真正的转型。这种政治重建的口号实质是否定匈牙利政治转型的法治化道路。

欧尔班这种集权和强硬的施政风格在那个需要民主巩固的时代背景下，遭遇了民众选票的抵制。2002 年国会选举中，社会党胜出，其实是民众在选票箱前的革命，民众用选票表达了对欧尔班政府的不满。吊诡的是，大选之前所有的民意机构都显示，青民盟必胜无疑。然而，之所以会有这个结果，不是民意测评机构犯的错，而是在于“大多数反执政党的选民都不敢说话”。[①] 欧尔班政府为言论自由的管制以及在意识形态领域的严格管控付出了沉重代价。

与巩固型政治背道而驰是欧尔班失败的根本原因。换言之，欧尔班的政治目标根本无法适应“巩固型政治”的需要。“巩固型政治”追求的是民主的巩固与自由的拓展，法治的提升与人权的改善以及国内秩序的平稳与国际地位的提升。欧尔班致力于政治秩序的重构。事实上“他的重建目标就是完全控制结盟的其他政党，将总理的权力最大化”。[②] 而青民盟执政后，并未将主要精力致力于中产阶层民主权利的改善，而是忙于意识形态战争并不遗余力地打击社会党，俨然是一场“国内冷战”。同时，他还加剧社会的分裂，这种分裂主要是文化上的割裂。通过这种文化割裂，欧尔班不

① András Bozóki (2008) Consolidation or Second Revolution? The Emergence of the New Right in Hungary, *Journal of Communist Studies and Transition Politics*, 24: 2, 191-231, p. 209.

② András Bozóki (2008) Consolidation or Second Revolution? The Emergence of the New Right in Hungary, *Journal of Communist Studies and Transition Politics*, 24: 2, 191-231, p. 200.

仅整合了一盘散沙似的右翼力量，避免重演波兰右翼势力碎片化的惨剧，更重要的是，欧尔班政府建立了两个“平行”的匈牙利：两个强大的、互相竞争的政治文化的战场。[①] 政治社会因此出现了两大敌对阵营，而在政治政策上的判断标准不是依据宪法原则，而是“源于政治依附性：这些人是我们的人，还是敌人”。不仅是在意识形态领域制造分裂与极化，打击社会党，而且在社会保障领域也忽略了老年人、边缘群体、未受教育的弱势群体等。欧尔班的分化政策和撕裂社会的施政措施完全背离了“巩固型政治”的历史潮流。[②]

青民盟最初是自由主义政党，到 90 年代中期改变了政治立场，在欧尔班领导下向着中右势力拓展，发展为集国家主义、保守主义以及民粹主义于一身的政党。而领袖的克里斯马型人格又加剧了这个政党的集权和保守化特征。欧尔班的政治人格颇具复杂性和矛盾性，缺乏起码的法治观念。同时，欧尔班个人施政的风格融合了很多政客的特点。“他政治规划的前后矛盾、下意识混乱的个性让人想起了英国前首相托尼·布莱尔，但他缺乏英国首相的政治灵活性。他对政府的观点使人想起了波拿巴主义的传统，这是由戴高乐改写的，可那种荣光不再了。他那被剪裁以适应传媒民主的政治营销方式，彷佛回到了贝卢斯科尼领导的意大利力量党。他有着波兰瓦尔萨一样的政治直觉，他对西方政治的尖锐评

① András Bozóki (2008) Consolidation or Second Revolution? The Emergence of the New Right in Hungary, *Journal of Communist Studies and Transition Politics*, 24: 2,191 - 231, p. 219.

② See András Bozóki (2008) Consolidation or Second Revolution? The Emergence of the New Right in Hungary, *Journal of Communist Studies and Transition Politics*, 24: 2,191 - 231, p. 228.

判又与捷克的瓦沁拉夫·克劳斯很相似。”[①]领袖这种复杂而矛盾的政治人格渗透进政党的特性与气质之中，两相呼应，导致这一时期匈牙利的国内政策的矛盾性：一方面要扛着“欧洲化”的大旗继续回归欧洲之路，另一方面不可避免地受到执政党意识形态的左右，又在偏离自由与民主。

（2）倾向于联合的博弈策略

欧尔班的好战性格以及缺乏现代政治必备的协商和妥协精神，都决定了他以及他的政党对宪制民主的态度必然是排斥的。欧尔班认为，“这个国家不能没有民主，但宪法于这个国家而言，则并非如此”。他将合宪性审查当成一种政治障碍。[②] 不过是囿于更高意识形态的制约以及国内民众对自由民主的渴望，更重要的是，他还不具备国会三分之二的力量来修改宪法，因此他保存了宪法法院，但将院长换成了自己的朋友。

一方面欧尔班在对宪法法院施压，另一方面他还充分运用了宪法法院的制度合法性与权威。毕竟，宪法法院持续获得人民的信任和支持(见图3.3)。公民对宪法法院的信任比率普遍都在60%以上，而对政党的信任比率则在30%左右。宪法法院拥有这么高的信任比率，对于欧尔班而言，是一项可充分利用的政治资源。降低宪法法院对自身的约束，相应最大化宪法法院作为政治资源的助力，构成了欧尔班任内对待宪法法院的基本立场。

---

① András Bozóki (2008) Consolidation or Second Revolution? The Emergence of the New Right in Hungary, *Journal of Communist Studies and Transition Politics*, 24: 2, 191 - 231, p. 208.

② András Bozóki (2008) Consolidation or Second Revolution? The Emergence of the New Right in Hungary, *Journal of Communist Studies and Transition Politics*, 24: 2, 191 - 231, p. 220.

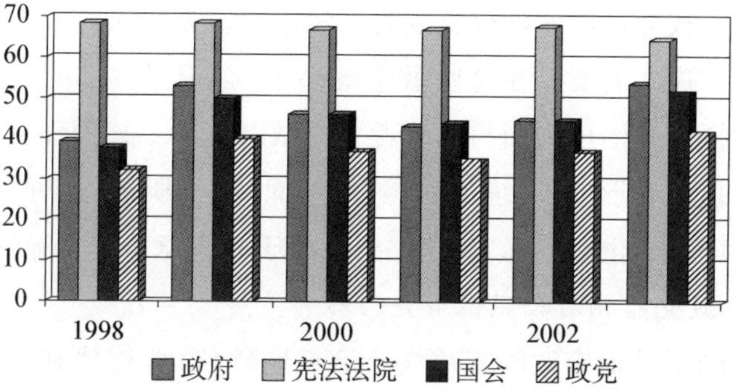

图 3.3　1998—2003 年对政府、国会、宪法法院以及政党的公众信任比率图

数据来源：匈牙利媒体·研究所的民意调查。数据转引自 Zsolt Enyedi and Gubor Toka, Party Politics in Hungary, in *Party Politics in new democracies*, edited by Paul Webb, Oxford Press, 2007, p. 152

欧尔班在意宪法法院的力量，不代表他尊重宪法。毕竟，宪法法院的力量是种客观存在，这是过去十年匈牙利转型以及索庸赋予宪法法院的资本。鉴于民众对宪法法院的信任和支持程度，宪法法院可以助力执政政策的推行；对于政客们不愿做出的决策，留给法院通过司法决策做出，政客们以此逃避政治责任。

例如，执政者在意识形态领域极力树立国家主义形象，而敌视社会党所代表的社会主义意识形态。宪法法院便在涉及言论自由的案件中，比如不得亵渎国家象征以及禁止使用极权标志等案件中，对意识形态领域这种肃清政策提供宪法保护，用合乎宪法逻辑的方式来证成统治政策的正当性。无论这是宪法法院与执政者的默契抑或是宪法法院对执政者偏好的把握，不得不承认，通过法治手段，巩固了执政者在意识形态领域的政策措施，宪法法院与政府一道抵制了对该政策的非难。尽管人权专员对匈牙利转型以来的人权建设做出了卓越贡献，但当他维护人权的行为明显阻碍了欧尔班的集权政策，妨碍了欧尔班对公民个体信息的掌控，以法律手段削减人权专员的管辖权就成为当然选项。宪法法院以顺服的姿态迎合了这一需要。在这些敏感案件中，有相当一部分是宪法法院无法抵制政治压力而与执政者一道做出决策。某种程度上宪法法院与执政者形成了“统治联盟”。然而，如下所述，这种“统治联盟”极其有限，也很不稳定，这主要是由于政党竞争结构导致的。

3. 政党结构对合宪性审查的影响

不同于其他东欧国家政党政治长期碎片化，匈牙利政党在经历了转型初期的较为短暂的撕裂之后，碎片化程度不断降低，主要政党获得充分发展。上个世纪 90 年代末到本世纪初的十余年里，匈牙利政党结构具有鲜明的两大党主导性，竞争性较强，但是意识形态对立尖锐。两大主要政党之间斗争激烈时，往往会刺激政治领导者对宪法法院的关注和争夺。在司法问题上，两大主要政党都过分注重眼前利益，缺乏长远目光，无法就司法问题尤其是司法独立问题达成妥协。如果宪法法院能成为自身的政治联盟，总是增加自身的力量。这时的执政党往往通过人事任命和制度改革的方式来干涉司法，而同时，宪法法院也在反对党的密切监督之下。中国人有“屁股指挥脑袋”一说，按照苏力先生的理解，这是一个制度角色的问题：“环境的变化，权力制约关系的变化会影响一个人对自己角色的理解，进而影响他/她的思维方式、判断和行为。”①

面对这样的政治压力，各位法官的反应并不相同。那些直接来自执政党联盟任命的宪法法官，如内梅特等人，出于意识形态的同质性以及政治依附性，所做出的判决往往更符合执政党的要求。不过，对于其他法官而言，这样的执政党只是四年任期而已，而法

① 参见苏力：《法律与文学》，北京：生活·读书·新知三联书店 2006 年版，第 157 页。

官自身的任期却有九年;更何况,在野的主要政党也同样强大,甚至在下届选举中更可能当选的情形下,法官的策略选择难免会摇摆。因此,就不难理解,为什么这一时期很多敏感性的案件,法院一拖再拖,不得不决策时,也总是倾向于选择中间路线,做出的判决也多是形式上的,在内容上比较模糊。由此可见,政党之间势均力敌的竞争,倾向于让宪法法院受益,起码在一定程度上保持了宪法法院的消极能力,不至于彻底沦为某一家的附庸。宪法法院面对政治压力,总体上的司法认知导致了法院不再积极能动,但是也没有一味地顺服执政党,而是更多倾向于拖延和摇摆的审判策略。

在一个强大的反对联盟面前,执政者在司法问题上的最优选择当然是一个能与自己结盟的宪法法院,增强自身抵制反对派的能力。然而,出于政治局势的制约,这一目标不能完全实现的情形下,对于执政者来说,一个独立的宪法法院未尝不是次优选择。尽管这意味着会对自身决策造成一定的障碍,但更重要的是,有一个独立的机构能够监督反对派的违宪行为,替执政者找出这些人的问题和弱点,给执政者以有力的武器来进攻反对派,也使执政者可以节省更多力量来集中于其他政治目标。

这种次优选择增强了执政者对宪法法院的宽容度,也促使宪法法院在更多议题上尝试独立审查。值得注意的是,当决策者在政治过程中的决策面临巨大压力以及政治风险的时候,将该决策以宪法议题的方式转移给宪法法院,通过宪法决策做出,这可以有效帮助决策者抵御政治风险。

金斯伯格教授认为,权力的分化以及政党竞争导致的选举不确定性,迫使司法审查的出现,以便为各政党提供"政治保险",并且以此确保司法独立的可持续性。[①] 这个理论前提在于，参与竞争性政治的党派具备长远目光，彼此基本信任，并且基本上能够将自由民主等普世价值纳入自身的意识形态。但不是所有的政党竞争以及权力分化都必然导致司法审查的出现并保持着持续性地独立。匈牙利这一时期的政党竞争一定程度上就无法用这一理论进行解释。这一阶段的政党竞争虽然具备了权力分化的特点，但是两大党之间的意识形态尖锐对立，彼此缺乏妥协，互不信任，是一种“你死我活”的竞争趋势，具有逐步走向极化的危险。对于这些更关注短期效益的政党而言，眼前的利益更关键。因此，他们不惮于对宪法法院施压和争夺。不过选举的不确定性给予法官的策略选择，则在某种程度上抵御着这种压力。如上所述，这种压力导致了法官们审理案件的“骑墙”策略。当然，之所以这种策略能够得逞，很大程度上还在于政治压力并非足够强大。而政治压力之所以尚未足够强大，在于一定程度的司法独立是统治者的次优选择。这种次优选择扩大了统治者对宪法审查的宽容度，从而有利于强化宪法审查的消极能力。

（三）“欧洲一体化”制约下，匈牙利共和国政治与司法分享共同的价值观

匈牙利并不是一个孤立的国家，而是镶嵌在欧洲版图上。随着匈牙利加入欧盟，欧洲共同体的法治文化对匈牙利产生了深远影响。欧盟不仅仅是经济共同体，对于东欧国家诸国，它更是一种政治共同体，影响着成员国的法治文化。在转型二十年的时间里，

---

① 参见 Tom Ginsburg，*Judicial Review in new Democracy*，Cambridge University Press，2003，chapter 1。

欧盟事实上代表着一种更广泛的意识形态，即自由民主法治理念对东欧申请国和成员国的主导性地位。“人权振兴了欧盟成员国之间的价值对话，有助于提高欧盟作为价值共同体的地位，而不仅是经济利益共同体。欧盟是一个基于宪法价值共性的联盟，有助于消除新老成员国之间的不对称和不平等。”①

事实上，自转型以来，欧盟作为一种意识形态，它的约束力量一直都是显著的。在欧盟面前，匈牙利总是一个“欧洲好学生”，从积极争取加入到成功入盟，二十年来匈牙利始终保持着谨慎。欧盟理念作为一种价值共同体，为法院和政治行动者们共同分享，成为资深司法官与政治家的基本共识。或出于内心认同，或出于实用主义的工具理性，这种意识形态共同体有效维护着“巩固型政治”，避免了它的撕裂。同时，它铸造的政治生态有效保护了宪法法院，降低了来自外界的政治干预与压力。

2004 年匈牙利共和国正式加入欧盟。在人权保护方面，宪法法院深受欧盟影响。从 1999 年到 2010 年，匈牙利宪法法院在 77 个判决中使用了大约 250 项欧洲人权法院判例。② 同期，宪法法院对欧洲人权法院判例的引用要远高于外国判例（域外宪法法院、最高法院或高等法院）。③ 随着第一宪法法院对宪法解释体系的确

① Wojciech Sadurski, *Constitutionalism and the Enlargement of Europe*, Published to Oxford Scholarship Online: September 2012, conclusion, p. 3.

② Zoltan Szente, Hungary: Unsystematic and Incoherent Borrowing of Law. The Use of Foreign Judicial Precedents in the Jurisprudence of the Constitutional Court, 1999 - 2010, in *The Use of Foreign Precedents By Constutitional Judges*, edited by Tania Groppi, Hart Publishing, 2013, p. 260.

③ Zoltan Szente, Hungary: Unsystematic and Incoherent Borrowing of Law. The Use of Foreign Judicial Precedents in the Jurisprudence of the Constitutional Court, 1999 - 2010, in *The Use of Foreign Precedents By Constutitional Judges*, edited by Tania Groppi, Hart Publishing, 2013, p. 260.

立，此后宪法法院开始自觉适用本院判例，对域外判例以及欧洲人权法院判例的引用相应减少，但不可否认，本院判例中对欧盟原则的呼应以及欧洲人权法院在建立匈牙利宪法判例过程中的突出地位。

欧盟约束着匈牙利共和国，不仅是宪法法院，更鲜明地体现在对政客们的监督和制约。来自欧盟的制度评估制约着本国政治的发展。从1997年开始欧盟委员会发出了“2000年日程”，首次对东欧申请国的制度转型进行全面评估，此后每年一次的评估报告揭露各申请国存在的问题，督促整改。此外，欧盟委员会还不定期派出多个观察团，监督议会大选、人权状况和少数民族问题状况。另外，欧洲理事会威尼斯委员会也对匈牙利法治与人权状况进行评估和监督。1990年建立的威尼斯委员会对欧洲理事会47个成员国提供宪法和法律建议，以捍卫共同的宪法传统。[①] 威尼斯报告成为匈牙利改善人权、提升法治的重要参考机制。因此，匈牙利转型以来，“欧洲一体化”在相当长一段时间内都是其国家利益所在。无论是宪法法院还是政治行动者，都对这种国家利益形成了共识，并且成为自身行动的指挥棒。这种国家利益因此也上升为更广泛的意识形态，成为政治家和法官们的价值共识。

三、常态法院下的问题与隐忧

虽然匈牙利共和国的转型看似波澜不惊，宪法法院的运转也逐步常态化，但匈牙利民主政治发育时间较短。多党竞争一开始

---

① 参见 www. venice. coe. int/webforms/events/，最后访问日期：2016年5月7日。

为强势宪政法院的发展提供了可能性,但是政党力量之间的微妙平衡并未能维持下去。随着政治竞争的展开,匈牙利政治慢慢走向一党独大,青年民主联盟逐渐独占鳌头。对于匈牙利合宪性审查的前景而言,这种政治趋向意味着新的转折。

(一) 政党政治演进中的隐忧

本世纪的第一个十年,青民盟输了政权,却赢了民心。2002年、2006年国会选举都是社会党胜出,青民盟成为国会主要反对派。然而,青民盟却开创了另一种政治文化,建立了匈牙利的新右势力,一个集合着"民粹主义、保守主义、平民、财富平分论者以及经济国家主义"论调于一身的政党。① 欧尔班准确把握了民间的政治需求,使这个政党获得民间力量的拥护。

从上个世纪90年代中期到本世纪初,匈牙利政党的中右势力(由四个党组成:民主论坛、独立小农社会党、基督教人民党以及青民盟)实现了逐步整合并集中于青民盟旗下,青民盟实现了对这些小党的兼并。中右势力的溃败一方面源于1994年国会大选中的失利,左派和自由派的联合执政占据了国会的超多数席位。另一方面源于中右势力的领导者民主论坛内部分裂,民主论坛首脑、总理约瑟夫·安塔尔(Jozsef Antall)于1993年12月去世,成为中右势力碎片化的主要原因。② 从1994—1998年,青民盟领袖欧尔班创立了一种温和的中右理念,能够兼容民主论坛和基

① András Bozóki (2008) Consolidation or Second Revolution? The Emergence of the New Right in Hungary, *Journal of Communist Studies and Transition Politics*, 24: 2, 191 - 231, p. 191.

② Brigid Fowler (2004) Concentrated Orange: Fidesz and the remaking of the Hungarian center —— right, 1994 - 2002, *Journal of Communist Studies and Transition Politics*, p. 83.

督教人民党的意识形态，并在地方选举中开始了三者之间的联盟合作。①

1997年秋天，温和的基督教人民党加入了青民盟，标志着中右势力集中化的开始，同时，青民盟成为了国会最大的反对党。② 同期，青民盟与独立小农社会党在选举事业上共同合作，后者的主要成员也逐渐被吸收进青民盟。③ 从1998年到2002年，尤其是2001年以后，青民盟带领中右势力在选举和组织上不断集中化，实现了对其他三个中右政党的吸收和整合，并确立和巩固了青民盟的主导地位。青民盟整合了中右势力，并且在文化上复兴匈牙利古典文明，在21世纪的第一个十年里，朝着极右方向发展，成为一个"民粹主义、保守主义、平民、财富平分论者以及经济国家主义"论调于一身的政党。

从1998—2002年，欧尔班执政的突出特征之一是政治上左右翼势力的进一步对峙。2002年以后，社会党执政期间左右翼政治逐步走向极化。"2004年以后，以两大领导者：欧尔班和盖斯科尼(Gyursany)为核心的政治人格化的日益增长，标志着这个国家的尖锐极化。2006年秋天政治阵营的尖锐对立发展到了市民与政府之间的公开对抗，甚至于抗议者和警察之间在街道上爆发了

① Brigid Fowler (2004) Concentrated Orange: Fidesz and the remaking of the Hungarian center —— right, 1994 - 2002, *Journal of Communist Studies and Transition Politics*, p. 86.

② Brigid Fowler (2004) Concentrated Orange: Fidesz and the remaking of the Hungarian center —— right, 1994 - 2002, *Journal of Communist Studies and Transition Politics*, p. 89.

③ Brigid Fowler (2004) Concentrated Orange: Fidesz and the remaking of the Hungarian center —— right, 1994 - 2002, *Journal of Communist Studies and Transition Politics*, p. 90.

冲突。”[①]由此可见，右翼势力具有了充分动员社会和民间力量的能力。2002—2010 年社会党执政期间，青民盟依靠其民粹式的意识形态，进一步奠定和稳固了社会基础，充分赢得了民间力量的支持。然而这种支持力量的获得和巩固，很大程度上是通过政治上的极化和社会撕裂完成的。随着两大党派在意识形态和政策立场上的差距越来越大，双方的共识基础越来越低，匈牙利政治不可避免地走向极化。在欧尔班的反对者看来，这一切正是以牺牲多元、共和、平等、自由等价值为代价。

欧尔班不仅致力于文化共同体的目标，他还有着更长远的抱负：重建秩序并实施他认可的民主观，而这种重建目标，在反对者看来，也显然是突破现有宪法框架，是对西方意义上的自由民主的背弃。但恰恰是其与精英文化明显不同(这里包含着政治家、工商企业家，还有司法高层即大法官们)的平民政治文化，具有深厚民众基础，深得匈牙利的广大民众认同。欧尔班收获的民间力量都是来自于平民及中产阶层，这些人拥有了匈牙利足够多的选票，拥护欧尔班上台，指日可待。

除了民间的支持以外，国际因素也进一步有利于青民盟扩大政治影响力。2009 年，青民盟在欧洲议会选举中获得胜利，极右翼政党“更好匈牙利”也获得席位，从而为 2010 年的国内大选奠定了基础。[②] 而社会党则在欧洲议会选举中惨败，在国内的政治影响力进一步降低。无论是国内还是国际因素，都为青民盟右翼势

① András Bozóki (2008) Consolidation or Second Revolution? The Emergence of the New Right in Hungary, *Journal of Communist Studies and Transition Politics*, 24: 2,191 - 231, p. 226. 盖斯科尼(Gyursany)2004 年接替 Peter Medgyessy 出任社会党总理，社会党推出这位年轻并充满活力的政治人物出任总理一职，是左派对右派领袖欧尔班的政治回应。

② Hungary 2010. www. freedom house. org. ，最后访问日期：2016 年 3 月 25 日。

力的上台做好了准备。

（二）民主质量问题

第三波民主中夹杂着大量的低质量民主，被学者们概括为不自由民主、竞争式威权主义、委任式民主以及混合体制等，这些劣质民主严重影响了第三波的民主质量。① 尽管东欧民主质量相对较高，但仍具有着自由度较低、公民社会不发达、腐败盛行等问题，这些都导致了民主质量的下降。

匈牙利等东欧国家的私有化过程加剧了腐败的盛行。东欧有两种私有化：小型私有化和大型私有化。“大型私有化是将拥有庞大的劳动力，巨大的资本存量和巨大的市场的大型国有企业的所有权进行转换。”东欧私有化过程中，大型私有化带来的冲突较大。匈牙利采取大型私有化，主要由精英实施。② 一方面，私有化过程中，政客利用手中的特权进行权力寻租，甚至自身就逐渐成长为买办官僚阶层；另一方面，在私有化改革中，休克疗法引进了新的更大、更隐蔽的收入，权力寻租和腐败的空间就更大。同时，执政党抓紧瓜分“选举战利品”。1998 年之后不断使用国家特权将本党的人置于顶层政府机构的非党岗位上，乃至足球俱乐部都被安置了本党的人。③ 这种“政治红利”的扩大化分配加速了执政党腐败，以进一步抓紧回收选举成本。

法治只是存在于形式意义上，并非是自生自发自我维系的价

---

① 参见刘瑜：《第三波民主化失败了吗？》，《新政治经济学评论》2015 年 4 月刊。

② 参见[美]马克·凯塞尔曼等：《转型中的欧洲政治》，史志钦等译，北京：人民出版社 2016 年版，第 617 页。

③ Zsolt Enyedi and Gubor Toka, Party Politics in Hungary, in *Party Politics in new democracies*, edited by Paul Webb, Oxford Press, 2007, p. 171.

值承诺。某种程度上说，匈牙利的法治更像“面子工程”，有法不依现象并不鲜见。最明显的莫过于《净化法》的颁布与实施，其实很多执政党成员都是净化法制裁的对象，但是他们整体视而不见，公然不遵守《净化法》的规定，既不辞职也不道歉。群体性违法显著降低了违法成本，也冲击了法治原则。更重要的是，前政权下法治传统的薄弱是根深蒂固的。而且时间越长，这种根深蒂固的文化效应越能发挥作用。这种效应不仅存在于政治家身上，也是民众行为的普遍模式。“在宪制民主的面具背后，有一种将非形式化、非法律化以及反宪法行为制度化的普遍趋势。”①

2008 年以来，随着金融危机的爆发，社会党执政危机凸显，匈牙利民众对民主产生了怀疑，乃至发生了动摇。根据美国佩尤研究中心 2009 的调查，匈牙利对民主转型的民意支持率下降了 18 个百分点，降至 56%，这个比率与俄罗斯相当。② 民众对民主信心的丧失体现了新兴民主国家民主之脆弱。“在任何存有深刻危机的时候，大多数人的迫切愿望就是要找出一个权威人士而向他服从。”③

虽然这一时期匈牙利属于民主巩固国家，但是民主的历史毕竟只有二十年，仍旧是新生民主。在民主体制这种巨大的制度框架下，仍旧暗含着无数的制度疏漏。这种制度框架仍旧是脆弱的，

---

① Cf. Adam Przeworski, Susan C. Stokes and Bernard Manin (eds.), *Democracy, Accountability, and Representation*, Cambridge University Press 1999. 转引自 András Bozóki (2008) Consolidation or Second Revolution? The Emergence of the New Right in Hungary, *Journal of Communist Studies and Transition Politics*, 24: 2,191 – 231, p. 221。

② Hungary 2010, www.freedomhouse.org. 最后访问日期：2016 年 3 月 25 日。

③ [英]罗素：《领袖和追随者》，《罗素文集》(第 5 卷)，吴友三译，北京：商务印书馆 2012 年版，第 13 页。

在回应各种压力时仍旧无法做到灵活与弹性，容易直接遭受外在压力的冲击。因此，面对金融危机时，就会表现为一种刚性的回应，从而直接受到经济危机的冲击。

（三）民族国家的迅速崛起

青民盟的崛起也和匈牙利民族主义息息相关。东欧国家长期被外国入侵的历史，使得东欧极为重视自身的国家身份认同。转型以来，民众的国家认同情感在不断上升。正如米兰·昆德拉指出的，“中东欧的人们永远生活在这样的意识中：国家的地位之前曾经被拿走，而今后可能再次被拿走。这种意识导致了今天的统治者，教师和作家一直强调国家的主题和国家的胜利，即使以失去历史的准确性为代价”。①

在正式入盟之前，最权威的盖普洛民意测验2003年夏天的一项民意测评显示，匈牙利有39％的民众认为他只是单一民族国家的公民。然而，匈牙利无人认为他只是欧洲人。匈牙利的身份认同与年龄相关，与党派归属无关。② 伴随着加入欧盟，国家主权不断地遭到超国家机构的侵蚀，而民众从“欧洲化”中受益则很有限。匈牙利民众逐渐加重了对欧洲一体化的怀疑。而青民盟则恰当地利用了这种民众情感，不断煽动民族主义情绪，在民间充分酝酿“去欧洲化”道路。而这恰当地呼应了东欧民主主义的发展规律。

---

① 参见朱晓中主编：《曲折的历程：中东欧卷》，上海：东方出版社2016年版，第659页。

② Andras Sajo, Becoming “Europeans”: The Impact of EU “Constitutionalism” on Post-Communist Pre-Modernity, in *Spreading Democracy and the Rule of Law? The Impact of EU Enlargement on the Rule of Law, Democracy and Constitutionalism in Post-Communist Legal Ordersedited* by wojciech sadurski, 2006 Springer, p. 175, footnote 2.

"民族国家是欧洲近现代文明史的一个带有规律性的现象，几乎是一条必经之路。正因为中东欧的民族国家发展滞后又无法超越上述历史规律，在冷战结束后外界压力和中央控制骤减的情形下，中东欧地区出现了与欧洲一体化相逆的潮流——联邦制国家解体。"①

民族主义与欧洲一体化之间存在着不可调和的矛盾。这种矛盾尤其表现在意识形态上。很大程度上，匈牙利法治与民主的发展受益于欧洲一体化进程。这种拥抱欧洲的开放姿态，令政治行动者和宪法法院能分享欧洲的价值共同体，确保对自由、人权与法治、民主的尊重。而民族主义则强调国家主权，倡导民族自决与民族独立，突出匈牙利的本位概念，排斥欧洲一体化和共同体价值，缺乏包容性和聚合性。很大程度上，民族主义是走向自我封闭。"民族主义作为一种观念、意识形态至今在很大程度上影响到欧盟成员国领导人的决策，普通民众也很难在短时间内淡化民族国家认同、强化欧洲认同。"②民族主义的大旗之下，聚揽着青民盟与匈牙利民众，而青民盟的摇旗呐喊进一步激化了匈牙利民族主义的迅速崛起，从而为青民盟执政奠定了坚实的群众基础。

小结

20 世纪 90 年代末，匈牙利共和国开始走上了民主巩固之路。随着国内政党政治的成熟与发展，政党治理国家的能力获得显著改善，政党逐步成为国内政治的主要领导者，在政治舞台上发挥着

① 朱晓中主编：《曲折的历程：中东欧卷》，上海：东方出版社 2016 年版，第 229 页。

② 参见朱晓中主编：《曲折的历程：中东欧卷》，上海：东方出版社 2016 年版，第 230 页。

主导性作用。而后索庸时代的宪法法院，随着内部成员结构的变更，能动性开始减弱。这一时期，宪法法院的积极能力受到较大的抑制，消极能力较先前有所减弱，但总体而言，在政治竞争度较高的情形下，消极能力并没有较大受损，总体仍旧属于规范性审查。

这一时期的匈牙利，欧洲一体化进程取得了丰硕的成果。1999 年加入北约，2004 年率先成为第一批欧盟东扩的成员国。加入“欧盟标志着东欧与西方经济一体化，那么加入北约就代表了安全方面的整合。”[①]在这种大的发展方向之下，匈牙利的政治家与资深司法官尚能分享共同的民主与法治观念，确保匈牙利朝着民主与法治的道路前进是这一时期政治家与资深法律人士相同的奋斗目标，也是他们共同的利益所在。任何背离这一目标的做法都注定了他的失败。

然而，利益导向的政治必将随着利益的分化而出现危机，匈牙利也不例外。随着顺利加入欧盟，匈牙利国内矛盾开始上升为主要矛盾。左右翼政党极化的斗争、民主质量的低劣以及经济危机之下民粹力量的滋生，都让匈牙利政治前景暗淡。图什奈特认为，“政治型塑了最高法院”[②]，前景暗淡的匈牙利政治又将对宪法法院产生什么样的决定性影响？下一章我们将揭示匈牙利政治隐忧如何成为现实并怎样成功塑造了宪法法院。

---

① ［美］马克·凯塞尔曼等：《转型中的欧洲政治》，史志钦等译，北京：人民出版社 2016 年版，第 605 页。

② ［美］马克·图什奈特：《宪法为何重要》，田飞龙译，北京：中国政法大学出版社 2012 年版，第 5 页。

第四章 走向选择性审查

匈牙利共和国成立之初,合宪性审查迅速走强。转型十年后,匈牙利民主进入巩固期,并成功加入欧盟。法院虽然比先前克制谦抑,但仍能维持规范性审查。然而,2010 年之后,随着青民盟取得绝对优势地位,匈牙利与欧洲自由民主的轨道渐行渐远,成为游离于欧盟边缘的"孤子",宪法审查模式也发生了质的变化。

一、局势的逆转

2010 年 4 月,欧尔班领导的青民盟[①](公民联盟与基督教民主人民党)在大选中取得议会超多数席位,成为执政党。根据匈牙利的选举规则,大选中获得百分之五十三投票的青民盟,获得了议会

---

① 青民盟成立之初是一个自由主义政党。1994 年,选举挫败之后,创始人、领袖欧尔班改革了该政党,改变为一个保守的政党。1998 年,青民盟在大选中赢得了百分之四十二的选票,与匈牙利民主论坛的残部联合执政,欧尔班第一次当选为总理。欧尔班在第一任期里加强政府的集权趋势,重组了大量的政府机构,致力于削弱国会的权力,比如不顾反对派抗议,通过立法规定国会每三周召开一次会议,降低国会会议频次,来削弱国会对政府的监督。详细请参见第三章第二节第二部分和第三节的论述。

百分之六十八的席位。[①] 欧尔班将立法和行政大权牢牢掌控在自己的手中。议会成为了快速立法的加工厂，[②]将青民盟的党派意志毫无障碍地上升为国家意志，青民盟第一任期的四年内就改写了八百多部法律。[③] 反对派力量分散混乱，缺乏公众的支持，在国会中的影响越来越小，监督制约功能不断弱化。经济领域里国有化趋势不断强化，私有制受到严重冲击。2011 年新宪法在一片争议声中迅速通过，五个修正案也先后登台，尽管他们与基本法原文之间矛盾重重。各类重要机构，如宪法法院、审计机构、财政部门以及监察员办公室等也都由执政党迅速地指派和填塞人马。执政党进一步侵蚀司法领域，成立了新机构——国家司法办公室，用来任命法官、分配案件的管辖等权力。[④]

青民盟属于右翼民粹力量，1998 年曾上台执政。长期以来，匈牙利政坛是自由派与保守派交替执政。1998 年青民盟执政很大程度上源于自由派政党的执政政策削减社会福利、经济衰退。青民盟党具有深厚的群众基础，而自由派政党则没有。同时，自由派政党为加入欧盟，执政期间持续实施财政紧缩政策，经济衰退，引起政治失势。"青民盟(Fidesz)和更好匈牙利(Jobbik)的成功，正是在于左派与自由派在政治上的失势、无组织、无作为，最后使

① David Landau, Abusive Constitutionalism, 47 *U. C. Davis L. Rev.* p. 208.

② 青民盟政府执政的前二十个月里就通过了 365 部法律，包括 12 部对 1990 年的宪法修正案，改变了五十多处宪法规定。参见 Anthony Luckie, Fundamentally Flawed the Fidesz Attempt to Fool the World, 16 Touro Int'l L. Rev. 38, p. 43。

③ 参见 Scheppele on democracy, constitutionalism, and rule of law in Hungary, November 12, 2014 By Hyperlink http://budapestbeacon. com/author/b-novak Benjamin Novak。

④ 参见科奈尔："匈牙利 U 型大转变的启示"，http://www. ftchinese. com/story/001062406? full = y，最后访问日期：2016 年 3 月 8 日。

民粹排外成为民众唯一的政治选项、唯一的政治论述，强化了极右政治的群众优势。"[①]

一旦获得绝对优势的底气，执政党就着手发动了一场声势浩大的"宪法政变"。[②] 在这场宪法政变中，宪法法院的积极能力、消极能力都受到了极大削弱，成为最大的受害者。从 2010 年开始，宪法法院就加速了从 A 到 B 的进程（参见图 1.1），开始从规范性审查向选择性审查演进，并最终达到了选择性审查的理想形态。从规范性审查演变为选择性审查，宪法法院的制度能力逐步趋弱。

这种变化首先是由宪法法院的制度定位决定的。转型后的匈牙利实行议会民主制，而议会又实行一院制。相比于议会的两院制，一院制的议会缺乏来自议会内部的有效制衡，更需要外部力量的有效制约。因此，匈牙利的宪制下，宪法法院承载着对议会的制衡功能；其次，欧尔班政治下，权力明显失衡，强大的政治行动者不甘于自身权力受到限制，曾经强悍的宪法法院成为欧尔班政府首要攻击目标；最后，匈牙利正在趋向于一党主导的政党格局，青民盟的强硬、激进有着广泛的社会基础，国家权力呈现一种固化状态，随着政党竞争程度的降低，规范性宪法审查制度能力的政治基础正在丧失。宪法审查制度能力很大程度上取决于政治行动者干涉宪法审查的能力和意愿。欧尔班政府具备了干涉宪法法院的充分能力和足够动机，宪法审查制度能力逐步趋弱在所难免。

---

① 参见《东欧——右翼民粹与民主倒退》讲座，http://www.thenewslens.com/post/238982/，最后访问日期：2015 年 11 月 7 日。

② Kim Lane Scheppele 教授提炼了"宪法政变"的概念。参见 Kim Lane Scheppele, Constitutional Coups and Judicial Review: How Transnational Institutions can Strengthen Peak Courts at Times of Crisis, *Transnational Law & Contemporary Problems*, Spring 2014。

（一）恢复修宪门槛

无论是1949年的《匈牙利人民共和国宪法》、1990年的《匈牙利共和国宪法》[①]还是2011年的《匈牙利根本法》，宪法修改的程序要求都没有改变，即只需要国会三分之二代表赞成票既可以修改宪法。在一个实行一院制的议会民主制国家，这种三分之二规定是一条重要的分割线。一旦掌握了国会的三分之二席位，对于执政党来说，如果缺乏来自宪法法院等机构的有效制衡，就具有了按照自身意志修宪的不受限制的权力。

1995年，修宪门槛一度提高。1994年，社会主义工人党(MSZP)与自由民主联盟(SZDSZ)联合执政，在国会第一次拥有三分之二多数席位。不过两党不和，在修宪问题上进行"自我限制"，立法规定修宪要国会代表的五分之四多数通过。[②] 这个"超超多数"的修宪程序设限，导致如果不取得反对党的支持，执政党无法单凭自身的力量修改宪法。

2010年，青民盟赢得国会三分之二席位，以绝对优势执政匈牙利。青民盟政府上台后不久，就废除了1995年关于修宪条款的五分之四规则，而对于执政党的这一行为的合宪性，居然没有任何人或组织向宪法法院提出挑战。[③] 尽管当时民众诉讼仍旧是一种有效的诉讼形式，即任何人都可以抽象诉讼的方式来挑战法律或

---

① 1990年8月的匈牙利共和国宪法第二十四条第三款规定，修改宪法以及做出宪法中所规定的一些决定需要国会代表三分之二的赞成票。姜士林：《世界宪法全书》，青岛：青岛出版社1999年版，第1238页。

② Hungary 2011. www. freedom house. org.，最后访问日期：2016年3月8日。

③ 参见 Kim Lane Scheppele, Constitutional Coups and Judicial Review: How Transnational Institutions can Strengthen Peak Courts at Times of Crisis, *Transnational Law & Contemporary Problems*, Spring 2014, p. 63。

政策的合宪性。青民盟恢复修宪门槛，为此后的修宪做好了准备。

(二) 草率制定根本法、出台五部宪法修正案

1. 通过根本法

在2011年之前，匈牙利一直是苏东剧变以来唯一一个没有制定新宪法的国家。尽管转型以来每一届政府都声称要进行彻底的制度改革，声称制定新宪法，但是在2011年之前都没有成功。1996年，社会党执政时都通过了一部具有共识性的宪法文本草案，但最后该党还是放弃了。二十年来民众对这部九零宪法的情感发生了较大的变化。

转型之初，这部宪法承载着民众对转型的深切期望。而二十年后，民众却对宪法怨声载道，将诸多问题，比如遭遇的经济危机以及政治上的各种弊端，都归结于这部斯大林宪法所致。出于对现状的不满，民众普遍渴望立宪带来一个崭新时代。① 民众的这种渴望制定新宪法的情感被青民盟有效地捕捉到了。青民盟将现行宪法妖魔化，声称它要对过去二十年的所有失败负责，这部宪法成了替罪羊。在青民盟看来，“当下的宪法俨然就是失败的旧世界的象征，不值得尊重，新宪法才是新世界的象征，这个新世界源自选举者的意志”。②

在索庸看来，“破坏一部有效宪法的权威其实就是在损害宪制理念本身，这将会削弱对法治的信任。易言之，这是对1990年以来整个体制根基的动摇，贬损的是整整一代人的努力——而恰恰

① “Constitutional Culture in Hungary”, Address by Professor László Sólyom at Central European University, Budapest, 26 January 2011.

② “Constitutional Culture in Hungary”, Address by Professor László Sólyom at Central European University, Budapest, 26 January 2011, p. 9.

是那个时代创造了我们的宪法文化”。[①] 索庸，作为匈牙利宪法文化的重要缔造者，对宪制遭受破坏深切痛惜。

利用民众对现行宪法的不满情绪，青民盟实际上展开了一场“宪法政变”。2011 年 4 月，青民盟政府执政以后，国会俨然成为快速立法的加工厂。宪法修正案或者法律都被频繁地制定。在执政的第一年里，就对 1990 年宪法做了十次修改，以削弱制衡国会多数派的制度，比如司法以及宪法法院等。同时，花了七个月的时间起草和制定根本法。根本法的制定并没有充分吸收公众或者反对派的意见。“宪法起草的各关键部分都由执政党控制。”“整个起草过程由两个不连贯的部分组成……不重要的公开阶段和重要的秘密阶段。”[②]“很少人知道到底谁起草的宪法。它最重要的创造者约瑟夫·萨杰(Jozsef Szajer)，声称已经在 iPad 上独自完成了大部分内容。而彼时他仅是青民盟核心集团和欧盟国会青民盟成员中的一员，尚不是国会的议员。”[③]

制宪程序中“赢者通吃”。在制定根本法的过程中，旨在监督国会立法程序的宪法委员会，从不否决国会的任何行动，而大多数表决遵循的都是执政党路线。[④] 根本法草案最终在国会以 262 比 44 的绝对多数被批准，有两个反对党拒绝参加投票，国会第三大反对党、激进的极右组织“更好匈牙利”(Jobbik)也持反对意见。

---

① “Constitutional Culture in Hungary”, Address by Professor László Sólyom at Central European University, Budapest, 26 January 2011, p. 10.

② Kim Lane Scheppele, Constitutional Coups and Judicial Review: How Transnational Institutions can Strengthen Peak Courts at Times of Crisis, p. 64.

③ Kim Lane Scheppele, Constitutional Coups and Judicial Review: How Transnational Institutions can Strengthen Peak Courts at Times of Crisis, p. 65.

④ Anthony Luckie, Fundamentally Flawed the Fidesz Attempt to Fool the World, 16 *Touro Int'l L. Rev.* 38, pp. 43 - 44.

青民盟拒绝就根本法进行全民投票。一般而言，现代民主国家制宪都会通过公投来赋予宪法正当性。青民盟避免公投的原因，一是与青民盟的政治信仰相悖，青民盟认为他们在大选中获胜就已经为自身重组整个国家进行了充分授权，同时也是更重要的，他们认为公投风险太大。① 最后他们采取了不寻常的全国问卷的磋商方式，并控制着问卷结果，赋予根本法以不同寻常的正当性。

根本法体现的是执政联盟的利益，突出集体主义价值，渗透国家主义倾向。而在保护基本权利的结构上则是倒退的。根本法修改的基本方向就是将权力集中到欧尔班政府手中，削弱公民的基本权利，干涉司法独立，限制宪法法院。根本法的制定因此遭到了国际组织、欧洲机构以及宪法学者的激烈抨击。②

事实上，根本法声称要净化过去的政权，却在许多方面都回到了过去。表面上看有许多条款与 1989 年宪法相同，但实际上这些条款已经被掏空了，比如权利法案，虽然照搬的是 1989 年宪法中关于权利法案的内容，但是第四修正案废除了宪法法院在根本法实施之前的判例，这些判例曾经建构了一套完整的基本权利保护体系，一旦废除，就意味着没有人知道这些基本权利的确切含义

---

① Zoltán Szente, Unorthodox Measures in a Partisan Constitution in Hungary? Towards a Nationalist Model of Constitution-making? , p. 5, https://www. jus. uio. no/english/research/news-and-events/events/conferences/2014/wccl-cmdc/wccl/papers/ws5/w5-szente. pdf.

② 参见 the report of the Venice Commission of the Council of Europe, see Venice Commission 2011, Opinion on the new constitution of Hungary, Strasbourg: Opinion no. 618/2011。参见 the Human Rights Watch's letter to Mr Viktor Orbán, http://www. hrw. org/en/news/2011/04/15/letter-prime-minister-orb-n-regarding-aspects-hungarian-constitution, and Amnesty International Public Statement. AI Index: EUR 27/006/2011. 20 April 2011。

了。[①] “表面上是相同的，私底下其实已经完全变了。”[②]根本法不是一部自由的宪法。其中的大量规定一旦实施会对匈牙利人民产生严重后果，并与欧洲现行的宪法秩序背道而驰。无论青民盟政府如何掩饰，都掩盖不了一个事实：这是一部“违宪”的宪法。[③]

2. 制定新的《宪法法院法》

2011 年 11 月 14 日匈牙利国会通过了新《宪法法院法》。该法于 2012 年 1 月 1 日，与根本法同时生效。宪法法院法的制定程序遭到广泛的质疑。[④] 第一，起草过程不公开。宪法法院法到底是谁起草的，对于公众始终是个谜。只能根据一些刊出的讲话推测，起草者可能出自宪法法院。第二，草案提交程序违背了法律规定。根据国会立法程序规定，与根本法实施密切相关的法案制定，要由政府提交给国会，然而，宪法法院法的草案却是由国会宪法、司法和程序问题委员会提交的，一定程度上表明了政府在推脱制定《宪法法院法》的政治责任。

同时，宪法法院法冗长的文本(英文版 21 页)剥夺了原法的民众诉讼、主动审查、实质性的事先审查，以及其他原法院广泛的管辖权限。对宪法诉愿作了完整的规定，与德国的宪法诉愿制度相似度更高，但抑制宪法诉讼的立法倾向显著，对宪法法院的裁决也做了多项义务性规定。

---

① 参见 Scheppele on democracy, constitutionalism, and rule of law in Hungary, November12,2014 by Benjamin Novak。

② 参见 Scheppele on democracy, constitutionalism, and rule of law in Hungary, November12,2014 by Benjamin Novak。

③ Anthony Luckie, Fundamentally Flawed the Fidesz Attempt to Fool the World, 16 *Touro Int'l L. Rev.* 38, p. 42.

④ Hungarian Helsinki Committee, Opinion on the new Constitutional Court Act of Hungary, January 2012, p. 3.

3. 频繁推出宪法修正案

2011年12月30日,在根本法生效之前,青民盟政府通过议员个人提案的方式,未经对法案的充分辩论和讨论,便推出了“过渡性条款”。所谓过渡性条款,本应意味着从原来的宪法向根本法过渡,详细规定了如何逐步实施新宪法。但实际上,过渡性条款却不仅涉及过渡阶段的内容,而是含有大量对基本权利的限制条款以及干涉司法独立的内容。其中包括对宗教自由、新闻自由等的限制[①]内容:超越了宪法授权的范围,增加了很多企图永久修改宪法的条款。

过渡性条款的法律地位也备受争议。青民盟政府认为,该过渡性款是宪法修正案;而就该条款向宪法法院提起诉讼的监察专员则认为,该项条款在国会通过时,并不符合宪法修正案的程序,不能作为宪法的一部分。面对这样的质疑,国会又将过渡性条款回炉,以宪法修正案所要求的国会三分之二代表通过的方式,于2012年6月4日重新推出了该条款,作为宪法第一修正案。[②] 然而过渡性条款的绝大多数,都被宪法法院宣布违宪。

2012年11月又推出了第二修正案,要求参加选举必须要在选民名册中登记名字。这个规定被认为是限制了作为基本权利的选举权。宪法法院也将这部分宣布违宪。政府也就放弃了选民登记的规定。第三修正案有关农业立法的程序问题,即制定和修改

① 过渡性条款涉及基本权利,对宗教要实施合法认可,这与欧洲现代政治的主流方向背道而驰。还规定了新媒体法,对印刷业、网络和电视媒体的准入设置新的行政规制。

② Kim Lane Scheppele, Constitutional Coups and Judicial Review: How Transnational Institutions can Strengthen Peak Courts at Times of Crisis, *Transnational Law & Contemporary Problems*, Spring, 2014, p. 79.

有关使用与售卖农业土地和森林的法律，必须以基本法律[①]程序来保障。

第四修正案于2013年3月通过。新宪法有四十五页，而第四修正案就有十五页之多。第四修正案全文共计23条，涉及到婚姻家庭制度、宪法法院审查权限；溯及既往宣布匈牙利社会主义工人党的前身是犯罪机构；授权重要法案对教派的存在设置一定的条件，比如要为公共利益与国家合作等；授权重要法案限制政党竞选的形式；不得进行侵犯国家尊严、民族、种族或少数民族尊严的言论，授权重要法案规定详细条款监管新闻自由、媒体、出版物以及信息市场等；政府监督高等教育机构的财务管理；接受高等教育机构财政资助的，要在指定期限内，受雇于匈牙利法律所规定的企业等。第四修正案明确规定，宪法法院只能对宪法修正案进行程序性审查。宪法法院在根本法实施之前的所有判例都失去法律效力。第四修正案的主要目的就是要将宪法法院宣布废除的那些过渡性条款，以修正案方式安插进宪法中来。

在国际社会的压力之下，2013年9月国会引入了第五修正案。就威尼斯委员会等国际组织尖锐批评的干涉司法独立、限制宗教自由等条款作出了小幅度的修改和让步，对国家司法委员会办公室负责人的权限有所削减。第五修正案废除了国家司法办公室负责人重新分配案件的权力。做出调整的权力还包括，取消了在竞选期间禁止在商业媒体做竞选广告的规定；废除了在匈牙利遭到国际法院罚款时对国内人民加税的规定；承认教会的所有教

① 在匈牙利，基本法律的制定和修改程序要有国会与会代表的三分之二通过。不过与宪法或修正案的三分之二不同在于，前者的三分之二是国会出席代表的三分之二，而非国会全体代表的三分之二。

派,却没有恢复此前剥夺的二百多个教会的法律地位。[①]

表 4.1　欧尔班政府五次宪法修正案一览表

名称	时间	主要内容	宪法法院反应（截至 2016 年 8 月）
过渡性条款	2011 年 12 月	僭越“过渡条款”的性质,限制基本权利,干涉司法独立	宣布大部分违宪
第一修正案	2012 年 6 月	宣布过渡性条款是基本法的一部分	宣布部分违宪
第二修正案	2012 年 11 月	参加选举必须要在选民名册中登记	宣布部分违宪
第三修正案	2012 年 11 月	使用、出售农业用地的立法程序	暂无反应
第四修正案	2013 年 3 月	削弱宪法法院管辖权、禁止裁决实体问题、推翻此前宪法法院部分判决	暂无反应
第五修正案	2013 年 9 月	对第四修正案的部分微调	暂无反应

二、制度能力趋弱

（一）宪法法院的消极能力被严重削弱

1. 变更宪法法官的选任程序

在很大程度上,宪法法院的独立性表现为法官的选任不受某一政治团体的控制,法官的提名需要体现各派政治力量的均衡。

① Hungary 2014，www. freedomhouse. org. pp. 282 – 283. 最后访问日期：2016 年 3 月 8 日。

1989—1990年宪法较好地保障了宪法法官的这种独立性。宪法第三十二条A第四款规定，国会选出宪法法院的十五名成员。由国会中的各党团派出的一名成员组成的提名委员会对宪法法院成员提出建议。宪法法院成员的选出需要国会代表的三分之二的赞成票。[①] 这一提名委员会的组成规则一定程度上确保了国会各派政治力量在宪法法官的选任上具有平等均衡的发言权，宪法法院不至于被某一派政治力量所垄断。选举和任命规则应该通过达到政治共识的方式来确保法官的政治独立性。1989年10月根据宪法三十二条A款制定的《宪法法院法》规定了宪法法官任期九年，可以连任一次（事实上，没有宪法法院成员获得连任）。据称，转型最初的五年经验表明，由十五人组成的宪法法院无法良好运转，因此1994年立法修改宪法法院法官总人数限定为十一人。[②]

青民盟政府刚刚上台几个月，就改变了宪法法院法官任命程序。宪法法官的任命不再体现国会各党派的平等，而是反映国会党派的实力。2012年生效的《根本法》对宪法法院的地位和权限着墨不多，而主要是组成与任期的规定。第二十四条第四款规定，宪法法院由十五名成员组成。任期十二年，由国会以三分之二以上的多数通过之。国会以三分之二以上的多数选举宪法法院成员之一为院长，任职至其作为宪法法院成员的任期终止。[③] 相比于1989年宪法和1994年修法，根本法将宪法法院组成人数从十一人扩充到十五人，任期由原来的九年延长至十二年，并且没有关于提名程序的任何规定，完全放任国会立法，这无疑给欧尔班政府留

① 姜士林：《世界宪法全书》，青岛：青岛出版社1999年版，第1249页。

② Herman Schwartz, *The Struggle for Constitutional Justice in Post-Communist Europe*, The university of Chicago Press published in 2000, p. 78.

③ 孙谦、韩大元：《世界各国宪法大全》，北京：检察出版社2011年版，第740页。

下了巨大的立法空间，给滥用超多数立法权以可乘之机。

2012年生效的《宪法法院法》第七条第一款规定，宪法法院成员应当由提名委员会推荐，该提名委员会由国会议席中各党派任命，至少九人至多十五人组成。提名委员会包含国会各党派的成员至少一名。事实上，对提名委员会这种含混的规定，基本上就是将宪法法院成员的提名权交给了国会多数派，同时，被提名人的专业能力也无法获得保障。[①] 实质上由青民盟提名，再由青民盟任命。与降低普通法官退休年龄相比，取消了宪法法院法官七十岁退休年龄的限制。

宪法法官选任规则的变化极大削弱了宪法法官独立于政治团体的能力。按照新宪法所要求的提名和选举规则，法官人选不再是国会各党派平等协商共识，而是国会三分之二简单多数选举产生，宪法法官的选任更直接体现了青民盟政党的意志。

除了任职期限的变化，宪法法官的自动延期规则也有违法治原则。根据宪法法院法第十五条第三款规定，如果宪法法院成员任期已满，而国会在最后期限内尚未选出合适人选，则任期自动延期，直到继任者就职。在欧洲各国，宪法法院法官在任期结束后一般都不得连任，目的是避免法官为了连任而屈服于政治压力，以此能够确保法官独立司法，[②]然而，新宪法法院法的自动任期规定，显然是有益于在任宪法法官，而他们又以青民盟阵营居多。因此，这一自动续期规定是将青民盟党派利益固化的表现，有违司法独立与民主的根本精神。

---

① 参见 Hungarian Helsinki Committee, Opinion on the new Constitutional Court Act of Hungary, January 2012, p. 3。

② 参见 Lee Epstein, Jack Knight & Olga shvetsova, Comparative Judicial Selection Systems, William & Mary *Bill of Rights Journal* 10(2001–2002), pp. 33–36。

2. 填塞法院

欧尔班政府一上台就修改宪法、宪法法院法的任命规则，将宪法法院组成人数从十一人改成十五人，增加的四人由青民盟政府任命。2011 年底，宪法法院十五名成员中有七人由欧尔班政府任命。到 2013 年底，已经有八名法官由欧尔班政府任命。[①] 一半以上法官由欧尔班政府任命，青民盟成功地实现了对宪法法院成员的改组和填塞。这一年也因此成为宪法法院转折年。到了 2014 年年底，十五名法官中有十一名是欧尔班政府任命，宪法法院几乎成了青民盟法院，而这些提名是青民盟独断专行，并没有与反对党协商。[②] 填塞法院，改变宪法法院组成结构，是削弱法院制衡能力的有效手段。到了 2015 年初，随着彼得·帕克索雷（Peter Paczolay）的退休，一位财产法专家被国会任命为宪法法院法官。至此，十五名宪法法院法官中已经有十二名是由青民盟任命。

宪法法院院长的产生办法和任期也被修改。宪法法院院长的产生办法由原来的宪法法院在法官内部选举产生，任期三年、可以连任，改为现在由国会多数选举产生，任期至其本人法官任期届满。这样宪法法院院长的选举，其实也由国会多数派即青民盟来操控，很大程度上，这是对宪法法院自治原则的侵犯。2014 年 12 月，国会选举巴纳巴斯·伦科维奇（Barnabas Lenkovics）为宪法法院院长。伦科维奇的选举遭到了反对派的严厉批评，他们强烈反对对这名基督教保守主义院长候选人的单边提名，并拒绝投票。[③] 但这并不能改变院长被任命的事实。2015 年 2 月 25 日伦科维奇正式接任帕克索雷，担任宪法法院院长。

---

① Hungary 2014，p. 282，www. freedomhouse. org. 最后访问日期：2016 年 3 月 8 日。

② Hungary 2015，p. 283，www. freedomhouse. org. 最后访问日期：2016 年 3 月 8 日。

③ Hungary 2015，p. 283，www. freedomhouse. org. 最后访问日期：2016 年 3 月 8 日。

巴纳巴斯·伦科维奇(Barnabas Lenkovics)，2007年由时任国会最大反对党青民盟提名，被任命为宪法法院法官。在学者舍佩勒(Scheppele)看来，伦科维奇是欧尔班的忠实追随者。前院长帕克索雷在欧尔班政府发动“宪法政变”的过程中，曾经成功动员所有2010年之前入主宪法法院的各位法官捍卫法院多年来的成果，然而却只有一人例外、始终支持欧尔班政府，这人就是巴纳巴斯·伦科维奇。[①] 他的基本宪法理念浓缩在以下讲话中，“金融危机也就意味着民主、法治的危机，因此必须对某些基本权利，比如新闻自由，进行重新定义、必要限制乃至剥夺，而各机构制衡也要采取新观念，即不同机构之间密切协作”。[②] 这种经济危机之下的宪法观，是对基本权利保护和有限政府原则的践踏，他所谓重新定义分权理念，不过是成就欧尔班的集权统治，为威权政治寻找正当化理由。伦科维奇在就任宪法法院院长不久发表讲话说，“(新)形势下宪法法院的职责就是要克制，在需要迅速介入的情况下既不阻碍也不妨害政府工作，这是法院的责任所在，无关哪个人统治或哪个政党执政”。[③]

伦科维奇院长的讲话着重强调了新形势对宪法法院提出的新要求，这种解读显然有违法治精神，是对法的确定性原则的蹂躏。

---

① Pro-Fidesz justice to head Hungary's Constitutional Court, December 1, 2014 by Benjamin Novak, http://budapestbeacon.com/public-policy/pro-fidesz-justice-to-head-hungarys-constitutional-court/15720，最后访问日期：2015年12月7日。

② Pro-Fidesz justice to head Hungary's Constitutional Court, December 1, 2014 by Benjamin Novak, http://budapestbeacon.com/public-policy/pro-fidesz-justice-to-head-hungarys-constitutional-court/15720，最后访问日期：2015年12月7日。

③ Lenkovics: Hungary's constitutional court must give new answers to new challenges, March 3, 2015 By Zoltan Kovacs, http://budapestbeacon.com/public-policy/lenkovics-hungarys-constitutional-court-must-give-new-answers-new-challenges，最后访问日期：2016年4月18日。

前院长索庸曾经强调，匈牙利宪法不存在“特定环境”，即便在转型阶段处理前政权的遗留问题也不存在特殊性，宪法至上并且普遍适用，没有任何例外，坚持法的确定性是法治的基本精神。今非昔比，如今这份大法官的忠诚宣言，如此置宪法与法治于不顾，实在让人痛心疾首。

3. 财政预算的明升暗降

宪法法院独立性的一个重要方面体现为财政独立。转型以来东欧宪法法院财政独立性上保障最好的国家莫过于匈牙利了。[①] 1989 年宪法法院法第 2 条规定“宪法法院决定自己的预算，该预算要提交给国会作为国家预算一部分予以批准”。[②] 国会对宪法法院预算的批准更多是形式上的，即便不是橡皮图章，只要宪法法院预算要求比较现实，国会都会批准。这一条确保了第一宪法法院对预算的决定权和财政独立。

而 2011 年宪法法院法第 4 条规定：“宪法法院预算应在中央预算中拥有单独的一节。宪法法院应准备自身的预算提案和预算实施报告，政府不作变更地将其分别作为中央预算和预算实施报告的一部分提交给国会。宪法法院的预算不得低于上一年中央预算中分配给宪法法院的预算”。[③] 比照 1989 年宪法法院法第 2 条，这条规定虽然内容上增加了不少，但都是基于预算形式和程序性要求，而实质上对宪法法院独立预算的保障却是削弱了。比如，程序上将宪法法院预算提案经由政府提交，由国会对中央预算统筹决定对宪法法院预算的分配情况，其实都是剥夺了宪法法院对预

① 参见 Herman Schwartz, *The Struggle for Constitutional Justice in Post-Communist Europe*, p. 43。

② 原文参见胡建淼等编：《世界宪法法院法选编》，浙江大学出版社 2007 年版，第 272 页。

③ 参见英文版匈牙利宪法法院法。

算的实质性决定权，弱化了宪法法院独立的预算地位。

（二）宪法法院的积极能力受到损害

随着宪法法院的独立性遭到破坏，宪法法院逐渐发展成为一个顺从型法院。面对欧尔班政府，法院越来越怯懦。事实上，宪法法院的消极能力越差，越容易受到政治生态的入侵，积极能力就越发有限。

1. 管辖权被削减

国会推出根本法、新宪法法院法以及陆续的宪法修正案，主要目的之一在于削弱宪法法院的管辖权。经过系列根本法修正以及基本法律的修改，宪法法院管辖权发生了较大变化，这种变化特征体现为：抑制抽象审查，强化具体审查；弱化人权的维护，削弱制衡其他国家机构的能力；强化宪法法院的司法属性，抑制宪法法院在立法上的积极作用。

匈牙利宪法法院一直被认为是欧洲各国管辖权最广泛的法院。广泛的审查方式，几乎可以让它无所不管。它包括预防性审查、间接审查、宪法解释、审查公投程序、国家机构权限冲突的解决、解散地方代议机构、免去总统权力以及依照职权的主动提起诉讼；审查的依据也很广泛，包括宪法、国际条约等。宪法法院管辖权是开放性的，民众诉讼意味着每个公民都可以提起宪法诉讼。①

然而，欧尔班改革却从根本上削弱了这种地位。首先，接近宪法法院的权利受到限制。随着根本法和宪法法院法对提起宪法诉讼主体的新规定，原来的民众诉讼被取消，代之以宪法诉愿，但是

① 参见 Herman Schwarz, *The struggle for Constitutional Justice in Post-Communist Europe*, the university of Chicago Press, 2000, pp. 107－110。

宪法诉愿的提起资格却有严格规定：要穷尽其他一切救济渠道才可以向宪法法院提起；作为一项具体诉讼，原告要举证自己的基本权利遭受了切实的侵害；有严格的时效要求；提起诉讼的必要条件还表现为必须有强制性法律代表；对涉嫌滥用诉权者可处以重金处罚。不难看出，这些附加性条件具有明显抑制宪法诉讼的倾向。

其次，法院维护宪法秩序的能力缩小，通过宪法诉讼保护的法益在不断限缩。对法律的抽象审查诉讼上，内阁、四分之一国会议员、基本权利专员有权提起诉讼，而事实上，由于国会反对派的分裂，很难达到四分之一的人数要求。因此通过政府或四分之一国会议员提起宪法诉讼的性质就发生了改变，不再是通过宪法法院对法律违宪审查，从而实现对国会多数派的制约，而是通过宪法法院判决给法律披上一件合法性的外衣，增强法律的形式合法性。而基本权利专员所提起的诉讼是有关基本权利受到侵害的，对于与宪法原则相违背的抽象审查则无从提起。欧尔班政府设计的宪法法院侧重于保护基本权利，而对于宪法秩序所要求的民主原则、法治原则以及分权制衡原则等的保护，则失去了可能性。

根本法和新的宪法法院法都倾向于突出宪法法院传统的司法职能，很大程度上将其从立法过程和政治进程中剥离出来。审查方式从倾向于抽象审查发展为侧重具体审查，这从表面上看是回归到司法属性，但其实是将其从政治领域隔离出来的一种手段。抽象审查固有的政治性，会使宪法法院更具有主动的干预属性，宪法法院更像是“积极的立法者”；而根本法和宪法法院法则是弱化宪法法院的这种属性，更倾向于将宪法法院定位为一个具有被动性的、较少干预政治进程的、偏重于处理具体案件的司法机关。宪法诉讼方式发生变化，取消了民众诉讼，代之宪法诉愿。民众诉愿是几乎每一个匈牙利人都可以对立法说不，而不需要其他提起诉讼的条件。但是新法下的宪法诉愿却对原告提出了严格要求，不仅要有具体法益遭受侵犯，还要求存在强制性诉讼代理人，并且不得滥用宪法诉讼，否则会处以高额的程序罚金。宪法法院的裁决要严格受到宪法诉愿请求范围的限制。

表 4.2　新法前后宪法法院权限对比表

权限等		原宪法、宪法法院法	新根本法、新宪法法院法以及系列修正案
主动审查		有	无
抽象审查	事先审查	充分而完备	不可操作性
	事后审查	充分而完备 以民众诉讼为主	有限 只有少数主体提出，如国会少数派或政府
具体审查		比重较小	占据主体
宪法诉愿		间接宪法诉愿	完整的宪法诉愿，公民接近宪法法院的唯一途径
民众诉讼		有	无
立法不作为审查		有	无
宪法解释		有	有
法官提请审查		有	有
审查最高法院司法判决		无	有
审查宪法修正案		实体与程序均可审查	只能审查程序
抑制宪法诉讼措施		无	第一，高额的程序罚金；第二，进入诉讼条件严格，需要强制性诉讼代理人；第三，设立已决诉讼规则。
法院裁决是否受到诉愿请求的限制		否	严格约束

2. 问责能力不断趋弱

面对欧尔班政府针对宪法法院来势汹汹的削弱措施，在 2010 年至 2013 年初期，法院尚能根据法治的基本原理和宪法的根本精神做出比较进步的判决。其中，比较有影响的、为学界讨论较多的案件主要表现为捍卫财产权、新闻自由、言论自由、宗教自由以及维护司法独立的案件。

(1) 溯及性征税违宪案①

2010 年欧尔班政府执政不久，面临空前的财政赤字，欧尔班政府推出立法：对公共部门的个人收入征收税率 98%的溯及性立法，并声称征税目的在于将上届政府干部队伍吸取的资金退换出来。2010 年 10 月 28 日，宪法法院通过 184/2010 号判决，认为该项法案因违背禁止溯及既往的法治原则而违宪。

(2) 强制法官提前退休违宪案

2012 年 7 月 16 日宪法法院签发了法官提前退休违宪的判决(33/2012 号判决)。判决书基于三点理由认为该项规定违宪②：第一，没有任何预见与计划，突然降低法官退休年龄，令法官们毫无准备，构成了对司法独立性的干涉。第二，按照宪法要求，与司法任命有关的关键要素都要由宪法或宪法性法律规定，而这种关于退休年龄的规定并不是以基本法律形式通过的，而是放在一部涉及养老金的不相关法律中，这种法律不具备宪法性法律的地位。第三，虽然养老金法律中一般性规定了法官的退休年龄从七十岁

---

① 判决英文摘要参见匈牙利宪法法院官方网站英文版。http://www. codices. coe. int/NXT/gateway. dll/CODICES/precis/eng/eur/hun/hun-2010-3-009? fn = document-frameset. htmMYMf = templatesMYM3. 0。

② 参见 Kim Lane Scheppele, How to Evade the Constitution: The Case of the Hungarian Constitutional Court's Decision on the Judicial Retirement Age, Posted on August 8, 2012 by eutopialaw。

降到六十二岁，但不同类别的法官退休年龄又有差别，而对于为什么要区别对待，也没有给出充分的说明。判决书由十四名法官以 7：7 做出，另外一名法官没有加入。这种情形下，判决结果最终由院长决定。所有欧尔班政府任命的法官都不同意该项判决。

（3）维护新闻自由案

2010 年底，国会又通过了两部媒体规制法，一改以往的媒体规制模式，强化了对媒体信息的内容审查与控制。法院 2011 年底做出 165/2011 号判决，判决部分条款违宪。新媒体规制法对媒体施加了沉重的义务负担，要求报导中要尊重人的尊严、人权、隐私以及被采访人的权利等义务性规定，是对新闻自由施加了不必要的、不成比例的负担，受到社会广泛批评，被宪法法院宣告无效。[①] 然而，由于媒体委员会的强烈控制，这种管制并未有实质放松。2012 年 5 月欧洲理事会的分析报告显示，在控制新闻自由方面，匈牙利政府虽然有所收敛，但是仍没有达到欧洲人权标准。[②]

（4）过渡性条款部分违宪案

监察专员提起了对过渡性条款的违宪审查，2012 年底宪法法院做出 45/2012 号判决，判决部分过渡性条款并非具有过渡性，无法构成为根本法的一部分，是无效的。大部分法官在判决的推理部分都强调，为了保持宪法的统一性，宪法法院可以审查宪法修正

---

① 参见 Wojciech Sadurski，*Rights Before Courts：A Study of Constitutional Courts in Post-communist States of Central and Eastern Europe*，2015 Springer，p. 246。

② Miklós Bánkuti，Gábor Halmai，and Kim Lane Scheppele，Hungary's Illiberal Turn Disabling the Constitution，*Journal of Democracy* Volume 23，Number 3 July 2012，p. 141.

案的实体内容。[①]

（5）刑事制裁极权标识违宪案

2013年2月，在第四修正案通过前夕，宪法法院以10：5判决用刑法禁止极权标识违宪。判决认为刑事禁令过于宽泛，违反了法治原则，也侵犯了表达自由。法院推理主要参考了欧洲人权法院的判决以及欧洲民主国家对禁止极权标识的相关规定。[②]

（6）维护宗教自由案件

欧尔班政府限制宗教活动自由。依据一项2011年的宗教立法，三百多个合法运行的宗教组织有90%失去了合法地位。2013年2月该项立法被判定违宪。随后，该项立法经由第四修正案被吸收进宪法。威尼斯委员会指出，该项修正案规定违背了欧洲标准，对教堂的认可标准模糊不清，在宗教问题上国会并不是个独立的裁判者。[③]

事实上，直到2013年初期，对政府通过的有争议的法律，宪法法院尚可以行使否决权，推翻了如法官退休法、将无家可归的人入罪、投票登记等法律规定。然而这种趋势随着2013年4月青民盟任命的法官超过了半数，法院判决结果开始越来越多支持政府。2013年5月欧尔班在会见了宪法法院院长帕克索雷之后，声称“宪法争论的时代结束了”。[④]

此后的宪法法院判决基本证实了，在宪法问题上法院与政府

---

① Gábor Halmai, The Role of Constitutional Courts in Constitutional Design, Judicial Review of Constitutional Amendments and New Constitutions in Comparative Perspective, 50 *Wake Forest L. Rev.* 951, p. 979.

② Uitz, Renáta: Hungarian Ban Of Totalitarian Symbols: The Constitutional Court Speaks Up Again, VerfBlog, 2013/2/22, http://verfassungsblog.de/hungarian-ban-of-totalitarian-symbols-the-constitutionalcourt-speaks-up-again-2/, 1/3.

③ Hungary 2014, p. 278, www.freedomhouse.org. 最后访问日期：2016年3月8日。

④ Hungary 2015, p. 283, www.freedomhouse.org. 最后访问日期：2016年3月8日。

保持一致立场。2014 年，法院判决了大量备受争议的法律合宪。由于 2014 年是匈牙利大选年，有关选举的争议居多。诸如，导致青民盟增加 6 个席位的选举规定，有关地方选举的新规定，这些执政党在选举法上的自肥措施，都被宪法法院宣布合宪；重新规制烟草市场的规定、政府对外汇中负债的公民采取的措施，法院均判决没有侵犯私有财产权。① 继续与政府一道，限制公民的表达自由，裁决互联网内容提供商对于用户的非法评论承担责任，即便提供商从网页上删除了这些非法评论。② 与很多其他判决一样，该判决也受到了国内外的强烈批评。到 2015 年 2 月，国会多数派选举的新任院长当选，宪法法院完全可以令欧尔班政府高枕无忧。“与日常政治无关的案件中，法院的判决具有较高的可接受性，而一旦涉及到具有政治意义的案件，法院判决就明显袒护政府的政治利益。”③这种根据审查议题采取或独立或偏倚的审查策略，具有显著的选择性审查的特征。

3. 宪法解释方法趋于保守

宪法解释方法反映宪法审查的强度和深度，是宪法审查积极能力能否深入的技术性条件之一。宪法解释方法有文字、结构、历史和目的解释四种。其中，文字解释和历史解释偏重于保守主义，为法律实证主义者经常使用，避免法官通过宪法解释注入自己的

---

① Hungary 2015，pp. 283－284，www. freedomhouse. org. 最后访问日期：2016 年 3 月 8 日。

② Constitutional Court limits freedom of expression in Hungary，June 3，2014 by Benjamin Novak，http://budapestbeacon. com/public-policy/constitutional-court-limits-freedom-of-expression-in-hungary/8519. 最后访问日期：2016 年 3 月 28 日。

③ Hungary 2015，p. 8，www. freedomhouse. org. 最后访问日期：2016 年 3 月 8 日。

观点。[①] 片面地偏好这些保守性的宪法解释方法，往往限制了宪法审查的深度，弱化了宪法审查的制衡功能。

（1）文字解释

机械的实证主义解释方法常见于民法法系传统下，法官习惯使用的司法解释方法。民法法系下的法官长期受到实证主义法律方法的熏陶，忠于立法，形成了原旨主义和字面含义的解释方法，法官中普遍流行的是那种轻易不质疑立法的思维定势，至于寻求宪法的民主或自由精神或原则、采纳结构性解释方法，在法官们看来是不可思议的。[②] 如果以纯粹实证主义方式进行宪法审查，即仅仅通过审查法律程序而不问实体内容来对待宪法的变更，这种宪法审查往往无法起到制衡作用，原因在于很多宪法变更都是以“合法”的法律程序来完成的。[③] 很显然，机械的实证主义解释方法很少挑战法律的实体内容，不问法的内在精神和价值，而只是流于形式上的“审查”，是一种比较消极的解释方法。文字解释注重文字的通常含义，服从于立法原意，可以有效避免法官通过宪法解释注入自己的观点，从而有效地制约法官的自由裁量权，是防止司法能动的一种有效方式。

匈牙利宪法法院运用实证主义解释方法比较突出的案例是在前述的 MK. 61/2011（Hung.）宪法修正案的合宪性判决中。宪法法院最终以“程序合宪性”来宣布该项宪法修正案合宪，从而默认

---

① 参见张千帆：《宪法学导论——原理与应用》（第二版），北京：法律出版社 2008 年版，第 193－194 页。

② 参见 Lisa Hilbink, Judges beyond Politics in Democracy and Dictatorship: Lessons from Chile, Cambridge University Press, 2007, pp. 107－110。

③ Kim Lane Scheppele, Constitutional Coups and Judicial Review: How Transnational Institutions can Strengthen Peak Courts at Times of Crisis, Transnational Law & Contemporary Problems, Spring 2014, p. 52.

了对自身管辖权的削减。当然，这种机械的实证主义解释方法的应用也会有所反复，但往往脱离了实证主义解释方法就会遭到欧尔班政府的反击。在2012年对“过渡性条款”的宪法审查中，法院45/2012号判决指明法院可以审查未来宪法修正案的实体内容与宪法基本原则是否相互冲突。该项判决并没有局限于程序性审查，而是突破了实证主义解释方法，企图强化宪法审查的强度和深度，审查修宪内容是否与宪法原则、精神相悖，奉行“修宪有限性”的原理。但是这很快就遭到了欧尔班政府第四宪法修正案的反击。第四修正案明确宪法法院不能对修宪内容做实体性审查，并且废除了根本法生效之前，宪法法院所有判决的效力，宪法性法律的连续性遭到了破坏。根据“自由之家”2015年对匈牙利转型指数的统计，2014年宪法法院支持了很多有争议性的法律，宪法法院判决跟它以前的司法实践已经完全决裂了。[①] 在宪法争议中支持政府，成为了2013年下半年以来宪法法院判决的主要方向。

（2）“历史宪法”

根本法限定了宪法的解释方法。第R条规定，应当根据根本法条款的制定目标、所包含的国家信条以及历史宪法的成果来进行解释。[②] 对于什么是“历史宪法的成果”，莫衷一是，难以准确界定。威尼斯委员会认为该条规定缺乏宪法解释学说的诸要素中所需要的明确性和连贯性原则。[③]

---

① Nations in Transit 2015, p. 270. www. freedomhouse. org. 最后访问日期：2016年3月8日。

② 参见匈牙利宪法英文版。

③ Draft Opinion of the European Commission for Democracy Through Law (Venice Commission) on the Three Legal Questions Arising in the Process of Drafting the New Constitution of Hungary, CDL (2011)016,10 (Mar. 17,2011) [hereinafter Draft Opinion of the European Commission].

有学者断言，“考虑到宪法法院被填塞、被转型，任何支持人权、平等、民主以及分权或法治的解释都不会盛行。基本法的目标在于推动违宪的趋势以及神秘的历史叙事，而不是把匈牙利融入到一个现代的政治共同体中来”。[①] 从根本法的制定者原意来看，所谓“历史宪法的成果”显然不会是前二十年宪法法院积累的成果，那些推动法治与人权、捍卫自由与民主的宪法解释，恰恰是根本法的制定者们极力回避的。

4. 宪法法院的犬儒化

如果说宪法法院管辖权遭到削弱，导致宪法法院客观上维护宪法秩序的能力降低，那么宪法法院在职权范围内的消极、犹豫、低效则是宪法法院在挑战政府时表现出的主观能动性的降低，这可以理解为某种程度上的“犬儒”[②]马型政治人物，他在民众的支持声中上台，随即展开大规模的宪法、法律、政策全方位“改革”，不断强化集权，进攻宪法法院，干涉司法独立。在这样的政治生态之下，宪法法院出于自我保全的需要，就会表现出犹疑、妥协。

2011 年 7 月的 61/2011 号判决就是法院犬儒的开端。该宪法修正案限制了宪法法院的管辖权，剥夺了宪法法院审查预算和税收法律的权限。最后宪法法院仍旧以形式上合宪支持了该项宪

---

① Gábor Attila Tóth, Historicism or Art Nouveau in Constitutional Interpretation? A Comment on Zoltan Szente's the Interpretive Practice of the Hungarian Constitutional Court —— A Critical view, 14 *German L. J*. 1615, p. 1625.

② 齐泽克认为“我很清楚面具是假的，但我仍然要戴着面具前行，而且总能找到戴着它的理由”，即为现代犬儒主义的一般特征。迫于环境的压力和自我保护。欧尔班属于典型的克里斯的本能，而戴着面具妥协于现实社会，即为一般意义上的“犬儒”。参见唐正东：《齐泽克的犬儒主义意识形态观批判》，《江西社会科学》2015 年第 11 期。

法修正案。这被认为是宪法法院开始接受“宪法政变”。[①] 尽管有三名法官持有异议，三名法官持有协同意见，但大多数法官都以程序合宪性为名，默认了对宪法法院管辖权的削减。

在2012年新宪法实施之前，宪法法院仍旧拥有民众诉讼的起诉方式。民众诉讼因其门槛低，覆盖面广，任何人都可以提起，是一种便捷有效的公众监督法律的方式。但面对大量针对法律合宪性的抽象诉讼请求，宪法法院仅仅受理了其中的极少数。[②] 这种能管辖而拒绝受理的情形，一定程度上反映了宪法法院不情愿或不敢受理的主观倾向，是宪法法院整体上接受和纵容欧尔班政府滥用法治的又一个标志。

另外，犬儒态度还集中表现在法官提前退休案件的审理进程中。宪法法院审理该案的迟滞、拖延、观望态度非常显著。早在2012年1月1日之前，已有就养老金法中降低法官退休年龄的规定向宪法法院提起了民众诉讼，但是宪法法院却在当时回避了这个问题。按照舍佩勒（Kim Lane Scheppele）教授的说法，在总统签发解雇法官令之前，宪法法院是有可能宣布该条规定无效的。也就是说，宪法法院本来可以抢在总统之前行动的，但是他们没有。直到根本法生效之后，宪法法院才接受了遭解雇法官提起的宪法诉愿。同时，在判决未作出之前，宪法法院也有权中止可能违

---

① Kim Lane Scheppele, Constitutional Coups and Judicial Review: How Transnational Institutions can Strengthen Peak Courts at Times of Crisis, *Transnational Law & Contemporary Problems*, Spring, 2014, p. 74.

② Kim Lane Scheppele, Constitutional Coups and Judicial Review: How Transnational Institutions can Strengthen Peak Courts at Times of Crisis, *Transnational Law & Contemporary Problems*, Spring, 2014, p. 75.

宪的法律之运行。但是宪法法院也没有行使该项权力。[①] 如果宪法法院能够积极充分运用以上权限，其实是可以在一定程度上避免出现最差的结果。然而，宪法法院却一直观望，一拖再拖，又过了七个月，直到那些重要岗位、符合年龄要求的法官差不多全部被解雇，新的法官人选均替代了他们的位置，宪法法院才公布判决。还比如，宪法法院在备受争议的养老金储备国有化案件中行动迟缓，始终没能详细讨论该问题。[②]

随着执政党联盟任命的法官越来越多，宪法法院的成员结构发生了本质变化，2013 年以后法院判决结果更多在执政党联盟的期待之中。面对着国内外对第四修正案的激烈批评，总统拒绝向宪法法院提交审查第四修正案。基本权利专员就第四修正案某些条款向宪法法院提出诉愿，这种非常规提起诉愿的方式，并没有引发深刻的影响。宪法法院根据权力分立的一般原则和对宪法修正案进行程序性审查的要求，否决了基本权利专员的诉求。[③]

到了 2014 年底，宪法法院十五名成员中有十一名来自执政党联盟的任命，宪法法院近乎成了青民盟法院。这一年，很多有争议性的法律都获得了宪法法院的支持，包括有关全国和地方选举的新规则也被宪法法院认定合宪。此时的宪法法院判决跟它以前的

---

① 参见 Kim Lane Scheppele, How to Evade the Constitution: The Case of the Hungarian Constitutional Court's Decision on the Judicial Retirement Age, Posted on August 8,2012 by eutopialaw。

② Hungary 2012, p. 240、p. 252. www. freedomhouse. org. 最后访问日期：2016 年 3 月 8 日。

③ 参见该案英文判决摘要，http://www. codices. coe. int/NXT/gateway. dll/CODICES/precis/eng/eur/hun/hun-2013-2-005? fn = document-frameset. htm&f = templatesMYMq = MYMuq = MYMx = MYMup = 1MYMforce = 2777。

司法实践已经完全决裂了。①

5. 宪法法院判决的实施能力被严重削弱

昔日宪法法院的光荣与辉煌慢慢地消陨。缺乏超然于党派政治的独立性和中立地位，宪法法院的权威就会受到损害。另一方面，宪法法院的权威来自于它的终局性。如果宪法法院判决的问题一而再、再而三地遭到其他政府部门的抵制，宪法法院的权威就无从谈起。欧尔班政府正是不断公然违抗宪法法院判决，通过系列宪法修正案和重申立法的方式推翻或规避宪法法院判决。正如宪法法院首席法官 Peter Paczolay 曾在媒体上公开批评的，政府一直都在尝试取代宪法法院判决或者通过各种方式绕开判决的内容。②

2010 年 10 月 28 日，宪法法院 184/2010 号判决溯及既往的征税立法违宪。就在判决之后的数小时，政府就宣布要修改宪法、限制宪法法院的管辖权限，剥夺其对未来预算立法的审查权。同年 11 月国会即通过宪法修正案，同一天国会又一次通过这项备受争议的税法，并将溯及征税幅度增加至五年。③

国会曾分别立法授权检察总长和国家司法办公室负责人处理特定案件，可以自主指定法院管辖。通过选择对政府有好感的法官来审理政治上敏感的案件，进一步达到逃避法律制裁的目的。宪法法院以危害司法独立为由，判决授予检察总长该项权限的立法违宪。作为对宪法法院判决的回应，国会在“过渡性条款”中推

① *Nations in Transit* 2015, p. 270. www. freedomhouse. org. 最后访问日期：2016 年 3 月 8 日。

② Andras Gergely, Hungarian Court Chief Says Government Should Uphold Rulings July 19,2012—9: 24 PM HKT，最后访问日期：2016 年 3 月 22 日。

③ Hungary, Nations in Transit 2011, www. freedom house. org. 最后访问日期：2016 年 3 月 8 日。

翻了该项宪法法院判决，以自称“宪法修正案”的方式重申了检察总长和国家司法办公室负责人选择法院管辖的权力。

2011 年 12 月，宪法法院签发三项反对欧尔班政府的判决中，有两项都被欧尔班政府成功规避了。在法院审查其中一项法律的过程中，欧尔班政府就废除了受审查的法律——当宪法法院因为审查的法律不存在而失去了管辖权之后，这项法律又被重新制定；另一项被宣布违宪的法律，欧尔班政府又将该违宪规定置于宪法法院进一步审查之外。[①]

2012 年 7 月强制法官退休的立法被判决违宪。该判决一公布，总理欧尔班就迅速做出反应，他公然声明：“制度依旧。”[②]事实上的确如此。宪法法院的这份判决姗姗来迟，那些符合年龄要求的法官们纷纷被解雇了，而且宪法法院的判决也没有提出明确的救济方法。被解雇的法官们腾退出的职位，迅速由国家司法办公室负责人任命人选，填补空缺。她忠实履行的是欧尔班的意志，而不是宪法法院的判决。[③] 同时，国会修改法律，明确要求所有公职人员都在 62 岁退休，法官无论如何也要退休。匈牙利宪法法院首席法官呼吁，欧尔班政府还是公然违抗了宪法法院判决。[④] 被辞退的

---

① 参见 Kim Lane Scheppele, How to Evade the Constitution: The Case of the Hungarian Constitutional Court's Decision on the Judicial Retirement Age, Posted on August 8,2012 by eutopialaw。

② 参见 Kim Lane Scheppele, How to Evade the Constitution: The Case of the Hungarian Constitutional Court's Decision on the Judicial Retirement Age, Posted on August 8,2012 by eutopialaw。

③ 参见 Kim Lane Scheppele, How to Evade the Constitution: The Case of the Hungarian Constitutional Court's Decision on the Judicial Retirement Age, Posted on August 8,2012 by eutopialaw。

④ Anthony Luckie, Fundamentally Flawed the Fidesz Attempt to Fool the World, 16 *Touro Int'l L. Rev.* 38, pp. 49 - 50.

法官们诉诸司法寻求救济，结果他们只能无奈接受补偿，而无法官复原职。[①]

最大规模攻击宪法法院的，莫过于国会通过的宪法第四修正案。如前所述，修正案宣布宪法法院从 1990 年到 2012 年的所有判决均无效；宪法法院在过渡性条款违宪的判决中，宣布法院可以审查宪法修正案的实体内容，判断其与宪法基本原则是否相冲突，第四修正案则规定宪法法院对宪法修正案只能进行程序性审查；宪法法院判决保护广义上的家庭，修正案将家庭关系的基础建立在婚姻和父母子女的关系上，这种限制就排除了此前宪法法院判决的，民事关系作为家庭要素的可能；宪法法院判决涉及到高等教育法部分，禁止了国立大学接受教育的学生们在拿到学位之后仍旧要在国内服役多年的规定，宪法修正案针对该判决规定接受高等教育机构财政资助的，要在指定期限内，受雇于匈牙利法律所规定的企业；宪法法院判决将无家可归者入刑的法律违宪，修正案就相应禁止无家可归者进入公共场所；宪法法院判决禁止仇恨言论的法律违宪，修正案反对宪法法院立场，限制言论自由；宪法法院判决部分选举法违宪，禁止在商业媒体中播放竞选广告，第四修正案致力于限制反对派的竞选措施。[②] 第四修正案正是针对特定政治事件，即此前宪法法院宣布了部分的法律违宪，欧尔班政府迅速做出反应，以宪法修正案的方式推翻了宪法法院的判决。[③] 由此

---

① Hungary 2013，p. 260，www. freedomhouse. org. ，最后访问日期：2016 年 3 月 8 日。

② Tamas Boros，Constitutional Amendments in Hungary：The Government's Struggle against the Constittutional Court，Friedrich Ebert Stiftung Büro Budapest.

③ 参见 Tamas Boros，Constitutional Amendments in Hungary：The Government's Struggle against the Constittutional Court，Friedrich Ebert Stiftung Büro Budapest。

可见，一旦执政党绝对控制了议会，甚至足以单方面修改宪法，那么司法审查机制就很容易失灵。

三、核心变量分析

转型以来，宪法法院曾经引领着匈牙利走向了法治的现代化。宪法法院的强悍令世界惊叹，同时宪法法院的独立与权威也牢固地树立起来。然而，转型二十年后，这个东欧宪制领域的标本与榜样不但消失了，法院自身的消极能力与积极能力都受到了极大的挑战。作为移植过来的法律制度，宪法审查的制度化还需要长期的过程。在制度化完成之前，宪法法院制度能力更容易受到制度环境（比如国家权力结构的特点以及文化传统的特定性等）的影响。根据第一章确定的分析框架，我们试图从制度相关性变量和文化相关性变量分别入手，分析影响这一时期宪法审查制度能力的几项核心因素。

（一）制度相关性变量

1989 年匈牙利走向民主法治之路。进入欧盟，被欧洲接纳，成为匈牙利社会转型后的主要任务。民主法治、保护人权、劳工需要有一定的社会保障等等，这些欧盟条款成为匈牙利前行的指挥棒，却也将匈牙利带入了危机之中。

2006 年，执政的社会党遭遇政权合法性危机。总理久尔桑尼（Gyurcsany）在一次内部讲话中坦诚，为了赢得大选，他在整个国家的经济状况上撒了谎。2006 年 9 月这次内部讲话泄漏并引发喧然大波。社会党执政失去了政治合法性，这在匈牙利引起了一场国家危机。[①] 随后，2008 年的金融危机席卷匈牙利，匈牙利作为一个小国，开放的经济体制使其高度依赖世界经济，全球金融危机导致了匈牙利经济的严重衰退。经济衰退引发金融风险；金融不稳，就会削弱投资者的信心，影响匈牙利货币的兑换率，弱化对政府证券和债券的需求。[②] 2008 年社会党与自由民主主义者的执政联盟解体，社会党人在总理拜奈（Bajnai）的带领下，勉强维系统治直到 2010 年大选的到来。他没有改革任何再分配体制，留给下任政府一个经济的烂摊子。[③] 匈牙利成为经济危机中东欧最大的受害者。政治危机击败了青民盟的最大对手社会党，经济危机为青民盟上台提供了契机。

在这种政治、经济多重危机的背景下，欧尔班以其强硬和激进赢得了民众的广泛支持。欧尔班在一次竞选讲话中认为："匈牙利目前处境非常糟糕，善治可以战胜失业、使经济复苏、保护家庭和老人、重建公共安全和社会秩序、赢回国际声望。匈牙利需要迅速采取严厉措施，为社会提供足够的工作岗位。4 月份的国会选举应该为匈牙利开辟新的方向"。[④] 危机之中的匈牙利人民抓住了青民盟这根救命稻草。青民盟赢得了国会大选的绝对胜利。

承载着民众的诸多期待，欧尔班却在多重危机中攫取权力。"Fidesz 执政后在社会政策上的最大改变，就是引入了所谓的工作

---

① Gábor Spuller, Transformation of The Hungarian Constitutional Court: Tradition, Revolution, and (European) Prospects, *German Law Journal* July 1, 2014, p. 2.

② Zoltan Szente, Breaking and Making Constitutional Rules: The Constitutional Effects of the Financial Crisis In Hungary, Xenophon Contiades, *Constitutions in the Global Financial Crisis: a comparative analysis*, Ashgate published in 2013, p. 246.

③ 参见 Hungary 2010. www. freedomhouse. org.，最后访问日期：2016 年 3 月 8 日。

④ 《匈牙利主要政党为国会选举造势》，新华社网 2010－03－16/.

福利(workfare)制度。公民被定义为有义务贡献国家，所以大部分的社会保障都需要申请人有工作，而失业救济金最多只能支取三个月。若三个月仍然找不到工作，所属的地方政府就可以强制公民参与所谓的公共工作计划，其实就是任由地方政府指派苦工，工资每日发放，这已是近乎国家劳役。”[①]但是随着不断加强集权措施，产生了更多的宪政问题。如前所提及的，根本法不是一部自由的宪法。“目前匈牙利拥有的只是宪制、民主与法治之表，而无宪制、民主与法治之实。”[②]

1. 宪法设计上的结构性缺陷

匈牙利实行议会民主制，国会实行一院制。这项宪法设计，是社会主义革命的产物。早在1919年，匈牙利共和国苏维埃成立就设立了一院制的国会。20年代的霍尔蒂统治时期，曾经废除国会的一院制，恢复上议院。[③] 二战结束后，成立了匈牙利共和国，恢复一院制，并写进了1949年宪法。在1989年修宪时没有变化，2011年根本法通过时，又照搬了该条款。

现代民主国家，议会一般都实行两院制，两院互相制衡，确保立法和决策趋于科学。议会实行一院制，虽然保证了高效，但本身缺少了制衡，更容易上演议会常见的激情和错误。“一切一院制而人数众多的议会，都容易为突发的强烈感情所左右，或者受帮派头子所操纵，而通过过分的和有害的决议。这也足以说明设置参议

① 《东欧——右翼民粹与民主倒退》讲座，http://www.thenewslens.com/post/238982/最后访问日期：2015年11月7日。

② Scheppele on democracy, constitutionalism, and rule of law in Hungary, Novermber12,2014 by Benjamin Novak.

③ 潘德礼：《原苏联东欧国家政治转轨比较研究》，北京：社会科学文献出版社2015年版，第215—216页。

院的必要性。”[①]不过一院制在东欧却比较常见。除了匈牙利，还有斯洛伐克、保加利亚、阿尔巴尼亚、克罗地亚、马其顿、塞尔维亚等国。匈牙利作为议会民主制国家，实行一院制，就意味着要保持国家权力的平衡就需要有效的制衡。一旦其他制衡机制都难以发生作用，那么一院制国会更容易导致专断。

匈牙利宪法规定，国会作为制宪机关，只需要国会代表的三分之二多数，就可以修改宪法。匈牙利在转型初期，仍旧沿袭了这种宪法设计，主要是基于当时立宪者的顾虑。在对1989年宪法进行修改时，修宪者一直担心两件事情：一是国会的碎片化，小党派们无法形成稳定的多数联盟；另一个就是宪法过于僵化和刚性，一旦新的民主主义者构想设计他们的政治制度时根本无法改变宪法。为了解决这两个难题，修宪者们选择了胜者通吃的选举制度，以支持较大党在国会中的稳定统治；同时实行简单的三分之二多数制来保持宪法的弹性，改变任何宪法文本。[②]

正是意识到这种宪制设计的弱点，1989年宪法修改时期，引入了宪法法院制度，主要实现对国会的有效制衡。在转型阶段，曾经出现过联合执政掌握国会三分之二多数席位的情形，不过彼时的执政党具有较强的自我限制性，主动引入了五分之四修正案条款，这就确保了在没有反对党支持的情况下，不可能达到修宪的目标，较好地维护了宪政体制的稳定性。然而，这些制约条件，都随

① [美]汉密尔顿等：《联邦党人文集》，程逢如等译，北京：商务印书馆2004年版，第316页。

② Miklós Bánkuti, Gábor Halmai, and Kim Lane Scheppele, Hungary's Illiberal Turn Disabling the Constitution, *Journal of Democracy* Volume 23, Number 3 July 2012, 2012, National Endowment for Democracy and The Johns Hopkins University Press, p. 138.

着欧尔班政府上台，发生了重大改变。

修宪内容不受限制。并未像德国基本法等大多数国家在宪法文本中详细规定修改宪法的限制性条款，比如不得违背民主或福利国家原则，不得与国际条约相违背，或者不得与宪法精神相悖，匈牙利根本法并未对宪法修改做限制性规定。而且第四修正案还明确了宪法法院不得对修宪做实质性审查。这就从规范层面赋予了国会修宪权的绝对性。一般而言，现代宪法都规定了宪法修改的有限性，毕竟"修改宪法并不包含制定一部新宪法的权力"。"宪法的精髓作为宪法的一部分必须要保留，不得以修宪的方式移除。"[①]要么明确不可修改条款，要么经由法院对宪法修正案进行合宪性审查，而如同匈牙利这种修宪内容不受限制的模式，在现代国家并不多见。不仅修宪权不受限制，国会还滥用修宪权，利用修宪权来抵制宪法法院，屡次破坏宪法法院判决的终局力，极大损害了宪法法院的积极能力。

2. 国家权力运行失衡

匈牙利共和国是单一制国家，缺乏来自地方的纵向权力制衡。同时，作为议会制民主制国家，总统是一种虚权设置，只是极为有限权力的国家元首。国会实行一院制，对议会能实现有效制衡的，通常是司法机构(宪法法院)。作为现代的议会民主制国家，还会有些独立的国家机构，比如基本权利专员、审计机构、国家银行等独立行使宪法法律赋予的权力，不受政府干涉，保障国家权力整体趋于平衡。

欧尔班政府上台后，充分运用了宪制上的结构性缺陷，不断强

---

① John Rawls, Political Liberalism 239(2d ed. 1996). 转引自 Gábor Halmai, Judicial Review of Constitutional Amendments and New Constitutions in Comparative Perspective, 50 *Wake Forest L. Rev.*, p. 952。

化集权，将宪法法院逼入死角。2010 年 4 月至今连续执政的青民盟政府奉行保守派路线，采取制定新宪法、宪法修正案、频繁制定基本法律等方式来不断干涉司法独立，填塞法院，侵蚀宪法法院。青民盟这种修改宪法和置换宪法的方式被称为“滥用宪法滥用政”[①]或“宪法政变”。无论是滥用宪政还是宪法政变，都是政治人物巩固个人或集团权力，企图利用宪法进行威权统治。在这场宪法政变中，除了宪法法院遭到重创以外，其他能体现权力分立制衡的制度也都遭到了削弱。

(1) 控制公投

更换选举委员会成员。原选举委员会的委员组成上，其中五名由议会党团各派驻一名代表，另外五名人选由执政党与反对党协商产生。青民盟政府一上台，就迅速将原来本应任期至 2014 年的委员会成员，全部提前辞退，替换上青民盟自己的成员。[②] 选举委员会的功能，不仅事关监督选举，更重要的是，还可以对主张公投的提案进行裁决。公投作为政治抗议的重要工具，启动权牢牢掌控在了执政党手中。虽然选举委员会的决议也可以送至宪法法院审查，然而宪法法院正在慢慢变成青民盟政府的一党法院，很难

---

① 参见 Hyperlink “https://0. next. westlaw. com. umaclib3. umac. mo/Link/Document/FullText? findType = h&pubNum = 176284&cite = 0255491801&originatingDoc = Ia56e2c824cbc11e38578f7ccc38dcbee&refType = RQ&originationContext = document&transitionType = DocumentItem&contextData = (sc. Search)” David Landau, Abusive Constitutionalism, 47 U. C. Davis L. Rev. 189; Kim Lane Scheppele, Constitutional Coups and Judicial Review: How Transnational Institutions can Strengthen Peak Courts at Times of Crisis, *Transnational Law & Contemporary* Problems, Spring 2014。

② Miklós Bánkuti, Gábor Halmai, and Kim Lane Scheppele, Hungary's Illiberal Turn Disabling the Constitution, *Journal of Democracy* Volume 23, Number 3 July 2012, p. 140.

做出公正独立的裁决。

（2）控制总统

根据宪法，匈牙利总统作为国家元首，大多数时候具有象征意义，只在提名和任命公职人员、签署法案之前将法案返回国会重新考虑或者提交给宪法法院进行审查方面具有部分的实质权力。总统由国会选举产生。国会多数派通过选举将青民盟的忠实者安排到了总统的位置上。2010年时任总统、前宪法法院院长索庸任期届满，按规定可以连任。由于索庸一贯独立而积极的形象，青民盟最终选举了政治上更为忠实可靠的帕尔·施密特（Pal Schmitt）担任总统。"在国会批准的听证会上，施密特宣布，作为总统在批准立法时，他将是引擎而不是刹车，实际上就是放弃了总统仅有的实质性职责。"[①]他的确忠实履行了该讲话内容。对于国会多数派要求他签署的任何事项都会毫不犹豫去做；他也不会就国会多数派发动的"宪法政变"提供任何真正的制衡，拒绝行使有限的否决权。2012年4月，该总统因剽窃丑闻下台。

继任者亚诺斯·阿德（Janos Ader）系青民盟的创始人之一，也是颇受争议的新选举法的执笔人之一。[②] 相比帕尔·施密特（Pal Schmitt），他看似更加积极地审查立法，却很少会将法案返回国会重新考量。在法官提前退休案中，宪法法院判决该规定违宪。但是这项判决只是宣布养老金法当中涉及法官退休年龄的部分无效，而不是颁布解雇法官的总统令无效。一般而言，在

---

① Hungary, Nations in Transit 2011, www.freedomhouse.org.最后访问日期：2016年3月8日。

② 参见Miklós Bánkuti, Gábor Halmai, and Kim Lane Scheppele, Hungary's Illiberal Turn Disabling the Constitution, *Journal of Democracy* Volume 23, Number 3 July 2012, p. 141。

法治社会中，总统就会通过撤销总统令以遵守法院判决，但是总统亚诺斯·阿德（János áder）却拒绝那么做，并没有撤销总统令。[①] 颇受争议的第四修正案提交给总统，他并没有进一步审查，就决定签署。[②] 这两位总统都忠实于青民盟，更像是国会的“橡皮图章”。

(3) 整顿司法

给法官施压。国会以监督司法为名，成立调查委员会并传讯法官。2010 年 9 月，国会附属委员会对 2002 年至 2010 年社会党执政期间侵犯公民权利政治权利展开调查，并传讯了几名主要法官，质疑他们的判决。“听证中所包含的威慑很可能伤害司法独立，尤其涉及政治上敏感的案件。”[③]

强制法官退休法。为便于清洗司法，国会推出了强制法官提前退休的法律。将法官的退休年龄从以前的七十岁直接降到了六十二岁，如此一来，这个国家就有百分之十的法官岗位腾退出来。[④] 最高法院法官中的四分之一，一半以上的上诉法院院长和郡县法院的院长，都面临着提前退休。[⑤] 尽管该法案被宣布为违宪，但是欧尔班政府已经做好了一切准备，违宪判决无法阻挡欧

① 参见 Kim Lane Scheppele, How to Evade the Constitution: The Case of the Hungarian Constitutional Court's Decision on the Judicial Retirement Age, Posted on August 8,2012 by eutopialaw。

② Hungary 2014, p. 272. www. freedomhouse. org. 最后访问日期：2016 年 3 月 8 日。

③ Hungary 2011, www. freedomhouse. org. 最后访问日期：2016 年 3 月 8 日。

④ Miklós Bánkuti, Gábor Halmai, and Kim Lane Scheppele, Hungary's Illiberal Turn Disabling the Constitution, *Journal of Democracy* Volume 23, Number 3 July 2012, p. 143.

⑤ 参见 Kim Lane Scheppele, How to Evade the Constitution: The Case of the Hungarian Constitutional Court's Decision on the Judicial Retirement Age, Posted on August 8,2012 by eutopialaw。

尔班整顿司法的行动。

司法委员会终止运行，成立国家司法办公室。司法委员会于1997年设立，对法院系统进行行政管理，委员会负责人由最高法院院长担任。委员中有九人由法官中选举产生，其他委员分别来自司法和财政部、首席检察官、律师协会主席以及来自国会司法和财政委员会的一名代表。[①] 司法委员会的组成方式一定程度体现了司法自治的原则以及平等协商的管理模式。2011年11月，该机构终止运行，成立了国家司法办公室，管理司法系统。国家司法办公室负责人执掌所有法官的升迁降免。前述百分之十的法官空缺就由司法办公室负责人来操控；加强控制个案，有权就法定的案件管辖进行再分配，将政治上敏感案件移交给忠实于欧尔班政府的法官来处理。并且对这种指定不需要给出任何理由。比如，该负责人实行首批指定管辖的案件中，就有三分之一牵涉严峻的政治利益。[②]

在法院体系中，国家司法办公室负责人所享受的权力之大，是极为罕见的，以至于该人被称为"司法沙皇"。按照根本法规定，这位司法沙皇由国会三分之二多数选举产生。自成立以来，这位司法沙皇系女性，是总理欧尔班的密友，也是根本法主要起草人约瑟夫·萨杰(Jozsef Szajer)的妻子。[③] 同时，较长的任期也造成了下任政府在司法领域里执政的障碍与危害。"司法沙皇"任期九年，她的接任者如果不能满足国会三分之二多数表决通过，她仍将留

---

① Hungary 2011，www. freedomhouse. org. 最后访问日期：2016年3月8日。

② Let's Pick All the Judges，The New York Times，March 10,2012.

③ Miklós Bánkuti，Gábor Halmai，and Kim Lane Scheppele，Hungary's Illiberal Turn Disabling the Constitution，*Journal of Democracy* Volume 23，Number 3 July 2012，p. 143.

任,直到国会三分之二多数选举产生了新一任人选。[①]“司法沙皇”享受权力之大,任期之长,盘踞在普通司法系统之中,对普通司法独立性的干涉和破坏,受到国际组织的强烈谴责。同时,法官的公开言论遭到限制,对政府不满的法官受到惩罚。原最高法院院长安德拉斯·巴卡(Andras Baka)因为公开批评政府干涉司法独立,最后丢掉了最高法院院长的职位。取而代之的是,国会选举了彼得·达拉克(Peter Darak),一个名气不大的最高法院法官,接任最高法院院长的位置,此人在2000年第一任青民盟政府任下就任最高法院法官。[②] 通过加强控制司法系统的人事任免,干涉法院判决,指定案件审理等方式,司法独立遭到严重破坏。自由之家公布的转型指数显示,匈牙利司法结构和司法独立指数连年恶化,从2010年之前持续多年的1.75,到2016年已经跃升至3.0(指数越高,独立性越低),司法独立程度不断下降,具体参照表4.3。

表4.3 匈牙利2010—2016年司法结构与司法独立指数一览表[③]

年份 / 指数	2010	2011	2012	2013	2014	2015	2016
	2.0	2.25	2.75	2.5	2.5	2.75	3.0

(4) 实施新闻管制,控制言论自由

“舆论是万能的,其他一切权力形态皆导源于舆论。”“支配舆

① Miklós Bánkuti, Gábor Halmai, and Kim Lane Scheppele, Hungary's Illiberal Turn Disabling the Constitution, *Journal of Democracy* Volume 23, Number 3 July 2012, p. 143.

② Let's Pick All the Judges, The New York Times, March 10,2012.

③ 图表摘自 Nations in Transit 2016, p. 283, www.freedomhouse.com,最后访问日期:2016年8月7日。

论的权力，与其他一切权力形态一样，倾向于联合与集中，并合乎逻辑地导致国家的垄断”。[①] 无疑，对欧尔班政府而言，“国家实质上是唯一的宣传者”。2010 年 6 月，青民盟引入覆盖面广泛的媒体立法，接下来几个月就获得国会通过。该立法被称为“新媒体宪章”，严格管制各类媒体。[②] 根据这部媒体法，成立了国家媒体与电子通讯局，对各类媒体的运行授予执照等，监管媒体内容，调查和裁决公众投诉；其中最主要的规制机构，媒体委员会，由六人构成，全部由执政党任命，委员会主席直接由总理任命，任期长达九年。[③] 有权对新闻报导不“均衡”的媒体处以重金罚款。[④] 严厉的新闻管制引发了民众的抗议。有一些记者绝食抗议政府干预全国新闻节目，其中两人在抗议后被国家广播公司解雇；匈牙利主要反对派广播电台“收音俱乐部”被当局告知，其广播执照将无法换新。[⑤] 在这种高压管制之下，作为匈牙利公众主要信息渠道的电视，政治和经济新闻的报导比例偏低，去政治化成为电视新闻的主要趋势。[⑥] 同时，公共媒体上批评的声音几乎都消失了，传播的内容常常受到审查，用歪曲事实来迎合政府。[⑦] 严苛的新闻管控，导致了社会产生寒蝉效应，媒体界更如惊弓之鸟，普遍形成了自我审

① [英]罗素：支配舆论的权力，《罗素文集》(第 5 卷)，吴友三译，北京：商务印书馆 2012 年版，第 112、117 页。

② Hungary 2011，www. freedomhouse. org. 最后访问日期：2016 年 3 月 8 日。

③ Hungary 2012，p. 249. www. freedomhouse. org. 最后访问日期：2016 年 3 月 8 日。

④ Miklós Bánkuti，Gábor Halmai，and Kim Lane Scheppele，Hungary's Illiberal Turn Disabling the Constitution，*Journal of Democracy* Volume 23，Number 3 July 2012，pp. 140 - 141.

⑤ 陶赋田：《匈牙利正从民主滑向专制?》，《青年参考》2012 年 1 月 11 日第 11 版。

⑥ Hungary 2012，p. 249. www. freedomhouse. org. 最后访问日期：2016 年 3 月 8 日。

⑦ Hungary 2012，p. 250. www. freedomhouse. org. 最后访问日期：2016 年 3 月 8 日。

查的观念。有调查显示，80%的公众、77%的记者以及96%的媒体经营者都认为，在匈牙利公共领域存在着大量的禁忌话题；还有调查显示，受访的媒体经营者中有一半经历过来自政治权力的直接压力，35%的受访者认为政治压力程度之高的确妨碍了新闻自由。[①]

继宪法法院判决对媒体的管制违宪之后，欧尔班政府又通过宪法修正案重申该规定，推翻宪法法院判决。宪法第四修正案授权重要法案规定详细条款监管新闻自由、媒体、出版物以及信息市场等。[②] 对网络自由的控制不断加强，国会立法限制网络言论自由，网络提供商要对非法的用户评论负责，即便网络提供商从网页上删除了违法评论，他们仍旧要承担责任。[③] 自由之家的“独立媒体”指数显示（如表4.4），从2010年到2016年间，匈牙利独立媒体的测评指数连年攀升，从2010年以前一直保持的2.5跃至2016年3.75，已经降至不自由媒体的程度。媒体基本上失去了对政府的监督作用，那些批评政府的评论家们纷纷失业，法官们也缺乏言

表4.4　匈牙利2010—2016年独立媒体指数一览表[④]

年份／指数	2010	2011	2012	2013	2014	2015	2016
指数	2.75	3.25	3.5	3.5	3.5	3.75	3.75

① Hungary 2013, p. 257. www.freedomhouse.org. 最后访问日期：2016年3月8日。

② 参见宪法第四修正案第五条，The Fourth Amendment to the Fundamental Law of Hungary, Budapest, February 2013。

③ 该立法被诉至宪法法院，法院判决该项规定合宪。参见 http://budapestbeacon.com/public-policy/constitutional-court-limits-freedom-of-expression-in-hungary/8519，最后访问日期：2016年3月20日。

④ 数据引自 Nations in Transit 2016, p.283, www.freedomhouse.org，最后访问日期：2016年8月7日。

论自由，异议法官遭到驱逐。2011 年下半年对司法改革有所批评的最高法院院长巴卡遭到辞退，目的是防止他继续竞争院长职位。国会立法规定了最高法院院长的竞选资格，要求五年的执业经历，而巴卡在欧洲人权法院的十七年执业经历则不包括在内。① 政府还限制网络言论，曾试图限制民众浏览网络信息的权利，因公众的激烈反对而失败。2014 年 10 月制定的预算草案包含有一项新税名：网络使用税。该税一旦实施，会徒增底层民众的财税负担。在遭到广大民众激烈的抗议之后，政府退了一步，撤回了该项税名。②

政府限制言论自由的主要手段是刑事制裁违反言论自由者。刑法典规定，展示极权标识将受到刑罚制裁。在国内无法获得救济的情况下，该条款被诉至欧洲人权法院。欧洲人权法院判决：只有恢复共产极权的政治运动或政党有真正且现存的危险时，限制这种标识的展示才是正当的。共产主义意识形态的潜在传播不能是刑事制裁这种标识展示的唯一理由。③ 此项维护言论自由的判决激起匈牙利的强烈反弹。2012 年初，政府的司法与公共管理部门在国会宣称，匈牙利不会遵循欧洲人权法院判决。面对人权组织的压力，该部门秘书长在国会发言称：什么引发匈牙利人民的忧虑和恐惧，这是匈牙利主权的一部分。国会人权委员会主席

---

① 参见 Expelling dissent：On account of the ECtHR judgment in Baka v Hungary，http://verfassungsblog. de/expelling-dissent-account-ecthr-judgment-baka-v-hungary-2/，最后访问日期：2016 年 3 月 22 日。

② Hungary 2015，p. 281. www. freedomhouse. org. ，最后访问日期：2016 年 3 月 8 日

③ 参见 Fratanoló v Hungary 的欧洲人权法院判决。转引自 Uitz，Renáta：Hungarian Ban Of Totalitarian Symbols：The Constitutional Court Speaks Up Again，VerfBlog，2013/2/22，http://verfassungsblog. de/hungarian-ban-of-totalitarian-symbols-the-constitutionalcourt-speaks-up-again-2/. 2/3。

支持政府立场，提出捍卫匈牙利法院、反对欧洲人权法院，这是国会的任务。就这样，通过引入主权的概念，将对言论自由的侵犯正当化。[①] 直到2013年2月宪法法院判决该项规定违宪，然而，欧尔班政府在3月通过的宪法第四修正案中又重申了禁止仇恨言论、限制言论自由的规定。

此外，欧尔班政府将天主教的宗教精神定义为国家信条，[②]排斥其他宗教，限制宗教活动；限制公民的私有财产权，"将本来在1999年起就私有化了的退休保障(pension)基金收归国有，而且并入国家的收支，账目不对公众开放"。[③] 修宪将婚姻定义为"一男一女、一夫一妻"，禁止同性婚姻；剥夺少数族权的社会保障权等。[④] 成为一个"不自由"国家，是欧尔班政府的目标。[⑤]

(5) 频繁修宪

欧尔班政府上台以来，不断强化集权，凭借在议会占据多数席位，持续推出宪法修正案。这些宪法修正案多是着眼于短期的政治收益，不太重视宪法秩序的权威与稳定性。仅在上台的20个月里就通过十二项宪法修正案，对1990年宪法做出多处修改，削弱制衡国会的各项机制，尤其是宪法法院。未充分汲取公民

---

① Uitz, Renáta: Hungarian Ban Of Totalitarian Symbols: The Constitutional Court Speaks Up Again, VerfBlog, 2013/2/22, http://verfassungsblog.de/hungarian-ban-of-totalitarian-symbols-the-constitutionalcourt-speaks-up-again-2/. 2/3。

② 参见 Gábor Attila Tóth, Historicism or Art Nouveau in Constitutional Interpretation? A Comment on Zoltan Szente's the Interpretive Practice of the Hungarian Constitutional Court——A Critical view, 14 *German L. J.* 1615, p. 1635。

③ 《东欧——右翼民粹与民主倒退》讲座，http://www.thenewslens.com/post/238982/，最后访问日期：2015年11月7日。

④ 参见《东欧—右翼民粹与民主倒退》讲座，http://www.thenewslens.com/post/238982/，最后访问日期：2015年11月7日。

⑤ Hungary 2015, p. 269. www.freedomhouse.org. 最后访问日期：2016年3月8日。

社会组织和反对派各方的意见，在关键问题上关起门来制定根本法，同时控制着公投程序，民众通过公投行使宪法监督权的管道被堵塞。

根本法实施前后，在短短的两年时间内，国会又相继推出五项宪法修正案。修宪内容都是针对眼前的政治事件，着眼于短期的政治利益，一方面调整对象较为细微琐碎，并不涉及基本权利、国家权力结构等宪法学的根本性问题，本来由法律或法律位阶以下规范就可以调整，另一方面主要推翻宪法法院违宪判决，削弱宪法法院的管辖权，限制言论自由和宗教自由。如此频繁修宪，造成了宪法、法律秩序的不确定与不连贯，多项修正内容违背根本法的精神与价值，摧毁了人权和法治，令匈牙利在“去欧洲化”的道路上越走越远。

(6) 欧尔班模式

欧尔班组建内阁或关键岗位上的用人均比较重视忠诚度。有评论认为，自 1993 年以来，总理欧尔班任命到国家重要岗位上的，不是党派忠诚者，就是他本人的密友或私交，这被称为“欧尔班模式”。[1] 国家原来设置的独立机构，比如人权专员、检察总长、最高法院院长、国家司法办公室负责人、国家审计署长等，均由青民盟的忠实者或欧尔班的密友担任。尽可能立法延长任期，有一些“独立”机构负责人的任期超过了两届国会任期，无疑对未来掌权者构成了执政障碍。

检察总长由总统提名，国会选举产生。2010 年青民盟立法将检察总长的任期从六年延长至九年，并削减了国会对其质询

---

① Nations in Transit 2014，Hungary，pp. 268 – 269，www. freedomhouse. org. 最后访问日期：2015 年 12 月 7 日.

的权力。这些立法的修改有效地巩固了现任检察总长彼得·波尔特(Peter Polt)——欧尔班总理密友——的地位。[①] 2013年4月,国家银行行长安德拉斯·西莫(András Simor)任期届满。欧尔班的前财政大臣 György Matolcsy 被任命为国家银行行长。

至此,独立机构负责人全部都由欧尔班总理任命,均系他忠实的追随者。"欧尔班倾向于在关键岗位上任命比较柔弱的人物,更喜欢忠诚并缺乏政治野心的人,职业专长或能力则没有那么重要。"[②]欧尔班模式之下,整个国家机器都处于欧尔班政府的有力领导之中。这也招致了一些批评。"2014年7月,总理在一次公众演讲中,对民主标准的承诺上,补充到,他的目标在于使匈牙利成为一个不自由国家。"[③]法国《世界报》给匈牙利贴上的标签,称之为"欧洲心脏地带的集权主义国家"。[④] 同时,匈牙利的例子也表明,不同寻常的政治环境,对民主的威胁远胜于金融危机。[⑤]

---

① Hungary 2011, www.freedomhouse.org. 最后访问日期:2016年3月8日。

② Hungary 2012, p. 241. www.freedomhouse.org. 最后访问日期:2016年3月8日。

③ Hungary 2015, p. 269, www.freedomhouse.org. 最后访问日期:2016年3月8日。

④ Jacques Rupink, Jan Zielonka, Introduction: The State of Democracy of 20 years on: Domestic and External Factors. 转引自朱晓中主编:《曲折的历程:中东欧卷》,上海:东方出版社2016年版,第326页。

⑤ "以匈牙利为例,最终教训在于不同寻常的政治环境,即由一个政治阵营主导的超多数权力或制宪权,对民主的威胁远胜过经济或金融危机的威胁。前述种种,会挑战巩固的战民主。"Zoltan Szente, Breaking and Making Constitutional Rules: The Constitutional Effects of the Financial Crisis In Hungary, Xenophon Contiades, Constitutions in *the Global Financial Crisis: a comparative analysis*, Ashgate published in 2013, p. 261。

表 4.5　欧尔班主要集权措施一览表

机构名称	欧尔班措施	与欧尔班或青民盟的关系	影响
总统	Pal Schmitt Janos Ader	密友 青民盟创始人之一	弱化总统的制衡力量
检察总长	Peter Polt 将任期从六年延长到九年；削减国会对检察总长的质询和监督	密友	垄断国家公诉，起诉政治异己
国家银行行长	György Matolcsy	上任欧尔班政府的财政大臣	削弱银行独立性，强化政府对金融的控制
国家媒体与电子通讯总局	六人全部由执政党任命，任期九年	政府喉舌	管制媒体、控制言论自由
国家选举委员会	提前辞退原委员； 更换委员	委员以青民盟为主	控制公投、控制选举进程
普通司法系统	成立国家司法办公室，“司法沙皇”掌管； 法官提前退休，并由“司法沙皇”一手任命新法官。	欧尔班密友的妻子	干涉司法独立
宪法法院	削减管辖权、填塞法院	十二名法官由青民盟任命	缺乏对立法权和政府的制约，捍卫宪法秩序的能力下降

一般而言，政治权力越趋于碎片化，宪法审查才可能越发积极。反之，政治权力越是集中，宪法审查越容易陷入消极状态，甚至遭受不断地干涉。宪法审查权力的发展历史证实了这一点。以美国为例，基斯·威廷顿考察了美国司法审查权的成长史，认为那些新的立法多数派掌权时期，恰恰就是美国司法权遭受较大限制

的历史时刻。[1] 这些时期正是美国历史上为数不多的几位本位主义总统当政的阶段，比如杰斐逊、杰克逊、林肯以及罗斯福。这几位本位主义总统挑战甚至企图削弱最高法院的司法审查权，无一例外均不承认司法至上性。[2] 在威廷顿看来，这种挑战行为基于创业型总统的特质，他们在重要的政治时刻肩负重建美国宪政体制的重任，并且历史也证明了，他们对宪法的解释更具有进步性，符合历史发展趋势。更重要的是，这些创业型总统坚守在宪法的框架下行使权力，支持有限政府原则，而没有动用企图修改宪法的权力。对于匈牙利而言，很难说，欧尔班就是这样的创业型政治领袖，也很难说，匈牙利就达到了这样的政治时刻。欧尔班政府反复动用修宪权，并制定不自由的新宪法，距离民主宪政的文明越走越远，很难为这种行为寻求正当性。尽管罗斯福提出了填塞法院的计划，但“政府希望控制最高法院的权力，而非摧毁这种权力”。[3] 而欧尔班给宪法法院动的手术却要大的多，某种程度上就是摧毁了合宪性审查权。

拥有集中化政治权力的宪制和独裁政府能够在以下方案中选择一种做出回应“……②他们有系统地收回在法院系统法定权限范围内的所有涉及他们政治利益的事务。③他们会根据自己的意愿将应由法院审判的特殊案件从法院中抽出来并将其收归自己处理。④他们能够创设司法官员的选拔、培训、组织和升职体制以保证法官在两个纯粹的具有私人身份的当事人之间是相对中立的，

---

① 参见 Tom Ginsburg, *Judicial Review in New Democracies: Constitutional Courts in Asian Cases*, Cambridge University Press, 2003, p. 95。

② 参见[美]基斯·威廷顿：《司法至上的政治基础：美国历史上的总统、最高法院及宪政领导权》，牛悦译，北京：北京大学出版社 2011 年版，第二章。

③ [美]基斯·威廷顿：《司法至上的政治基础：美国历史上的总统、最高法院及宪政领导权》，牛悦译，北京：北京大学出版社 2011 年版，第 286 页。

但是法官在所有涉及政权利益的法律事务中将是对政权绝对忠诚的仆人。”[①]

欧尔班政府也不例外，同时运用以上几种方式，从而将法院置于总理的有效控制之中。我们知道，宪法审查制度能力很大程度上取决于政治行动者干涉宪法审查的能力和意愿。对于一个强大的政治行动者来说，除非他藐视司法的存在，否则司法在劫难逃。欧尔班在2015年的一次讲话中，回顾执政五年来的功过得失，他强调，“过去五年政府的关键字是‘力量’”[②]，的确如此，他及其领导的青民盟完全具备了干涉宪法审查的充分能力，又具备强烈动机，宪法法院的改制和重组在所难免。

欧尔班政府权力越发集中的趋势下，政治竞争的基本规则其实是在加速欧尔班政府对宪法法院的争夺。匈牙利奉行一院制的议会民主制度，如前所述，这种制度强化了宪法法院的制衡功能。而宪法法院也成为反对派挑战政府立法和政策的重要阵地。这种政治竞争的趋势强化了欧尔班政府控制宪法法院的动机。当宪法审查对那些有影响力的政治参与者的计划太具有破坏性时，宪法审查就会遭遇严重的政治抵制。宪法法院成为欧尔班政府执政之后必须攻下的堡垒。这就不难理解宪法法院成为欧尔班政府宪法政变的最大受害者。

处于这种国家权力结构失衡情形下的宪法法院，从理论上说，其实很需要发挥宪法法院的制衡功能，避免权力的极化，将人权与

---

① [美]马丁·夏皮罗：《法院：比较法上和政治学上的分析》，张生等译，北京：中国政法大学2005年版，第47页。

② 刘思岳：《欧尔班评价过去五年的功过得失》，《新导报》2015-06-03，http://www.xindb.com/news/xiongyalixinwen/2015/0602/15144.html，最后访问日期：2016年3月5日。

法治落实到政治现实中，维护宪法秩序已经成为当务之急。然而，实际上这种政治权力框架下的宪法法院，一定程度上已经失去了存在的基础。首先是司法独立很难保障。即便能够有所保障，那也是无权的法院，才有司法独立。其次，宪法法院审查案件的广度和深度都受到不同程度的削弱，以便不危及执政党统治。[①] 这两个方面也可以概括匈牙利宪法法院在这场宪法政变危机中的遭遇。一方面，宪法法院成为这场宪政危机（宪法政变）的受害者，是这场宪政政变主要攻击对象；另一方面，宪法审查制度能力受到较大限制的宪法法院，本身又构成了宪法政变或宪政危机的一部分，以它的犬儒和保守的宪法解释证成着这场政变的"合宪性"。

3. 渐趋形成的政党格局和选举规则极易导致权力固化

（1）政党格局渐趋形成

转型以来，东欧的政党体系稳定性较差。政党不断分化组合，新党层出不穷，昙花一现的也不在少数，政党格局无法定型。挪威学者伊丽莎白·巴克（Elisabeth Bakke）和匈牙利学者尼克·西特（Nick Sitter）联合研究指出，东欧转型以来的二十年间，捷克、斯洛伐克、匈牙利三国一共有 37 个政党进入过议会，截至 2012 年，其中 22 个政党无法达到 5%得票率，跌出了议会席位门槛。而这 22 个政党中，目前只有 1 个政党通过努力重新回到了议会，5 个政党发生合并，8 个政党依旧在活动，剩下 8 个政党处于僵死状态。[②] 这种格局充分暴露了东欧新生政党体制的脆弱与多变。

---

① C. Neal Tate, *Courts and Crisis Regimes: A Theory Sketch with Asian Case Studies*, conclusion.

② Elisabeth Bakke & Nick Sitter, "Why do parties fail? Cleavages, government fatigue and electoral failure in the Czech Republic, Slovakia and Hungary 1992 - 2012", *East European Politics*, 2013, Vol. 29, No. 2, pp. 208 - 225.

然而，与这种普遍情况形成较大反差的是，匈牙利的青民盟则迅速稳定地发展。对匈牙利民主转型做出过重要贡献的两大强大的反对党：自由民主党联盟和匈牙利民主论坛，十年后就边缘化了。在此期间，社会党作为前共产主义政党的改革党，则一直发展势头较好，并于 1994 年、2002 年以及 2006 年先后执政。而从自由民主党联盟分裂出来的青民盟善于政治投机，不断壮大。“90 年代初期，其他政党由于政治上的内讧和经济衰退的共同责任而损害了自身权威时，青民盟却依靠自己精明的政治分析，创新的政策建议，以及该国最好的演讲者之一、党的领导人欧尔班赢得了选民的支持。当自由民主党联盟和社会党人组成联合政府，匈牙利民主论坛的支持率极度下降之时，政治上的右翼突然出现了巨大的真空，青民盟及时填补了真空。”“在 2002 年和 2006 年，匈牙利社会党和自由民主党联盟又再次重新联合执政，而青民盟已经成为一种更为激进的右翼政党。”①由此可见，匈牙利政党中发展较为稳定、规模较大的两支集中表现为社会党与青民盟。他们集中代表了左右翼政党，并呈现交替执政的迹象。

一直以来，青民盟的主要政治对手都是社会党。然而，近年来社会党内部分裂，处境不断恶化。由于 2002—2010 年执政的失败导致该党陷入了深重危机之中，社会影响力不断下降，丧失了民众的信任。2006 年的录音泄露事件以及随后该党处置民众抗议的违规操作，在全球经济危机之前就开展的不利的经济政策恶化了匈牙利经济。② 伴随着执政丑闻以及无法扭转经济危机的执政能

① [美]马克·凯塞而曼等：《转型中的欧洲政治》，史志钦等译，北京：人民出版社 2016 年 1 月版，第 652－653 页。

② Hungary 2012, p. 240. www. freedomhouse. org. 最后访问日期：2015 年 12 月 7 日。

力，其公众支持率骤然下降，2010 年大选败给青民盟。失利的社会党内部分裂。2011 年 10 月，前总理费伦茨·吉尔卡萨尼(Ferenc Gyurcsány)及其追随者脱离社会党，另立新党。同时，随着青民盟执政，通过了一系列不利于社会党的政策和法律，包括新宪法中对社会党的攻击，社会党的处境进一步恶化。伴随着 2014 年大选的再次失利，社会党出现了生存危机。最新消息显示，[①]社会党面临严重的财政危机，欠债达到了六百多万美元，正在兜售社会党总部大厦。该党不仅陷于财政危机，更重要的是政党领袖无力改革政党，不能给予民众以信心，以至于民意测评显示，他的支持率仅有 10%，而极右翼政党 Jibbik 都能达到 12%。青民盟最强大的对手陷于崩溃，而其他反对党[②]不仅规模较小，并且内部常常分化，动员社会的能力较差，与公民社会不够团结。这些都决定了反对党更加无力对抗青民盟。由于短时期内很难发展出强劲的反对党，青民盟一党主导并且独大的地位不断巩固。根据萨托利的观点，一党主导的政党体制虽然仍旧属于竞争性政党体制，然而一党主导制与霸权党制之间却并非泾渭分明，霸权党制属于非竞争性体制，“超过了(两者之间存在的临界点)就会面对相反的运行原则为基础的另一种机制”。[③] 随着政治多元化的僵化，匈牙利政党体制的性质也面临着转变与退化的危险。

---

① Hungarian Socialist Party unable to pay its debts，http://budapestbeacon.com/news-in-brief/hungarian-socialist-party-unable-to-to-pay-its-debts/3731，最后访问日期：2016 年 8 月 5 日。

② 这些反对党中 Jibbik 虽然建立的时间较短，但成长迅速，作为一个极右翼政党，颇具一部分民众的支持，2010 年大选获得了将近 20%的选票，2014 年大选得票率为 12%，2016 年的最新民意测评显示，支持率也在 12%左右。但不得不承认，短时间内还不具备对抗青民盟的实力。

③ [意]萨托利：《政党与政党制度》，王明进译，北京：商务印书馆 2006 年版，第 385－387 页。

转型二十五年来，受制于转型的困境以及匈牙利选举机制的制约，匈牙利政党结构经历了显著变化，从初期的碎片化到中期的两党激烈竞争，[①]正在向着一党主导的结构类型发展。政党体制的集中化主要是由赢者通吃的选举制度造成的。[②] 在这种“赢者通吃”的模式下，选举获胜的主导政党，将组建政府、获得主要内阁职位，而选举失利的政党，将失去对国家政治、经济、社会等事务的发言权。同时，主要政党之间的意识形态分歧太大，党派之间敌视对立严重，无法进行有效的沟通与协商。这种政治生态无疑进一步加剧了执政党的优势权力，而进一步削弱了在野主要政党的政治地位。因此，政党的结构呈现固化态势。

二十五年来，国会选举席位的变化可以清晰反映这种竞争趋势（如表 4.6），从中折射出本国政党结构的变化趋势。这种政党结构在“自我中心”的规则导向下，变得刚性地稳定，但必定暴露重重困境与难题，从长远来看，必将不断削弱这个刚性结构。然而，短期之内，这种结构却呈固化态势。

与匈牙利政党普遍具有的弱点即与选民联系松散、组织力量较弱、社会动员能力差相比，[③]青民盟较为深厚地扎根于本国的天主教会、底层民众以及海外的匈牙利少数派，具有深厚的群众基础。2014 年国会大选，青民盟的政治强人凭借严密的组织体系和深厚的民意基础，毫无悬念地再次当选，牢固控局。不难看出，匈

---

① Zsolt Enyedi and Gubor Toka, Party Politics in Hungary, in *Party Politics in new democracies*, edited by Paul Webb, Oxford Press, 2007, p. 172.

② Gabriella Ilonszki & Réka Várnagy (2014) From party cartel to one-party dominance. The case of institutional failure, *East European Politics*, 30: 3, p. 416.

③ 参见 Zsolt Enyedi and Gubor Toka, Party Politics in Hungary, *in Party Politics in new democracies*, edited by Paul Webb, Oxford Press, 2007。

牙利政党格局中强者越强，而弱者日趋碎片化，这种极化的趋势导致了一党主导的政党格局渐趋形成。这种政治格局换算成“司法语言”表现为，反司法的强大与（可能）拥护司法的支离破碎，这种政治形势对宪法法院极为不利。

表 4.6 1990—2014 年历届国会大选中青民盟、社会党等党派得票率

	1990	1994	1998	2002	2006	2010	2014
青民盟	5.7	7.02	28.18	41.07	42.03	52.73	57.3
社会党	10.9	32.99	32.25	42.05	43.21	19.3	14.6
更好匈牙利	无	无	无	无	无	16.67	12.1
政治是不同的	无	无	无	无	无	7.48	无
基督教民主党	6.46	7.03	2.59	无	无	无	8.5

数据来源：Hungary：Parliamentary Elections 1990 - 2010 以及匈牙利国会网站 2014 年选举数据，http://www.parlament.hu/en/web/house-of-the-national-assembly/parliamentary-parties，最后访问日期：2016 年 3 月 28 日。

（2）选举中执政党的“自肥”机制

修改选举法。转型以来，匈牙利实行混合代表制，并规定了进入国会需要 5%以上的得票率门槛制度。2011 年 12 月，国会通过了新的选举法。该法重新划定国会选举的选区，改变议席分配，还提高了候选人和政党名单的登记门槛，授予在匈牙利没有居住权的公民以选举权，比如那些邻国的匈牙利人等。[①] 2012 年国会通过一部选举程序的新法律，引入了一项备受质疑的措施，要对选举权施加不必要的负担。2012 年 12 月 28 日，宪法法院以程序为

① Hungary，Nations in Transit 2012，www.freedomhouse.org. 最后访问日期：2015 年 12 月 7 日。

由，宣布该项措施无效。[①] 2013 年该部法律被修改。然而，对新选区不公正的划分、不合比例给执政党分配议席、国外和少数群体代表的选票问题，都引起了反对派的强烈批评。[②] 凭借选举法的“自肥”修改和媒体的片面报导，青民盟在 2014 年不仅获得了国会选举的胜利，在地方选举和欧洲议会选举中都获得了胜利。有批评认为，这些选举虽自由却不公正，欧洲安全与合作组织（OSCE）认为选举缺乏均衡全面的媒体报导。正是这些因素，导致了匈牙利选举程序指数评价较大幅度上升，从 2014 年的 2.25 升到 2015 年的 2.75。[③]

民主社会通过周期性选举来推翻人民不满意的执政党，这种选举威慑是对执政党最大的制约。然而，这种周期性选举在欧尔班政府统治下失灵了。欧尔班政府上台伊始，就控制了选举委员会，将本来应任期到 2014 年的委员会，提前终止了，换上了欧尔班政府自己的人马。随着对宪法体制的调整，比如设计选举、设计选区以及否定海外移民的选举权等，在这种精心设计的选举制度之下，大多数匈牙利公众都无法否决欧尔班政府的连任。[④] 执政党对选举的精心设计，破坏了选举平等、自由和公开的原则。对选举规则的破坏会助长破坏性结果的持续，不利于权力的有序更替。

---

① Hungary, Nations in Transit 2013, p. 249, www. freedomhouse. org. 最后访问日期：2015 年 12 月 7 日。

② Hungary, Nations in Transit 2014, p. 269, www. freedomhouse. org. 最后访问日期：2015 年 12 月 7 日。

③ Hungary, Nations in Transit 2015, p. 267, p. 269, www. freedomhouse. org. 最后访问日期：2015 年 12 月 7 日。

④ Scheppele on democracy, constitutionalism, and rule of law in Hungary, November 12,2014 By Benjamin Novak.

(3) 宪法法院的政治地位弱化

权力趋于一元化的政治格局之下，宪法法院的制度能力往往会不断趋弱。达尔论证，当政治家能够牢固地掌握政治权力时，他们最不可能容忍司法审查。[①] 一方面，执政党从制度层面和人事层面完成了对宪法审查的选择性裁剪，宪法法院越来越让执政党放心，问责能力越来越差。另一方面，宪法法院的政治地位因此而不断下降。如果说，反对派在国会中无力挑战执政党，宪法法院还能成为反对派反击的又一战场，那么现在随着宪法法院全面的"欧尔班"化，宪法法院对反对派的吸引力也越来越小。既然反对派不需要这个阵地，那么执政党随着自身的强大，也较少需要宪法法院为自身的政策和法律提供正当性论证。毕竟，当执政党有足够能力控制国会和政府以及全国范围内推行自身的政策和承诺时，他们需要转交给宪法法院的议题或求助于宪法法院来解决的难题就会越来越少，宪法法院在这种政治环境之下必然走向衰落。2011年的根本法"赋予了青民盟完全控制政府的能力，任何反对党重新夺取政权都变得极为困难"。[②] 自由公正的选举规则遭到了欧尔班政府的破坏，青民盟在这种自肥规则中权力日趋固化，未来选举的不确定性趋弱，政治的竞争度在降低，可以预见的是，宪法法院跟反对派一样日趋边缘化。

对于执政党来说，他们制定新宪法中保留了宪法审查，但是他们首先要控制宪法审查。在重大的政治议题上，宪法法院当然可

---

① [美]基斯·威廷顿：《司法至上的政治基础：美国历史上的总统、最高法院及宪政领导权》，牛悦译，北京：北京大学出版社 2011 年版，第 92 页。

② Miklós Bánkuti, et al., Opinion on Hungary's New Constitutional Order: Amicus Brief for the Venice Commission on the Transitional Provisions of the Fundamental Law and the Key Cardinal Laws 41 (Gábor Halmai, et al. 2012). 转引自，Anthony Luckie, Fundamentally Flawed the Fidesz Attempt to Fool the World, 16 *Touro Int'l L.* Rev. p. 38。

以审查，却没有最终的解释权，或者说，宪法法院的法官必须与主要的政治领导者分享这种解释权。当然，在政治以外的议题上，宪法法院还是可以保留有限的最终解释权。这种有选择性的审查，有选择性地发挥否决权，是2014年以后的宪法法院运行的主要特征。可以预见的是，未来很长一段时间，这种选择性审查都将支配着法院的判决。

4. 强化主权原则与欧洲一体化的弱化

匈牙利转型以来，回归欧洲是其外交政策的主要目标。以西欧发达国家价值导向和意识形态为指挥棒，是匈牙利转型的主要特征。为达到入盟标准，2004年之前的匈牙利努力做好欧洲化的好学生。宪法法院的成功运行就是一例。包括匈牙利在内的大多数东欧国家，法治指数的迅速提升，宪法法院的成功与威望，都得益于欧洲一体化的目标。欧盟这种强烈的外部约束机制，保障了东欧转型的方向，对东欧民主的巩固与法治的现代化起到了重要作用。然而，欧盟自身面临着分裂和多极化的风险。“迄今为止，它没有制定出有凝聚力的共同外交和安全政策，部分重要成员国继续维持同美国的密切关系（在双边层面）”[①]，随着难民问题愈演愈烈，英国成功脱欧，欧盟大厦将倾的风险不断加剧。

同时，入盟之后反欧盟倾向也越演越烈。“欧盟扩大化一方面影响了东欧的宪制，尤其是东欧各国的民主化进程，改善了各国的人权。同时，跟老牌成员国一样，扩大化也提出了成员国的国家主权、民主和人权的关系问题。”[②]民众对欧盟产生了深刻的怀疑。国内执政者实施不受欢迎的政策时，往往把欧盟推出来做

---

① 朱晓中主编：《曲折的历程：中东欧卷》，上海：东方出版社2015年12月版，第191页。

② Wojciech Sadurski, *Constitutionalism and the Enlargement of Europe*, Published to Oxford Scholarship Online: September 2012, conclusion, p. 2.

挡箭牌。“中东欧入盟之后，对政府在入盟谈判中让步过多、没有很好地维护本国利益的社会不满情绪上升，与欧盟分享主权的需要更令刚刚摆脱苏联控制、获得完整国家主权的民众反感。同时，虽然欧盟对中东欧成员国仍保持某种制约，但与入盟前相比，制约的空间大为缩小。”[①]而国际金融危机、欧元区债务危机、持续不断的难民危机以及英国的成功脱欧，都令欧盟遭受空前危机，欧洲怀疑主义从来没有如此盛行过。同时，后欧盟时代的匈牙利国内矛盾上升为主要矛盾，尤其是国内各政党之间的冲突浮出水面，政党政治的分化斗争进一步加剧。欧盟的影响力不断趋弱，去欧洲化思潮盛行。这无疑影响着匈牙利国内意识形态的取向。

在欧盟制约不断趋弱的背景下，欧尔班政府不断强调匈牙利主权。“过去的二十五年，发生了很多变化，但有一点是不变的：我们是‘自由和独立的匈牙利’的信徒。对于我们来说，匈牙利的主权是不能讨价还价的。”[②]欧尔班政府对外政策的强硬尤其表现在对待欧洲组织对其破坏法治、威胁人权的批评上。欧尔班政府上台执政后发起了大规模的制宪、修宪、重建宪法法院的行动，均遭受到了来自欧洲议会、威尼斯委员会、欧洲人权委员会以及欧洲人权法院等欧洲组织的监督与批评，但是欧尔班政府拒绝做出实质性让步。实际上，欧盟并没有办法迫使匈牙利政府做出较大幅度的改善。若要强制性生效，就必须要求全体成员国的五分之四

① 朱晓中主编：《曲折的历程：中东欧卷》，上海：东方出版社2015年版，第77页。

② 刘思岳：《欧尔班评价过去五年的功过得失》，《新导报》2015－06－03，http://www.xindb.com/news/xiongyalixinwen/2015/0602/15144.html，最后访问日期：2016年3月18日。

支持，但这是很难达到的结果。[①] 强调主权与权力的一元化，这与宪法审查基本理念背道而驰。不难想见，统治者对宪法审查的政治需求日趋下降。缺乏统治者的政治需求，宪法审查的衰落在所难免。

（二）文化相关性变量

在制度之外，真正起着决定性作用的是民族法治文化。国家的转型从表面上看只是制度的转型，而从深层次来讲，则是文化的转型。制度转型易，文化转型难。宪法法院的制度能力，一方面是由于宪法法院所处的政治结构中，国家权力结构、政党制度、选举规则等制度性核心变量决定；另一方面，由本国政治文化和法治文化的特征所决定。而后者才是更为根本性的决定要素。一个民族对宪制文化的接受程度，很大程度上决定了宪法审查制度能够走多远。只有当宪制文化内化到了这个民族的骨髓中，那个时候宪法审查制度才真正扎下根基。任何对宪法审查展开的进攻，都是在与人民为敌，违抗民意所需要承担的政治后果是现代民主制度下政客们无法承担的。只有这样的文化根基，方能从根本上保护合宪性审查。然而，东欧社会的整体法治文化尚属薄弱，尽管司法官们孜孜不倦地追随法治，但广大民众的法治认同则不断发生动摇，在各种社会思潮的进攻下，法治观念备受冲击。

1. 新民粹主义盛行

进入 21 世纪，尤其是加入欧盟之后，民粹主义在东欧国家兴起并逐渐发展成为主流政治。这一时期东欧的民粹主义表现出了

---

① Tamas Boros, Another Hungarian Constitutional Amendment: Smoke and Mirrors for the World, Friedrich Ebert Stiftung Budapest, Juli, 2013, p. 4.

不同以往的特征，被称为“新民粹主义”。徐刚教授总结了新民粹的主要特征：“第一，在显示极端的同时又保持了对民主的肯定，它们不是反对民主而是反对自由”；“第二，与传统民粹主义相比，新民粹主义不再主张作为人民的精英来带领人民取得政治成果”；“第三，对欧洲一体化进程的质疑与忧虑成为新民粹主义兴起的一个催化剂，并且新民粹主义是一种泛欧洲的现象，它首先出现于西欧，但不限于西欧并广泛存在于中东欧国家”；“第四，新民粹主义不是一个单独的政党或者运动，而是在同一时期不同国家出现的具有一些相同主题特征的一系列不同的政党。”[①]青民盟这样的极右翼政党在匈牙利迅速崛起，正是新民粹主义发展的直接结果。极右翼政党鲜明的反自由旗帜具有着充分的民粹土壤。金雁教授指出：“民粹主义推崇克里斯马的个人魅力政治、铁腕政治，它排外反犹、推崇整体主义，导致青年人的尚武精神，反对普世价值。”[②]这种民粹精神呼唤的恰恰是欧尔班类型的领袖登台。

匈牙利之所以走向民粹主义，很大程度上是经济恶化的结果。金融危机之下，匈牙利是受到危机冲击最大的国家，国内的民粹力量迅速崛起。“公众对任何阻碍革命的制度都高喊砍掉他们的头颅”或者“政府铁腕的行为彻底吓坏了公众”。[③] 人们对现实制度不满，充斥着浮躁盲目乃至愤怒绝望的情绪。匈牙利整个社会都在逃离。经济危机与普遍的绝望感驱使着大量的匈牙利人往海外

---

① 徐刚：《中东欧社会转型中的新民粹主义探析》，《欧洲研究》2011 年第 3 期，第 55 页。

② 金雁：《从“东欧”到“新欧洲”：20 年转轨再回首》，北京：北京大学出版社 2011 年版，第 72 页。

③ Kim Lane Scheppele, Constitutional Coups and Judicial Review: How Transnational Institutions can Strengthen Peak Courts at Times of Crisis, *Transnational Law & Contemporary Problems*, Spring 2014, p. 54.

移民，据统计，三十岁以下匈牙利人大约有一半都对暂时或永久性海外移民充满兴趣。[①]

欧尔班致力于“去自由化”的国家建构，并且宣称匈牙利已经没有自由了，非自由的民主国家正在匈牙利上演，而在这种国家“建设没有充分自由的民主，只能导致民粹主义的弊端”。[②] 宪法法院作为宪法的守护者，法治自由的捍卫者，在民众眼里，这无疑构成了“革命”的巨大障碍。公众反对普世价值，表现之一就是对司法尤其是宪法法院的排斥。宪法法院已经无法满足人们的期待和需要。

民主制度合法性遭受危机。民众对民主制度普遍缺乏信心，尤其是在经济危机的压力之下，民众对民主制度产生了深刻的怀疑。2011 年的一项民意测试显示，如果能带来经济的迅速增长，受访者中有 29%强烈支持、16%一定程度上支持改变目前的民主体制为专制制度。[③] “过去二十年无疑是失败的”为匈牙利各方普遍认同。[④] 新民主之下的人民却越来越不相信政治，患上了政治冷漠症。[⑤] 除了定期的抗议和四年一次的选举，公民很少参与政治和公共生活。同时，随着欧洲怀疑主义的盛行以及欧盟难民危机的强大冲击之下，欧洲一体化理念在匈牙利变得越来越边缘。

---

① Hungary 2013, p. 249, www. freedomhouse. org. 最后访问日期：2015 年 12 月 7 日。

② 参见王缉思：《亨廷顿挑起的论战将超越时空》，《世界知识》2009 年第 2 期，第 32 页。

③ Hungary 2012, p. 244. www. freedomhouse. org. 最后访问日期：2015 年 12 月 7 日。

④ Hungary 2013, freedomhouse. com, p. 254. www. freedomhouse. org. 最后访问日期：2015 年 12 月 7 日。

⑤ 参见金雁：《从“东欧”到“新欧洲”：20 年转轨再回首》，北京：北京大学出版社 2009 年版，第 62－63 页。

如果说，二十年前欧洲化是种意识形态，那么二十年以后，不仅在匈牙利，而是在东欧大部分地方，去欧洲化成为了公众的主要情愫。

2. 公民社会文化进一步萎缩

独立而活跃的公民社会一直是成熟民主国家的要素之一，构成了对政治权力的重要制衡。发达的公民社会作为重要的社会力量，不但有助于活跃司法、维护公民权利，而且是制衡政治权力的重要手段。如果公民社会始终发展不起来甚至进一步萎缩，那么它不仅不能为独立司法提供民意支持，更重要的是不能成为制衡政治权力的独立力量，进而纵容政府或执政党为所欲为。倒 U 型转变后的匈牙利就是如此。

近年来，非政府组织在政府的压制下苟延残喘。东欧的公民社会一直不够发达，匈牙利公民社会偏倚国家和欧盟资源，缺乏大量的私人资助。这一点在欧尔班政府上台之后，表现得更加突出。欧尔班政府首先冻结和搁置了大量的资助基金，继而成立了“国家协作基金”来管理和分配基金流向，并立法进一步管制非政府组织。①

2012 年管制非政府组织的新法生效。该部法律对结社自由实行登记审核管理并密切监控其行动：在组织章程中必须标明组织目的和详细的成员名单，并到法院进行登记。非政府组织每年都要向法院提交年度活动报告，对于不合格者法院有权注销登记。②

---

① Hungary 2011，p. 274. www. freedomhouse. org. 最后访问日期：2015 年 12 月 7 日。

② Hungary 2013，p. 254. www. freedomhouse. org. 最后访问日期：2015 年 12 月 7 日。

在欧尔班的管控之下，一些较为著名的公民组织易主或解散。2013年，两个著名的人权非政府组织遭遇了人事危机："特赦国际匈牙利"组织中有一半人员退出，"匈牙利公民自由联盟"的领导人和关键人物也都纷纷离开。同时，连续五年公民社会的自由指数不断上升(指数越高越糟糕，详见表4.7)，[①]验证了近年来匈牙利公民社会处境的持续恶化。公民社会是社会活力的源泉，公民社会的欠发达则导致社会权力薄弱，缺乏与国家权力对抗的能力。同时，活跃的公民社会一直是宪法审查能动的重要条件，它的欠缺往往导致宪法审查管辖能力的下降与实施能力的弱化。

表4.7　2010—2016年匈牙利公民社会指数一览表

年份	2010	2011	2012	2013	2014	2015	2016
指数	1.75	2.00	2.00	2.25	2.25	2.50	2.50

数据来源：NIT 2016，Hungary，by Dániel Hegedüs，in www.freedomhouse.org，最后访问日期：2016年8月24日。

3. 民众缺乏宪法认同

"匈牙利民众对法院接近宪治的方法吸收同化了多少，决定了宪法法院的影响。对此，就像院长索庸所观察的，至少要再花上二十年时间才能决定(匈牙利人民对宪制的认可情况)"[②]，如同新生的民主一样，新生的宪法法院制度也是脆弱的。培养宪制文化，离不开人民的吸收和认同，更不能与传统的法治文化相脱节。从这个漫长而复杂的吸收同化乃至选择适用的过程来看，宪法法院的

---

① 自由之家指数的分值从1到7，其中1代表最高水平，而7代表最低。因此数值越高，代表水平越低。公民社会指数的逐渐升高，代表着这一阶段公民社会发达程度逐渐变低。

② Herman Schwarz, The struggle for Constitutional Justice in Post-Communist Europe, the university of Chicago Press, 2000, p.108.

制度能力的发挥具有阶段性，同时也是个渐进的过程，往往无法从短期内得出结论。第一宪法法院在匈牙利转型过程中发挥了显著作用，却无法就此判定宪法法院在匈牙利就可以稳定成长起来，这最终还要看本国人民对宪制文化的接受程度。当历史走进了2010年，匈牙利宪法法院的经历足以证明，匈牙利人民对宪制文化的接受还将是一个长期的过程。

从最初的强悍到如今的犬儒与沉默，宪法法院在匈牙利政治进程中扮演的角色如坐过山车般逆转。事实上，匈牙利始终对宪法法院进行着"选择性适用"，宪法法院一直处于工具性地位。最初的强悍是为了转型的需要，为了回归欧洲的需要，为了被欧盟等国际组织接纳的需要。匈牙利这个欧洲的好学生，以法治现代化和人权保护赢得了欧洲的认可。然而，就如同前宪法法院院长索庸所言，一切判断都为时尚早，还需要很长的过程来观察宪制文化被民众的接受程度。然而，当全球金融危机导致匈牙利损失惨重，加剧了民众对欧盟的怀疑，民粹力量沉渣泛起、愈演愈烈的时候，其实是这个国家文化基因走向显性，真正起作用的时候。当法治和宪治都成了民众拒斥的对象，如果宪法法院再发出正义之声，首先就不会被民众所接纳。宪法法院之所以没有上升为价值理性，从根本上说是因为这个国家的民众并未真正吸收和接受宪制文化。[①] 尽管匈牙利曾经拥有过优良的司法传统，但这种传统更多只限于资深法律界人士之间的共享与传递。不够发达的公民社会以及民众普遍的短视与激进，早已将这种本就有限的传统进一步消失殆尽。

---

① 参见皮特曼·波特：《"选择性适用"的假设与中国的法治实践》，上海：上海社会科学出版社2009年版，第1页。

小结

青民盟近十年在民间养精蓄锐，到了2010年终于兑现为政治筹码。随着青民盟主政，掌握了国会三分之二多数的席位，开启了这个国家崭新的政治秩序。而宪法法院作为转型初期秩序的主要维护者，首当其冲是最大的受害人。青民盟政府对宪法法院的选择性裁剪，将匈牙利的宪法审查彻底改造为“选择性”审查。而随着匈牙利青民盟的日益固化和强大，这种趋势会持续下去。更主要的是，如前所述，匈牙利人民某种程度上放弃了自由与民主。

“人们把自身卖给魔鬼以求得魔力”。[①] 如果匈牙利人民自己放弃了自由与民主，那么再先进的宪法法院、再高深的宪法原理、再强大的宪法审查制度都回天无力。毕竟，宪法审查制度能力终究是有限的。一旦有限司法遭遇大众狂热，颇有“秀才遇到兵”的无奈。这种倒退很可能没有解决方案，即便有，也不在于司法本身。

---

① [英]罗素：支配舆论的权力，《罗素文集》(第5卷)，吴友三译，北京：商务印书馆2012年版，第118页。

第五章　余论

匈牙利宪法法院的实践为世界宪法审查贡献了一种标本。宪法法院"过山车"的经历验证了这样的事实,合宪性审查是可以多么强劲有力,同时又是何等脆弱。从世界上最强大的宪法法院发展到典型的选择性审查,匈牙利宪法法院制度能力经历了一个由强及弱的历程。这种制度能力的变化过程,不仅仅是对宪法法院本身能力的展示(如表 5.1),也可以从中窥视出决定宪法审查的政治生态之变化轨迹,验证了"政治本身决定了最高法院何时具有重要性"[①],体现了政治逻辑之强大。同时,司法之舟在政治海洋中颠簸前行,如何自处不至于被风浪所吞噬,这是一个值得我们不断思索的问题。本书通过对匈牙利的个案研究,试图证实合宪性审查制度能力的基本类型及其政治逻辑的一般性,以验证决定合宪性审查制度能力的核心变量。

① [美]马克·图什内特:《宪法为何重要》,田飞龙译,北京:中国政法大学出版社 2012 年版,第 72 页。

5.1 匈牙利宪法法院(宪法委员会)制度能力变迁一览表

阶段	审查类型	制度能力
1984—1989(宪法委员会)	名义性审查	极弱
1990—1998	强规范性审查	极强
1999—2010	规范性审查	一般
2010—2013	规范性审查	较弱
2014 至今	选择性审查	弱

一、匈牙利个案的启示

(一) 转型的合宪性审查应重在维护消极能力

匈牙利宪法法院是政治转型国家宪法法院的典型个案。一方面,匈牙利的民主转型充分体现了政治转型的多样性:在新兴民主、巩固民主以及半民主国家之间更替。[①] 另一方面,它向世人展示了宪法法院到底可以多么强悍,政治地位多么突出,而同时,它又向世人证明了宪法法院实际上是如此脆弱,在政治进攻面前不堪一击。2010 年之后,宪法法院在政治权力格局中被大大削弱,外在的环境因素的确是最主要原因,也是宪法法院无力决定的,这一点我们在“选择性审查”一章中已经讨论。但是如果从宪法法院的角度寻找原因,在宪法审查未实现制度化之前,宪法法院应该将重心放在消极能力的建设上。从制度和惯例上如何维护宪法法院与宪法审查的消极能力,如何增强宪法审查机构抵御政治压力的能力,才是新生宪法审查机构的任务所在。

① 参见自由之家对匈牙利各时期民主质量的定性。

积极能力越强，越容易招致政治力量的干涉。这一教训不仅适用于匈牙利，也不仅是东欧，而是在世界上很多设立宪法审查的国家都得到了证实。越是强大的宪法审查，往往遭受的破坏越惨烈。比如罗马尼亚、南非、土耳其、斯里兰卡以及埃及宪法法院，这些曾经强大的宪法法院近年来都不同程度地直接遭受各种干涉，管辖权被大范围缩减，独立性严重削弱。①

转型国家宪法审查的积极能力因为强大而招致政治干预，有其必然性。宪法审查作为转型国家的新生事物，它的成长和制度化需要长期的积累和完善。在宪法审查未制度化之前，尤其是政治力量对权力的一元化要求比较强烈，或客观上政治力量的一元化趋势较为突出，而同时它与宪法审查机构又很难分享对于公民自由、有限政府原则等价值取向，那么宪法审查作为某种意义上的司法否决权，所分享的国家权力越多，越是对以上政治力量的减损和削弱。如果说国家权力的总量是有限的，而对国家重大议题的参与和决策都是有限的权力资源，那么宪法审查与政治力量之间构成了对有限权力资源的竞争关系，并在这种关系中此消彼长。这种竞争关系之下，政治力量的先天优势与司法力量的天生弱势形成了强烈的反差。一元化政治力量的强烈需求会驱使它通过政治手段，比如通过立法或法官任命渠道，来掠夺原属于宪法审查机构的权力资源。这种情形下，越强大的宪法审查机构往往遭受的破坏越强。“当司法机关的雄心壮志对其他有影响力之政治参与者的计划太具破坏作用时，这些雄心就可能遭遇严重抵制。”②

---

① Stephen Gardbaum, Are Strong Constitutional Courts Always A Good Thing For New Democracies, 53 *Columbia Journal of Transnational Law* 2015, p. 1.

② [美]基斯·威廷顿:《司法至上的政治基础:美国历史上的总统、最高法院及宪政领导权》,牛悦译,北京:北京大学出版社 2010 年版,第 172 页。

宪法法院以其抽象审查的“积极立法”功能，往往过早，过于频繁地介入政治进程，宪法法院也因此被称为“准立法机关”。相较于普通法系下的司法审查，宪法法院的运行机制是对“政治问题原则”的背离。而对于转型国家的宪法法院而言，越是持久地卷入政治，就越容易遭受破坏。然而，如果法院处理的是政治边缘问题，那些议题于政治力量而言并非至关重要，或者政治行动者对法院可以保持较大政治宽容度的领域，那么都不会将宪法法院持久地卷入政治漩涡中。政治边缘议题会将宪法审查机构置于政治压力之外，有利于宪法审查机构相对独立地做出判断。“新兴民主国家司法独立方面很脆弱，实用性对策就是通过减少它所面对的政治压力而不是最大化这种压力来保护和滋养它。”①

然而，很多新生民主国家设立的宪法审查制度，往往都在转型之初被赋予过多的职能设计，或将宪法审查频繁地卷入政治冲突之中。一方面，看似宪法审查积极能动、强悍卓著；另一方面，也将宪法审查不断暴露于政治压力之下，使它逐步丧失了抵御外界压力的能力。更何况，转型国家政治动荡多变，各种政治力量诡异莫测，整个国家的政治属性呈现多面向。作为政治角力的宪法审查，只有做到“消极自处”，重点致力于消极能力建设，方可能保全制度的完整性。

宪法审查具有多重面相。转型宪法审查中，有积极主义、保守主义乃至沉寂者。除了积极主义的姿态以外，宪法审查还可以在“消极姿态”之下依旧发挥着较强的能力。比如，当泰国政党政治在选举中陷入僵局，宪法法院也会做出判决，解决这种僵持局面。

① Stephen Gardbaum, Are Strong Constitutional Courts Always A Good Thing For New Democracies, 53 *Columbia Journal of Transnational Law* 2015, p. 1.

但是这种行为往往是国王呼吁或者社会强烈要求的结果。泰国的宪法法院消极自处,不过最后仍旧是破解政治僵局的关键机构。① 还比如,我国台湾地区的大法官会议乐于促成宪法对话,对许多社会问题也做出回应,不过并非是实体问题的决策者,而是恰当地就程序问题进行"调节"或"斡旋",将决策权留给政治机构和政治过程,促进政治机构重新思考和商谈,促成对社会问题、公共利益问题上的宪法对话。②

鉴于转型阶段各种政治力量斗争的复杂性和多变性,宪法审查机构应学会"消极自处"。宪法审查机构试图强化自身独立性和权威,就要充分考虑政治力量的政策偏好以及对宪法审查机构的容忍程度。只有注重配合,方能确保判决的实施,保障宪法效力,同时增强宪法和机构自身的权威。在宪法审查机构的新生和成长期,对自身权力界限的摸索是探索性的,尝试着从不那么敏感尖锐的问题入手,来拓展司法权力,不断试探政治力量的容忍程度,在坚守自身消极能力的同时,为自身权力扩展做好准备。

(二) 转型国家合宪性审查的制度化,根本上依靠的是政治文化的转型

本书侧重于揭示匈牙利政治对宪法法院的型塑作用,司法政治学的视角贯穿了本书的始终。事实上,在型塑宪法法院上,与政

---

① 参见 Bjrn Dressel, Judicialization of Politics or Politicization of the Judiciary? Considerations from Recent Events in Thailand" (2010) 23 *The Pacific Review*, no. 5, pp. 671 - 691。

② 参见叶俊荣:《从"转型法院"到"常态法院":论大法官释字第二六一号解释与第四九九号解释的解释风格与转型脉络》,《台大法学论丛》第三十九号第二期。

治力量一道起作用的，还有文化要素。不过，如前所述，这两种力量作用的方式却有较大差别。前者是显性的，即时的，甚至更强硬，往往在短时间内政治力量的效果更显著；而文化力量，则是漫长的隐性过程，在较短时期内可能并不具备太强的解释力，然而置于更漫长的历史进程却是一个不可忽视的要素。

从根本上说，转型不仅是制度转型，更是文化转型。建构和培养法治文化传统，让更多的人信仰法律，实现宪法认同，这才是最为根本的转型。而这个转型过程对于那些法治文化与法治传统不发达的国家，必将是一个漫长的过程。“现在以及任何别的时候，法律发展的重心既不在立法，也不在于法律科学和司法判决，而在于社会本身。”[①]只有实现了文化转型，宪法审查制度能力所需要的自由和法治文化在政治生活和社会生活中全面确立，这样的国家和社会才具备了宪法审查所需要的法律传统，宪法审查才可能制度化。

1. 强烈的工具色彩

政治转型下的宪法审查，更多是宪法法院或学者们对宪法审查的主动接受和自觉运用，而其他政治力量对宪法审查则抱有工具理性的态度。政治行动者对宪法审查的“实用主义”态度，决定了当宪法审查所体现的政治利益不再为政治所需，宪法审查就会被抛弃，或被破坏。

不仅政治行动者，广大的民众对宪法审查也抱有“实用主义”的工具立场。当宪法法院不断解决有争议性的社会问题，就会获得人民的支持。民意测评显示，对宪法法院的信任度很高，但还不能说明民众就已经从内心认同宪法审查的价值与意义。民众对宪

① Engen Ehrlich, *Fundamental Principles of the Sociology of Law*, Forward, 转引自博登海默：《法理学：法律哲学与法律方法》，邓正来译，北京：中国政法大学出版社 1999 年版，第 142 页。

法审查是否认同更多取决于政治文化属性。一个缺乏尊重宪法传统与法治传统的国家,民众很难在短时间内建立对宪法的内心认同。美国大法官布雷耶如此预见新兴民主之下的宪法审查制度:"他们会缓慢地成长,同时与允许该制度存在的特定国家与文化的习俗、期望值以及需求相互作用、互相影响。"①

皮特曼·波特(Pitman B. Potter)教授认为,非本地规则在本地的实施受到制度环境的影响,尤其是自由主义下的管理规则向其他地区传播的时候,规范之间的冲突就出现了。② 波特的"选择性适用"范式就是在这种冲突之中产生的,它的实质是制度与环境的兼容性,用来检验本土拥有解释权的团体在何种程度上分享和接纳了非本地规范。

对于匈牙利而言,转型以来宪法解释权的团体先后经历了宪法法院独享、宪法法院与执政党共同享有以及近年来越来越多为执政党分享的变迁过程。在这种实质性解释主体的变迁过程中,对非本地规范的接受程度也相应地改变。正如前文所述,实质性宪法解释主体对自由与法治的共识程度越来越低,对非本地规范的接受程度也越来越低。宪法审查制度在匈牙利的"选择性适用",直接力量在于政治的型塑作用,而根本力量则在于匈牙利特有的政治文化。

选择性适用可以用来解释法律文化和政治文化方面的问题。它解决了非本土规则与本地传统规则之间的共同性程度,但也表

① Constitutional Judiciary in a New Democracy: *The Hungarian Constitutional Court*, edited by Laszlo Solyom and Georg Brunner, University of Michigan Press 2000, Forward.

② [加]皮特曼·波特《选择性适用与制度能力:全球化条件下适用国家法的理解方法》,载于《"选择性适用"的假设与中国的法治实践》,上海:上海社会科学出版社2009年版,第1页。

明了非本地规则在本地实施中遭遇的阻力与抵制。宪法审查制度作为一项转型国家的非本地规则，也面临着非自由主义文化传统对它的选择性适用。解决"选择性适用"的难题，从根本上仍旧要从本地文化传统入手，尤其是政治文化的特质上。

转型国家的宪法审查制度仍旧是一种"外生型制度"。德国学者柯武刚和史漫飞将制度划分为内生型制度和外生型制度。内生制度是从人类经验中演化而来，是自我维系、自我实施的，如习惯、伦理规范、盎格鲁撒克逊社会中的自然法；外生型制度则是由统治共同体的政治权力机构自上而下地设计或推行、强加于社会并付诸实施的。外生型制度被清晰地制订在法规和条例之中，并要由一个诸如政府那样的、高踞于社会之上的权威机构来正式执行。这样的规则是由一批代理人设计或推行并强加给社会的。① 从这个意义上说，转型国家统治者将宪法审查制度移植进来，由上而下地推行之，并强加给社会去实施和执行。尽管外生型制度也可以转化为内生型制度，并成为自我维系和自我实施的系统，但前提需要外生型制度与内生型制度之间不存在冲突。宪法审查可以转化为内生型制度，但需要克服政治或法律文化之间的冲突。

转型国家的宪法审查尚停留在"表层"。转型之初，宪法审查制度被迅速设置和运行。然而，这种制度的深入发展还需要漫长的过程。东欧缺乏法治的传统，注定了对宪法审查制度的吸收和深化所需要的过程更加漫长。二十年的宪法审查其实还只是停留在表面，它是脆弱的、不稳定的。这种制度建立得快，一旦遭到破坏消失得也快。这种制度缺乏深厚的根基，没有相应的法律文化

① 参见[德]柯武刚、史漫飞著：《制度经济学——社会秩序与公共政策》，韩朝华译，北京：商务印书馆 2004 年版，第 32－37 页。

与法律传统的给养。当制度中心主义者花费大量时间讨论哪种宪法或宪法审查形式是最优的，文化的隐性作用却被忽视了。而随着时间的流逝，文化特质才发挥更强劲的作用力。或许只有文化才可以为诸多转型国家宪法审查的式微做出最终解释。

2. 能否制度化最终取决于民众的认同程度

民众对宪法审查的接受程度，决定宪法审查能否制度化。索庸曾经说过，匈牙利宪法审查能否成功，还要看二十年后匈牙利民众对宪法审查是否真正接受。他在宪法法院院长的位置上发出这样的感慨，想必是对宪法文化深有体悟，看到了文化对宪法审查的终极意义。东欧国家民众突出表现出来的一种思维定势，即对政治参与的冷漠，对法治的不信任以及对强权的推崇。在制度背后，这种思维定势导向下的文化决定了制度的成败。①

社会对宪法审查制度的接受和支持，是宪法审查制度唯一值得依靠的力量。英国上议院的斯泰恩勋爵认为，"只有当公众相信法院完全独立行事，即便时有错误，司法机关方能有效发挥其作用"。② 而美国的实证学说也研究证明了，美国的最高法院享有相当数量的"扩散性支持"，它是一种公众对公共机构认同与支持的蓄水池；即便人民不同意最高法院当下的判决结果，仍旧愿意支持和维护司法独立。③ 人民信任的重要性还表现在司法遭遇其他政

---

① The Legacy of Communist Political Culture in East - Central Europe ：A Study of The Post Communist Mind, Submitted by Jiri S. Melich, M. A. , Carleton University, May 3, 2000, For the degree of Doctor of Philosophy.

② Johan Steyn, The Case for a Supreme Court, 1 *Law Q. Rev*. 382, 388(2002). 转引自[以]巴拉克：《民主国家的法官》，毕洪海译，北京：法律出版社 2011 年版，第 77 页。

③ 参见 Gregory A. Caldeira & James L. Gibson, The Etiology of Public Support for the Supreme Court , 36 am. j. pol. sci. 635, 640 (1992) , quoted in Barry Friedman, The Politics of Judicial Review, *Texas Law Review*, Volume 84, Number 2, December 2005, p. 326。

府机构的抵制时，人民信任的力量会令司法渡过难关。当政府其他机构对宪法审查机构不予支持甚至企图干涉宪法审查机构独立行使职责，这个时候，宪法审查机构只有求助于人民，借助于社会力量的保护。如果没有人民的信任和支持，则宪法审查机构的最后一道防线即被攻破。只有求助于人民，才是唯一的、也是最后的道路。正如麦迪逊指出：

“由于人民是权力的唯一合法来源，政府各部门据以掌权的宪法来自人民，因此不仅在必须扩大、较少或重新确定政府权力，而且在任何部门侵犯其他部门的既定权力时，求助于同一原始权威似乎是完全符合共和政体的理论的。就一些部门的共同任务而论，他们是完全平等的，显然没有一个部门能自称有规定他们彼此之间的权力范围的专权或更高的权力；人民作为任务的委托人，能单独说明任务的真正意义，并能强迫执行，如果不求助于人民，怎能防止强者的侵犯或纠正弱者的错误呢?”①

社会对宪法审查制度的支持和认可，不仅可以有效帮助宪法审查机构抵御外部力量的干涉，一定程度上还决定着宪法审查自身的定位与功能。当社会对宪法和法治的尊重上升为一种政治文化，从“公民社会”有效渗透进“政治社会”，②进而发展成为政治意识形态，那么它的效用就会尤其显著，突出表现为对政治行动者的制约力量。

亨廷顿认为，制度化是种过程。通过此过程，制度获得稳定性以及自身价值观。稳定性的获得随着时间而递增。宪法审查制度

① [美]汉密尔顿等：《联邦党人文集》，程逢如等译，北京：商务印书馆 2006 年版，第四十九篇，第 257 页。

② 关于对公民社会、政治社会的二元划分，参见林茨：《民主转型与巩固的问题：南欧、南美和后共产主义欧洲》，杭州：浙江人民出版社 2008 年版，第一章。

化将是长期的过程。宪法审查的成长需要长期的积累,直到它能够成熟并且独立进而实现制度化。在达到这一目标之前,宪法审查其实更多依赖的是外部制度环境,而较少取决于法官本身。在2011年的一次有关"宪法文化"的学术演讲中,匈牙利宪法法院前院长索庸强调了这一点。[①] 转型的宪法审查看似强大,其实很脆弱。

正如索庸所认为的,中东欧宪法法院并非从国内法律内生发展而来,而是舶来品。[②] 作为舶来品,不可避免与本地法律传统存在着冲突。从制度结构上讲,宪法审查在东欧得以扎根和发展,必须要有相应的制度环境,比如要具备权力分立的结构之中确保宪法法院独立运行的各种要素,不至于过分卷入政治生活的制度屏障,权力配置科学的宪法以及一套与世界接轨、弘扬普世价值的宪法解释理论;逐步趋于成熟的民主制度,选举体制相对自由与公平,人民较为充分地行使选举权,新闻自由有所保障;更为主要的是,政党政治较为发达,政党体制具备了充分的竞争性。政党政治缺乏竞争性,如二战后日本长期由自民党执政,就会令宪法审查缺乏活力,消极能力无从保障,[③]积极能力较弱,以至于"日本的最高

① 参见"Constitutional Culture in Hungary" ,Address by Professor László Sólyom at Central European University,Budapest, 26 January 2011。

② Prochazka, Radoslav, Mission Accomplished: On Founding Constitutional Adjudication in Central Europe,Central European University Press, 2002,p. 50.

③ 日本最高法院法官的任命控制在自民党手中,而最高法院有权决定着下级法院法官们的升迁、委任、薪水、奖惩以及纪律要求等。这种司法官僚制迫使整个司法体制依附于最高法院,而最高法院又依附于自民党。如此一来,日本分散性的司法审查制度,便丧失了独立性,很大程度上失去了制衡国会与政府的可能。参见 Chao Wang, Selective Adaptation as a Paradigm in Comparative Law: An Illiberal Model of Rule of Law in Postwar Japan, *New Frontiers of Comparative Law*,edited by Io Cheng Tong, pp. 109 - 112。

法院被看成是保护自民党在司法领域免遭政治挑战的最后堡垒”。①

从根本上说，一项移植过来的司法制度能否扎根，终将取决于本地法律文化的特色是否与宪法法院所需要的自由主义法律文化相互融合。宪法审查制度能力的充分发挥源于社会对宪法的尊敬，来自于民众的宪法认同与主要政党的宪法自觉。正如格林教授指出，其他政府机构之所以不能藐视宪法审查，根源于民众对宪法审查的认同和尊重，而尊重宪法审查就是尊重公众的情感：

“即使无视宪法也并无风险，而仍然自愿服从宪法，这在很大程度上是一种文化自觉。在有些社会中，这种尊敬深植于公民当中，而不是在他处。在这些社会中，民主政治家通常不会无视法律，而且，一旦出现政府违法，公众的反应就会非常强烈。由此，失去公众认可的风险成为强化宪法的又一层保障……有效的司法审查需要这样一种政治文化，那就是，总体而言，即使是那些掌权者也接受法院裁决，而且，公众对宪法的尊奉非常坚定，无视宪法对政治家而言意味着沉重的代价。”②

简言之，司法的问题很大程度上不在司法本身，恰恰存在于外部。德国学者迪特·格林认为，宪法的命运并不系于宪法自身，而是宪法之外的东西。③ 作为宪法实施制度的宪法审查不外如此。宪法审查制度能力是结构性的产物。宪法审查制度置身于国家权

---

① Chao Wang, Selective Adaptation as a Paradigm in Comparative Law: An Illiberal Model of Rule of Law in Postwar Japan, *New Frontiers of Comparative Law*, edited by Io Cheng Tong, p. 108.

② [德]迪特尔·格林：《现代宪法的诞生、运作和前景》，刘刚译，北京：法律出版社2010年版，第159页。

③ [德]迪特·格林、季卫东、郑戈、林彦：《宪法实施四人谈：司法审查制度设计的比较》，《交大法学》2017年第1期，第15页。

力结构之中，背后受到政党政治（政党体制及意识形态倾向）的驱动，而最终制度能力能否深化，还要取决于本地法律文化特色以及民众普遍对宪法审查制度的接受程度。制度转型的实质是文化转型。

（三）借鉴

本书通过匈牙利个案的研究验证了宪法审查制度能力的多样性及其背后政治语境的重要性，最终归结于政治文化的差异性。换言之，宪法审查制度能力在不同的政治语境下具有较大的差异性，这是宪法审查制度本身所无法决定的。在缺乏竞争性政治力量的情形下，宪法审查制度即便存在，往往也徒有虚名。在这种语境下，即使主导性政治力量因为一时的利益驱动，主动设立了宪法审查制度，但这种制度往往是经过政治裁剪的结果，其制度能力之有限也是主导性政治力量完全可控的。从这个角度说，在那些处于转型阶段或转型初期的国家，司法能力往往是极其有限的，本质上取决于政治力量对比关系以及政治文化属性。这种能力的有限性提醒我们，那些试图通过改造司法从而构建政治生态的改革路径，往往有本末倒置之嫌，是不大可能走向成功的。

在我国，关于宪法实施制度的学理研究可谓汗牛充栋，其中不乏主张宪法司法化者，或设立宪法法院制度。对这样的学术主张，笔者持有谨慎的态度。脱离了政治语境与文化属性的制度移植，很可能枉费了制度成本。不仅限于宪法实施制度，对我国的司法改革亦是如此。宪制民主国家的宪法审查能力之强，可能给予了我国学界对该项制度的过高期待。宪法审查有力量，是因为背后的政治需求需要它有力量。而在一种本质上对宪法审查缺乏政治需求和社会土壤的国度里，所谓宪法审查制度，更多局限于制度设置。金斯伯格认为司法审查一旦建立，就可能起到积极作用，不会完全受制于政治党派，司法自身的专业性、社会的期待和支持以及法官对自身使命的忠诚等因素都可能促使司法审查健康成长。① 这种对宪法审查发展的乐观态度其实有其前提，即政治力量竞争趋于均衡，没有这个前提，宪法审查可能丧失独立存在的基础。

二、余论

笔者认为，宪法审查制度能力是宪法审查抵御政治压力以及干预政治和社会能力的综合反应。按照宪法审查制度能力的性质和强度，可以将宪法审查划分为规范性审查、选择性审查以及名义性审查三种理想形态。这三种理想形态存在于政治转型各国或同一国家的不同时期。所谓宪法审查制度能力的变迁正是在这三种理想形态中的演进和过渡。宪法审查制度能力是政治角力的产物。本质上决定宪法审查制度能力的，不仅在于宪法审查机构本身及其制度性规定，而且取决于政治力量对待宪法审查的态度及其干涉宪法审查的能力。

若政治力量倾向于干涉司法或宪法审查属于常态，那么他们之所以不干涉，无外乎不能或不愿，而其中不愿主要是“能而不愿”的情形。政治行动者（不得不）尊重宪法，要么受益于宪法审查，要么干涉宪法审查成本过高，代价过大。在这些情形下，政治行动者对宪法审查更宽容，宪法审查的消极能力也更强。即便政治行动

① 姜峰：《司法审查的政治保险论》，《人大法律评论》2016 年第 2 辑，北京：法律出版社 2016 年版，第 463 页。

者具备充分的能力干涉宪法审查，但对待宪法审查的“尊让”态度足以抑制自身的干涉。当然，宪法审查制度能力作为政治角力的产物，并不是说每个宪法法院的判决都可以化约为某种当权者的政治利益，但是这种视角有助于理解作为一种动态特征的制度能力，如何在权力的互动中达至制度能力的增减或质的变化。

政治行动者干涉宪法审查的能力受到政党结构以及国家权力集中程度的显著影响，而政治行动者对待宪法审查的态度则源自于利益趋同性（相应利益的迫切性）以及意识形态与传统政治文化等影响。一定程度上，更广泛的意识形态背景会深刻影响着政治行动者对待宪法审查的能力和态度。这是为什么本书在描述宪法审查制度能力的同时，更注重对司法背后的政治逻辑的分析。

不同类型的政治奠基宪法审查的政治生态。匈牙利转型二十五年来，分别经历了“重建型政治”“巩固型政治”以及“非常政治”三种类型。不同类型的政治提出了不同的意识形态要求，对本国提出了不同的政治任务，对政治行动者提出了不同的挑战，同时也要求宪法法院实现不同的宪法目标。就宪法目标而论，重建型政治要求匈牙利建立民主法治的宪制国家，而巩固型政治则要求在既有框架下稳定推进宪制建设，但对于非常政治的匈牙利，经历了“宪法政变”，宪法目标已经被强烈的政治目标所取代，不再具有自主性。

不同结构的政党模式决定政治竞争的均衡程度，决定宪法审查的能动程度和独立程度。匈牙利转型二十五年来，政党政治也大体经历三个阶段的成长历程。第一阶段属于碎片化分散型的无力组织，第二阶段属于竞争激烈的两大主要政党居于主导时期，第三阶段表现为一党或将长期占据主导地位的结构模式。第一阶段，新生政党的脆弱和不稳定导致了议会政治的无力，欠缺领导国家转型重建的能力，招致了人民的强烈不满，这就刺激了宪法法院的能动。第二阶段，政党变大变强的同时，两党之间的激烈竞争更促使政党抓紧干涉宪法审查，而选举的不确定性又激励着法院对干涉者的抵制。在司法独立作为政治行动者次优选择的背景下，宪法法院的制度能力整体上虽然不及第一阶段，但是仍旧能保持着相当程度的独立性，并在远离意识形态等政治敏感议题上保持自主性，积极维护基本权利。本质上，这一阶段的宪法审查仍然属于规范性审查。第三阶段，面对着青民盟长期执政趋势，宪法法院在制度设计层面遭受裁剪，在人事结构上经过深度清洗。随着宪法法院人事结构的深刻变动，新的法院已然形成，宪法审查蜕变为选择性审查。

而从意识形态层面，匈牙利也经历了转型初期的自由民主法治的欧洲化作为主流，以进入北约、加入欧盟为主要外交目标时期，发展到了近年来，随着入盟之后带来的诸多弊端，民众中充斥着强烈的欧洲怀疑主义情绪，外加东欧国家固有的国家认同理念，强化了民族主义倾向，而随着民粹的泛滥，民粹型政党迅速崛起。这一系列元素都增加了保守主义色彩，而正在兴起的反自由主义世界潮流为极右翼政党的执政奠定了广泛的意识形态基础。① 在这种基调之下，核心精神就是自由主义的宪法审查遭受打击与衰落也正渐呈趋势。概言之，本书透过对匈牙利个案的研究，描述了不同时期宪法法院制度能力的变化轨迹，并剖析了背后的政治角力以及政治逻辑，阐述了影响宪法审查制度能力的核心变量。根

① 参见朱嘉明：《世界性的自由主义全面危机的成因及其前景》，载我国台湾地区《思想》杂志 2012 年第 20 期，转引自共识网，http://www.21ccom.net/articles/sxwh/shsc/article_20140501105339.html，最后访问日期：2016 年 9 月 20 日；苏赫拉布·阿马里（Sohrab Ahmari）：《反自由主义：世界危机》，载于 Commentary 杂志 2016 年七/八月刊。

据第一章所展示的理论框架，对于其在匈牙利研究中的应用情况概括为表 5.2 所示：

5.2 匈牙利宪法审查制度对理论框架的回应情况：

	政治竞争	利益趋同性	司法认知	法治传统	其他
转型前名义审查	√较弱	√很低			
1990—1998年（强）规范审查	√政党数量多，规模小	√很高（意识形态）欧洲化	√积极能动	隐性	政治力量的涣散与重建型政治
1990—2010年（弱）规范审查	√两大主要政党竞争激烈	√欧洲化较高	√骑墙、实用主义	渐趋显性	巩固型政治
2010年—选择性审查	√一党主导	√较低去欧洲化去自由化	√犬儒懦弱	显性	非常政治

三、回归

匈牙利宪法审查从无到强、再从强趋弱的能力变迁过程，彰显了司法独立的制度与法治文化的重要性。一方面，审查机构在制度上的独立性直接决定了宪法审查的制度能力；如果缺乏独立地位，审查机构即便存在也只是一个摆设。另一方面，司法独立也是一种文化；如果法治文化未能深入，当政治力量蚕食司法权的时候，民众无动于衷，甚至在民粹主义裹挟下跟着喝彩，那么司法的洁身自好也是不能维持长久的。只有当民意普遍尊重司法，政党尤其是执政党才会不得不尊重司法，不敢贸然侵犯司法权威，宪法审查才能有效规范和监督政治权力的运行。

越是深究宪法审查的政治逻辑，越是深感宪法审查制度化——尤其是强化消极能力——的必要性。只有宪法审查制度化，才可能克制政治的任性和恣意。在宪法审查制度能力遭到损害的时候，往往是政治攻势强劲，权力最不受约束的时候，即便是民主赋予的权力也不例外。恰恰是这个时候，人民的权利最容易遭受政治肆意的侵害，宪法原则更容易遭到政治的践踏，而权力也最需要受到制约。尽管在某些政治学者眼中，司法独立类似于话语陷阱，但是司法独立作为法学的一种终极价值，仍需要认真对待。我们在此按政治逻辑讨论宪法审查制度能力之变化，其前提在于一定程度上放弃了司法独立的价值理性，而讨论结束之后，回归的终点恰恰在于印证了司法独立的必要性。卡佩莱蒂教授指出：

“司法独立最核心和传统的含义系法官（集体和个人）独立于政治机构，尤其是独立于行政机构就可以了……宪法正义在某种意义上则把法律正义的形式和自然正义的实质结合起来。为了维护人民的永久愿望，而非顺从人民的一时兴起，许多现代国家已通过成文宪法重申了高级法原则……现代宪政是一种黑格尔式的综合，它试图利用以往的教训，同时避免其缺陷。”①

以上的价值理性虽然在政治角力面前显得苍白与脆弱，但只有不沦为政治现实的囚徒，将价值理性上升为政治社会乃至公民社会的基本共识，宪法审查制度化才有望形成，毕竟“对事物持一种现实主义的看法是一种美德，但如果‘太现实’了，从而沦为现实的囚徒，就有必要重温海德格尔在《存在与时间》中的名言：‘可能

① ［意］莫诺·卡佩莱蒂：《比较法视野中的司法审查》，徐昕、王奕译，北京：清华大学出版社 2005 年版，第 94 页，第 178－179 页。

性高于现实性'"。[①] 事实上,只有人民的深刻认同,宪法审查消极能力才实质性和长期性获得保障,宪法审查制度能力才可能稳定且坚固,并发挥着宪法的规范性作用。"民主这套政治装置究竟怎样,不仅取决于这套政治装置本身,更取决于安装和操作这套装置的人"。[②] 民主是如此,司法独立也是如此。无论是对于匈牙利还是其他转型国家,只有这种规范性价值理念的回归,不仅是在精英阶层的回归,更重要的是在民众中的认同和复归,才能确保国家的转型沿着现代国家之路前行。

① 王治河:《后现代哲学思潮研究》(增订本),北京:北京大学出版社 2006 年版,第 3–4 页。

② 包刚升:《政治学通识》,北京:北京大学出版社 2015 年版,第 145 页。

参考文献

一、英文

(一) 著作

[1] Pitman B. Potter: *Law, Policy, and Practice on China's Periphery: Selective adaptation and institutional capacity*, Routledge, 2010.

[2] Theunis Roux, *The Politics of Principle: The First South African Cons-titutional Court*, 1995－2005, Cambrige University Press, 2013.

[3] Georg Vanberg, *The Politics of Constitutional Review in Germany*, Cambridge University Press, 2005.

[4] *Democratization and The Judiciary: The Accountability Function of Courts in New Democracies*, edited by Siri Gloppen, Roberto Gargarella, Elinskaar, First Published in 2004 in Great Britain by Frank Cass Publishers.

[5] *Rule by Law: The Politics of Courts in Authoritarian Regimes*, Edited by Tom Ginsberg, Cambridge University Press, 2008.

[6] *Law and Politics*, edited by Keith E. Whittington, Oxford University Press, 2008.

[7] *Consequential Courts: Judicial Roles in Global Perspective*, edited by Diana Kapiszewski, Cambridge University Press, 2013.

[8] Ran Hirschl, *Towards Juristocracy: the origins and consequences of the new constitutionalism*, Harvard University Press, 2004.

[9] Peter Calvert and Susan Calvert, *Politics and Society in the Developing World*, Pearson Education Limited, Third edition published, 2007.

[10] Robert Barros, *Constitutionalism and Dictatorship: Pinochet, the Junta, and the* 1980 *Constitution*, Cambridge University Press, 2004.

[11] Rosenberg Gerald: *The Hollow Hope: Can Courts Bring about Social Change?* University of Chicago Press, 1991.

[12] Hilbink, *Judge Beyond Politics in Democracy and Dictatorship: Lessons from Chile*, New York: Cambridge University Press, 2007.

[13] Cass R. Sustein, *Designing Democracy: What Constitutions do?* Oxford University Press, 2001.

[14] Allan R. Brewer-Carias, *Constitutional Courts as Positive Legislators*, Cambridge University Press, 2011.

[15] Paulina Pospieszna, *Democracy Assistance from the Third Wave: Polish Engagement in Belarus and Ukraine*, Published by University of Pittsburgh Press, (February 2014).

[16] Kataryna Wolczuk: *The Moldings of Ukraine: The Constitutional Politics of State Formation*, Published in 2001 by Central European University Press.

[17] Juan Carlos Calleros, *Unfinished Transition: Latin America*, First published 2009 by Routledge.

[18] Tom Ginsburg, *Judicial Review in New Democracies: Constitutional Courts in Asian Cases*, Cambridge University Press, 2003.

[19] Griffith, J. A. G, *The Politics of the Judiciary*, Harper Collins Publishers, 1997.

[20] Lawrence Baum, *The Puzzle of Judicial Behavior*, The University Of Michigan Press, 1997.

[21] *Transitional Justice in Eastern Europe and the Former Soviet Union: Reckoning with the communist past*, edited by Lavinia Stan, First published 2009 by Routledge.

[22] Lee Epstein、Jeffrey A. Segal: *Advice and Consent: The Politics of Judicial Appointments*, Oxford University Press, 2005.

[23] Ruti G. Teitel, *Transitional Justice*, Oxford University Press, 2000.

[24] Martin Shapiro and Alec Stone Sweet, *On Law, Politics and Judicialization*, Oxford University Press, 2002.

[25] Björn Dressel, *The Judicialization of Politics in Asia*, First published 2012 by Routledge.

[26] Wojciech Sadurski, *Rights Before Court: A Study of Constitutional Courts in Postcommunist States of Central and Eastern Europe*, 2008 Springer.

[27] *New Courts in Asia*, Edited by Andrew Harding and Penelope (Pip) Nicholson, 2010.

[28] Sólyom, L. and Brunner, G. *Constitutional Judiciary in a New Democracy: The Hungarian Constitutional Court.* Ann Arbor: The University of Michigan Press, 2000.

[29] *Constitutional Courts and Democratic Values: a European perspective*, Yale university press new haven & London 2009.

[30] Wojciech Sadurski (ed.), *Constitutional Justice, East and West*, Published by Kluwer Law International 2002.

[31] Alexei Trochev: *Judging Russia constitutional court in Russian politics*, 1990 - 2006, Cambridge University Press, 2008.

[32] Vicki C. Jackson\Mark Tushnet, *Comparative Constitutional Law*, Foundation Press, 2006.

[33] *Institutional Games and the U. S. Supreme Court*, edited By James R. Rogers, Roy B. Flemming, Jon R. Bond, University of Virginia Press, 2012.

[34] Maria Popova, *Politicized Justice in Emerging Democracies: A Study of Courts in Russia and Ukraine*, Cambridge University Press, 2012.

[35] Tamir Moustafa, *The Struggle for Constitutional Power*, Cambridge Univer-sity Press, 2007.

[36] Alberto Febbrajo and Wojciech Sadurski, *Central and Eastern Europe after Transition: Towards a New Socio-legal Semantics*, published by Ashgate in 2010.

[37] Schiemann, J. W.: *The Politics of Pact-Making. Hungary's Negotiated Transition to Democracy in Comparative Perspective.* Paglrave Macmillan, New York, 2005.

[38] *Mission Accomplished: On Founding Constitutional Adjudication in Central Europe*, by Prochazka, Radoslav, Central European University Press (CEU Press), 2002.

[39] *Political Rights under Stress in 21st Centrary Europe*, edited by Oxford University Press, 2006.

[40] Catherine Dupre: *Importing the Law in Post-Communist Transitions, The Hungarian Constitutional Court and the Right to Human Dignity*, Oxford — Portland Orecon, 2003.

[41] Wojciech Sadurski, *Constitutionalism and the Enlargement of Europe*, Published to Oxford Scholarship Online: September 2012.

(二) 论文

[1] Chao Wang, Coordinated compliance and private approach to international engagement in China's rights, in *International Engagement in China's Human Rights*, Edited by Titus C. Chen and Dingding Chen, Routledge.

［2］Chao Wang, selective Adaptation as a Paradigm in Comparative Law: An Illiberal Model of Rule of Law in Postwar Japan, in *New Frontiers of Comparative Law*, edited by Io Cheng Tong.

［3］Stephenson: When the Devil Turns: The Political Foundations of Independent Judicial Review(2003),32 *Journal of Legal Studies* 59.

［4］Barry Weingast, The Political Foundations of Democracy and the Rule of Law,(1997)91 *American Political Science Review*.

［5］Alexei Trochev, Less Democracy, More Courts: A Puzzle of Judicial Review in Russia, *Law and Society Review*, Vol. 38, No. 3 (Sep., 2004).

［6］Lisa Hilbink, Assessing the New Constitutionalism, *Comparative Politics*, VOL. 40, No. 2(Jan. 2008).

［7］Alexei Trochev, Meddling with Justice Competitive Politics, Impunity, and Distrusted Courts in Post-Orange Ukraine, *Demokratizatsiya*.

［8］"An Appeal to the People": Public Opinion and Congressional Support for the Supreme Court. Joseph Daniel Ura and Patrick C. Wohlfarth, *The Journal of Politics*, Vol. 72, No. 4 (October 2010).

［9］Robert A. Dahl, Decision-Making In a Democracy: The Supreme Court as a National Policy-maker, *Journal of Public Law* 6(1957).

［10］Keith E. Whittington, "Interpose Your Friendly Hand": Political Supports for the Exercise of Judicial Review by the United States Supreme Court, *The American Political Science Review*, Vol. 99.

［11］Epstein, Knight, & Shvetsova, The Role of Constitutional Courts in the Establishment and Maintenance of Democratic Systems of Government, *Law & Society Review*, Vol. 35.

［12］Donald P. Kommers, Review The Politics of Constitutional Review in Germany, *Perspectives on Politics*, Vol. 4, No. 2 (Jun. 2006).

［13］Kim Lane Scheppele, "Constitutional Negotiations: Political Contexts of Judicial Activism in Post Soviet Europe", *International Sociology*, 18 (2003).

［14］Ruti Teitel: Transitional Jurisprudence: The Role of Law in Political Transformation, 106 *Yale L. J.* 2009 1996 - 1997.

［15］Stephen Holmes and Cass R. Sunstein, The Politics of Constitutional Revision in Eastern Europe, In *Responding to Imperfection*, Princeton.

［16］Christopherm. Larkins, Judicial Independence and Democratization: A Theoretical and Conceptual Analysis, 44 *Am. J. Comp. L.* 605 1996.

[17] Eduardo Dargent, Determinants of Judicial Independence: Lessons from Three "Cases" of Constitutional Courts in Peru (1982 - 2007), *Journal of Latin American Studies*.

[18] Mark F. Brzezinski, The Emergence of Judicial Review in Eastern Europe: The Case of Poland, *The American Journal of Comparative Law*, Vol. 41, No. 2 (Spring, 1993).

[19] Marie-Elisabeth Baudoin, Is the Constitutional Court the Last Bastion in Russia against the Threat of Authoritarianism? *Europe-Asia Studies*, Vol. 58, No. 5(Jul., 2006).

[20] Holländer, P. (1997) "The Role of the Czech Constitutional Court: Application of the Constitution in Case of Decisions of Ordinary Courts", *Parker School Journal of East European Law*, Vol. 4.

[21] Hirschl, R. (2008) "The judicialization of mega-politics and the rise of political courts", *Annual Review of Political Science*, 11: 93 - 118.

[22] John Ferejohn and Pasquale Pasquino, Constitutional Adjudication: Lessons from Europe, 82 *Tex. L. Rev.* 1671, 2003 - 2004.

[23] "Constrained" Constitutional Courts as Conduits for Democratic Consolidation, 38 *Law & Soc'y Rev.* 463, 2004.

[24] Bojan Bugaric, Courts as Policy-Makers: Lessons from Transition, 42 Harv. *Int'l L. J.* 247, 2001.

[25] Bruce Ackerman, "The Rise of World Constitutionalism", *Virginia Law Review* 83(1997), 771 - 779.

[26] Bj6rn Dressel, Courts and Governance in Asia, (2012) *HKLJ*.

[27] C. Neal Tate, Authoritarianism and the Functions of Courts: A Time Series Analysis of the Philippine Supreme Court, 1961 - 1987, 27 *Law & Soc'y Rev.*

[28] Bj6rn Dressel, "Judicialization of Politics or Politicization of the Judiciary? Considerations from Recent Events in Thailand", (2010) 23 *The Pacific Review*.

[29] Tom Ginsberg, Judicial Review in New Democracies: Constitutional Courts in Asian cases, 3 *NTU L. Rev.* 143, 2008.

[30] Jiunn-Rong Yeh and Wen-Chen Chang, The Emergence of East Asian Constitutionalism: Features in Comparison, *The American Journal of Comparative Law*, Vol. 59, No. 3 (SUMMER 2011).

[31] Ruth Gavison, The Role of Courts in Rifts Democracies, 33 *Isr. L. Rev.* 216(1999).

［32］ Ran Hirschl, "The New Constitutionalism and the Judicialization of Pure Politics Worldwide",(2006)75 *Fordham Law Review*, 721.

［33］ Marcus Mietzner, "Political Conflict and Democratic Consolidation in Indonesia: The Role of the Constitutional Court", (2010)10 *Journal of East Asian Studies*, no. 3, pp. 397 - 342.

［34］ Aharon Bara, Foreword: A Judge on Judging: The Role of a Supreme Court in a Democracy, 116 *Have. L. Rev.* 16,4,150 - 51(2002).

［35］ Goldstein, Leslie Fridman, From democracy to juristocracy, 38 *L. & Soc'y Rev.* 611 - 629,2004.

［36］ Richard A. Posner (2012), The Rise and Fall of Judicial Self-Restraint, *California Law Review*, Vol. 100, No. 3.

［37］ Ajani, G. , By Chance and Prestige: Legal transplants in Russia and Eastern Europe, 43 *Am. J. C. L.* (1994),93.

［38］ Taavi Annus, Margit Tavits: Judicial Behavior After a Change of Regime: The Effects of Judge and Defendant Characteristics, 38 *Law & Soc'y Rev.* 711, 2004.

［39］ James Grant: The Rise of Juristocracy, *The Wilson Quarterly*, Vol. 34, No. 2 (SPRING 2010), pp. 16 - 22.

［40］ Ran Hirschl: Juristoracy — Political, not Juridical, *The Good Society*, Vol. 13, No. 3(2004), pp. 6 - 11.

［41］ Jon Elster: Constitutionalism in Eastern Europe: An Introduction, 58 *U. CHI. L. REV.* 447(1991).

［42］ Michael Bobek, Quantity or quality? Reassessing the Role of Supreme Jurisdictions in Central Europe, *The American Journal of Comparative Law*, Vol. 57, No. 1(Winter, 2009), pp. 33 - 65.

［43］ Goldstein, Leslie Fridman, From democracy to juristocracy, 38 *L. & Soc'y Rev.* 611 - 629,2004.

［44］ Joanne Scott, Susan Sturm, Courts as Catalysts: Re-Thinking the Judicial Role in New Governance, 13 *Colum. J. Eur. L.* 565(2006 - 2007).

［45］ Ruti Teitel: Post-Communist Constitutionalism: A Transitional Perspective, 26 Colum. *Hum. Rts. L. Rev.* 167, 1994 - 1995.

［46］ Kirill M. Bumn, Kirk A. Randazzo and Lee D. Walker, Institutional Viability and High Courts: A Comparative Analysis of Post-Communist States, *Australian Journal of Political Science*, Vol. 44, No. 1, March 2009, pp. 127 - 153.

［47］ Vanberg, G. 1998. Abstract Judicial Review, Legislative Bargaining, and Policy-Compromise. *Journal of Theoretical Politics* 10：299 - 326.

[48] Vanberg，G. 2001. 'Legislative-Judicial Relations：A Game-Theoretic Approach to Constitutional Review.' *American Journal of Political Science* 45(2)：346 - 361.

[49] Roman Petrov and Paul Kalinichenko：The Europeanization of Third Country Judiciaries Through The Application of The EU Acquis：The Cases of Russia and Ukraine，*The International and Comparative Law Quarterly*，Vol. 60，No. 2 (APRIL 2011)，pp. 325 - 353.

[50] Raul A. Sanchez Urribarri：Courts between Democracy and Hybrid Authoritarianism：Evidence from the Venezuelan Supreme Court，*Law & Social Inquiry*，Vol. 36，No. 4 (Fall 2011)，pp. 854 - 884.

[51] Solomon Jr.：Review：Courts and Judges in Authoritarian Regimes，*World Politics* Vol. 60，No. 1 (Oct.，2007)，pp. 122 - 145.

[52] Donald L. Horowitz，Constitutional Courts：A Primer for Decision Makers，*Journal of Democracy*，Volume 17，Number 4，October 2006，pp. 125 - 137.

[53] Douglas M. Gibler and Kirk A. Randazzo：Testing the Effects of Independent Judiciaries on the Likelihood of Democratic Backsliding，*American Journal of Political Science*，Vol. 55，No. 3 (July 2011)，pp. 696 - 709.

[54] The Internal Control of a Bureaucratic Judiciary：The Case of Japan." *International Journal of the Sociology of Law*，23：303 - 320.

[55] Tate，C. Neal，1993. "Courts and Crisis Regimes：A Theory Sketch with Asian Case Studies." *Political Research Quarterly* 46：2 (June)：311 - 338.

[56] Moustafa，Tamir. 2003. "Law versus the State：The Judicialization of Politics in Egypt." *Law and Social Inquiry*，28：883 - 930.

[57] Iaryczower，Matias，Spiller，Pablo，& Tomassi，Mariano. (2002). Judicial decision-making in unstable environments. *American Journal of Political Science*，46(4)，699 - 716.

[58] Lijphart，Arend. 1971. "Comparative Politics and the Comparative Method." *American Political Science Review*，65：682 - 693.

[59] Morton J. Horwitz，Constitutional Transplants，10 *Theoretical Inq. L.* 535，2009.

[60] Erik S. Herron Kirk A. Randazzo，The Relationship Between Independence and Judicial Review in Post-Communist Courts，*The Journal Of*

Politics, Vol. 65, No. 2, May 2003, pp. 422 - 438.

[61] Shannon Ishiyama Smithey John Ishiyama, Judicial Activism in Post-Communist Politics, 36 *Law & Soc'y Rev.* 719, 2002.

[62] Kim Lane Scheppele, The Chief Justice and the Institutional Judiciary, *University of Pennsylvania Law Review*, Vol. 154, No. 6, (Jun., 2006), pp. 1757 - 1851.

[63] Kevin T. McGuire, The Institutionalization of the U. S. Supreme Court, *Political Analysis*, Vol. 12, No. 2 (Spring 2004).

[64] Laszlo Boros, Social and Political Context of the Transformation Process in the Hungarian System of Justice, jiri priban (EDIT) *Systems of Justice in Transition: Central European Experience since 1989*, published by Ashgate Publishing Limited, 2003.

[65] Kim Lane Scheppele, Democracy by Judiciary. Or, why Courts Can be More Democratic than Parliaments, In *Rethinking the Rule of Law after Communism*, Edited by Adam Czarnota, Martin Krygier and Wojciech Sadurski, Published in 2005 by Central European University Press.

[66] Zoltán Szente, The Interpretive Practice of the Hungarian Constitutional Court: A Critical View, *German Law Journal* Vol. 14.

[67] László Sólyom, The Role of Constitutional Courts in the Transition to Democracy: With Special Reference to Hungary, *International Sociology*, 2003 .

[68] Pedro C. Magalhaes, The Politics of Judicial Reform in Eastern Europe, *Comparative Politics*, Vol. 32.

[69] Marcin Matczak, Matysa Bencze and Zdenek Kuhn, Constitutions, Eu Law and Judicial Strategies in the Czech Republic, Hungary and Poland, in *Journal of Public Policy*, vol. 30, April 2010.

[70] Wojciech Sadurski, Constitutional Courts and Constitutional Culture, in *Central and Eastern Europe After Transition*, edited by Alberto Febbrajo, Ashgate publishing, 2010.

[71] Alberto Febbrajo, Legal Cultures in Transition: A System-theory Approach, in *Central and Eastern Europe After Transition* edited by Alberto Febbrajo, Ashgate publishing, 2010.

[72] Cindy Skatch, Rethinking Judicial Review: Shaping the Toleration of Difference? pp. 66 - 68, In *Rethinking the Rule of Law after Communism*, Edited by Adam Czarnota, Martin Krygier and Wojciech Sadurski, Published in 2005 by Central European University Press.

[73] Zsolt Enyedi and Gubor Toka, Party Politics in Hungary, in *Party*

Politics in new democracies, edited by Paul Webb, Oxford Press, 2007.

[74] Laszlo Szarvas (1994), Parties and Party fractions in the Hungarian Parliament, *Journal of Communist Studies and Transition Politics*, 10: 3.

[75] Brigid Fowler(2004) Concentrated Orange: Fidesz and the remaking of the Hungarian center —— right, 1994 - 2002, *Journal of Communist Studies and Transition Politics*.

[76] Shannon Ishiyama Smithey John Ishiyama, Judicial Activism in Post-Communist Politics, *Law & Society Review*, Volume 36, Number 4 (2002).

[77] Kim Lane Scheppele, Constitutional Coups and Judicial Review: How Transnational Institutions can Strengthen Peak Courts at Times of Crisis, *Transnational Law & Contemporary Problems*, Spring, 2014.

[78] Lee Epstein, Jack Knight & Olga shvetsova, Comparative Judicial Selection Systems, William & Mary *Bill of Rights Journal*, 10(2001 - 2002).

[79] Miklós Bánkuti, Gábor Halmai, and Kim Lane Scheppele, Hungary's Illiberal Turn Disabling the Constitution, Miklós Bánkuti, Gábor Halmai, and Kim Lane Scheppele, *Journal of Democracy* Volume 23, Number 3 July 2012.

[80] Gábor Halmai, The Role of Constitutional Courts in Constitutional Design, Judicial Review of Constitutional Amendments and New Constitutions in Comparative Perspective, 50 *Wake Forest L. Rev.* 951

[81] Gábor Attila Tóth, Historicism or Art Nouveau in Constitutional Interpretation? A Comment on Zoltán Szente's The Interpretive Practice of The Hungarian Constitutional Court —— A Critical View, 14 *German L. J*. 1615.

[82] Anthony Luckie, Fundamentally Flawed the Fidesz Attempt to Fool the World, 16 *Touro Int'l L. Rev.* 38.

[83] Gábor Spuller, Transformation of The Hungarian Consti-Tutional Court: Tradition, Revolu-Tion, and (European) Prospects, *German Law Journal* July 1,2014.

[84] Zoltan Szente, Breaking and Making Constitutioanl Rules: The Constitutinal Effects of the Financial Crisis In Hungary, Xenophon Contiades, Constitutions in the *Global Financial Crisis: a comparative analysis*, Ashgate published in 2013.

[85] Gábor Halmai, judicial review of constitutional amend-ments and new constitutions in comparative perspective, 50 *Wake Forest L. Rev.*
[86] Elisabeth Bakke & Nick Sitter, "Why do parties fail? Cleavages, govern-ment fatigue and electoral failure in the Czech Republic, Slovakia and Hungary 1992 – 2012", *East European Politics*, 2013, Vol. 29, No. 2.
[87] Gabriella Ilonszki & Réka Várnagy (2014) From party cartel to one-party dominance. The case of institutional failure, *East European Politics*, 30: 3.
[88] Bjrn Dressel, Judicialization of Politics or Politicization of the Judiciary? Considerations from Recent Events in Thailand" (2010)23 *The Pacific Review*, no. 5.

(三) 学位论文

[1] Pedro C. Magalhães, The Limits to Judicialization: Legislative Politics and Constitutional Review in the Iberian Democracies.
[2] Malecki, Michael, The politics of constitutional review: Evidence from the European Court of Justice, Washington University in St. Louis, Ph. D Dissertations, 2010.
[3] Epperly, Brad, Political Competition and Judicial Independence in Non-Democracies, University of Washington, Ph. D., 2012.
[4] Kiss, Csilla: Constitutional democracy in Eastern Europe: The role of constitutional courts in democratic consolidation in post-communist Hungary and Poland, McGill University (Canada), 2005.
[5] Beirich, Heidi Ly: The role of the Constitutional Tribunal in Spanish politics (1980 – 1995), Purdue University, 1998.
[6] Cha, Dongwook: The role of the Korean Constitutional Court in the democratization of South Korea, University of Southern California, Ph. D., 2005.
[7] The Legacy of Communist Political Culture in East-Central Europe: A Study of The Post Communist Mind, Submitted by Jiri S. Melich, M. A., Carleton University, May 3,2000, For the degree of Doctor of Philosophy.

二、中文

(一) 著作

[1] [美]林茨、斯泰潘:《民主转型与巩固的问题: 南欧、南美和后共产主义

欧洲》[M]，孙龙等译，杭州：浙江人民出版社 2008 年版。
[2] [美]亨廷顿：《第三波：20 世纪后期民主化浪潮》[M]，刘军宁译，北京：生活·读书·新知三联书店 1998 年版。
[3] [美]塞缪尔·亨廷顿：《变化社会中的政治秩序》[M]，王冠华等译，上海：上海人民出版社 2009 年版。
[4] [加]皮特曼·波特等编：《“选择性适用”的假设与中国的法治实践》[M]，上海：上海社会科学院出版社 2009 年版。
[5] G. 萨托利：《政党与政党制度》[M]，王明进译，北京：商务印书馆 2006 年版。
[6] [奥]凯尔森，《法与国家的一般理论》[M]，沈宗灵译，北京：中国大百科全书出版社 1996 年版。
[7] [意]莫诺·卡佩莱蒂：《比较法视野中的司法程序》[M]，徐昕、王奕译，高鸿钧校，北京：清华大学出版社 2005 年版。
[8] [美]马丁·夏皮罗：《法院：比较法上和政治学上的分析》[M]，张生等译，北京：中国政法大学出版社 2005 年版。
[9] [美]基斯·威廷顿：《司法至上的政治基础：美国历史上的总统、最高法院及宪政领导权》[M]，牛悦译，北京：北京大学出版社 2010 年版。
[10] [法]狄骥：《公法的变迁》[M]，郑戈译，北京：中国法制出版社 2007 年版。
[11] [美]米尔伊安·达玛什卡：《司法和国家权力的多种面孔——比较视野中的法律程序》[M]，郑戈译，北京：中国政法大学出版社 2004 年版。
[12] [美]彼得·H. 史密斯：《论拉美的民主》[M]，谭道明译，南京：译林出版社 2013 年版。
[13] [以]巴拉克：《民主国家的法官》[M]，毕洪海译，北京：法律出版社 2011 年版。
[14] [德]迪特尔·格林：《现代宪法的诞生、运作和前景》[M]，刘刚译，北京：法律出版社 2010 年版。
[15] [德]卡尔·施密特：《宪法的守护者》[M]，李君韬、苏慧婕译，北京：商务印书馆 2008 年版。
[16] [美]埃尔斯特编：《宪政与民主》[M]，潘勤、谢鹏程译，北京：生活·读书·新知三联书店 1997 年版。
[17] [美]汉密尔顿等：《联邦党人文集》[M]，程逢如等译，北京：商务印书馆 2006 年版。
[18] [法]托克维尔：《论美国的民主》[M]，董国良译，北京：商务印书馆 1988 年版。
[19] [美]罗伯特·麦克罗斯基：《美国最高法院》[M]（第三版），任东来等译，北京：中国政法大学出版社 2005 年版。

[20] [美]亚历山大·M. 比克尔：《最小危险部门——政治法庭上的最高法院》[M]，姚中秋译，北京：北京大学出版社 2007 年版。
[21] [美]戴维·奥布莱恩编：《法官能为法治做什么：美国著名法官讲演录》[M]，何帆等译，北京：北京大学出版社 2015 年版。
[22] [美]斯蒂芬·布雷耶：《法官能为民主做什么》[M]，何帆译，北京：法律出版社 2012 年版。
[23] [日]芦部信喜：《宪法》[M]，林来梵等译，北京：北京大学出版社 2006 年版。
[24] [美]乔治·萨拜因：《政治学说史》[M]（第四版下卷），邓正来译，上海：上海人民出版社 2010 年版。
[25] [美]杰弗瑞、西格尔等：《正义背后的意识形态：最高法院与态度模型》[M]，北京：北京大学出版社 2012 年版。
[26] [英]惠尔：《联邦政府》[M]，传曾仁等译，商务印书馆 1991 年版。
[27] [美]约翰·哈特·伊利：《民主与不信任——关于司法审查的理论》[M]，刘静怡等译，北京：商周出版社 2006 年版。
[28] [美]斯科特·戈登：《控制国家：西方宪政的历史》[M]，应奇等译，南京：江苏人民出版社 2001 年版。
[29] 陈弘毅：《宪法学的世界》[M]，北京：中国政法大学出版社 2014 年版。
[30] 张千帆：《宪法学导论：原理与应用》[M]（第二版），北京：法律出版社 2008 年版。
[31] 张千帆：《美国联邦宪法》[M]，北京：法律出版社 2011 年版。
[32] 张千帆：《法国与德国宪政》[M]，北京：法律出版社 2011 年版。
[33] 张千帆：《司法审查制度比较研究》[M]，南京：译林出版社 2012 年版。
[34] 王卫明：《东欧国家违宪审查制度比较研究》[M]，南京：中国政法大学出版社 2008 年版。
[35] 叶麒麟：《社会分裂、弱政党政治与民主巩固——以乌克兰和泰国为例》[M]，北京：中央编译出版社 2014 年版。
[36] 王振民：《中国违宪审查制度》[M]，北京：中国政法大学出版社 2004 年版。
[37] 林来梵：《宪法学讲义》[M]，北京：法律出版社 2011 年版。
[38] 林来梵主编：《宪法审查的原理与技术丛书》[M]，北京：法律出版社 2009 年版。
[39] 范进学：《美国宪法解释方法》[M]，北京：法律出版社 2010 年版。
[40] 苏永钦：《寻找共和国》[M]，台湾：元照 2012 年版。
[41] 孙谦、韩大元：《世界各国宪法》[M]，北京：中国检察出版社 2012 年版。
[42] [法]马克·布洛赫：《封建社会》[M]，张绪山译，北京：商务印书馆 2003 年版。

[43] [美]德沃金：《认真对待权利》[M]，信春鹰等译，北京：中国大百科全书出版社 2001 年版。
[44] [英]韦尔斯：《全球通史》[M]（下），桂今译，北京：民主与建设出版社 2016 年版。
[45] [苏]伊思莱梁等：《匈牙利现代史》[M]，黑龙江大学俄语系翻译组，哈尔滨：黑龙江人民出版社 1972 年版。
[46] 朱晓中主编：《曲折的历程：中东欧卷》[M]，上海：东方出版社 2015 年版。
[47] [美]马克·开赛尔曼等：《转型中的欧洲政治》[M]，史志钦等译，北京：人民出版社 2016 年版。
[48] [英]艾伦·韦尔：《政党与政党制度》[M]，谢峰译，北京：北京大学出版社 2016 年版。
[49] 潘德礼：《原苏联东欧国家政治转轨比较研究》[M]，北京：社会科学文献出版社 2015 年版。
[50] 金雁：《从"东欧"到"新欧洲"：20 年转轨再回首》[M]，北京：北京大学出版社 2011 年 4 月版。
[51] 博登海默：《法理学：法律哲学与法律方法》[M]，邓正来译，北京：中国政法大学出版社 1999 年版。
[52] [英]戴雪：《英宪精义》[M]，雷宾南译，北京：法制出版社 2001 年版。
[53] [美]哈罗德·D. 拉斯韦尔著：《政治学：谁得到什么？何时和如何得到？》[M]，杨昌裕译，北京：商务印书馆 2016 年版。
[54] 张志铭：《法律解释的操作分析》[M]，北京：中国政法大学出版社 1999 年版。
[55] 于明着：《司法治国：英国法庭的政治史（1154—1701）》[M]，北京：法律出版社 2015 年 9 月版。
[56] 陈瑞华：《论法学研究方法》[M]，北京：北京大学出版社 2009 年版。

（二）论文

[1] 张千帆：《司法审查与民主——矛盾中的共生体？》[J]，《环球法律评论》2009 年第 5 期。
[2] 张千帆：《转型中的人民法院——中国司法改革回顾与展望》[J]，《国家检察官学院学报》2010 年第 3 期。
[3] 叶俊荣：《转型法院的自我定位：论宪法解释对修宪机制的影响》[J]，《台大法学论丛》第三十二卷第六期。
[4] 叶俊荣：《从"转型法院"到"常态法院"：论大法官释字第二六一号解释与第四九九号解释的解释风格与转型脉络》[J]，《台大法学论丛》第三十九号第二期。

[5] 钱锦宇:《为原旨主义辩护——反多数难题、宪法对话与整合的原旨主义宪法解释观》[J],《学习与探索》2012年第9期。
[6] 何海波:《多数主义的法院:美国联邦最高法院司法审查的性质》[J],《清华法学》2009年第6期。
[7] 苏力:《制度角色和制度能力——以元杂剧为材料》[J],《法商研究》2005年第2期。
[8] 孙笑侠:《司法的政治力学——民众、媒体、为政者、当事人与司法官的关系分析》[J],《中国法学》2011年第2期。
[9] 叶俊荣、张文贞:路径相依或制度选择?论民主转型与宪法变迁的模式,http://www.gongfa.com/html/gongfazhuanti/xianzhengzhuanxing/20100121/857.html,最后访问日期:2014年11月24日。
[10] 扶摇:《司法治理与政治司法化》[J],《清华法治论衡》2011年第1期。
[11] 彭小龙:《现代社会中司法的力量》[J],《现代法学》2009年第6期。
[12] 贺鉴:《南非1996年宪政法律制度述评》[J],《当代世界与社会主义》2009年第2期。
[13] 吴天昊:《南非宪政转型过程中的违宪审查制度》[J],《法学》2008年第4期。
[14] 杨建民:《拉美国家的司法制度研究》[J],《拉丁美洲研究》2010年第6期。
[15] 刘瑜:《第三波民主化失败了吗?》[J],《新政治经济学评论》2015年4月刊。
[16] 徐宵飞:《司法在宪政变革中的角色和司法政治的兴起——来自法国的经验与启示》[J],《甘肃行政学院学报》2013年第4期。
[17] 徐宵飞:《司法能动主义的兴起与扩散》[J],《政治与法律》2013年第4期。
[18] 王金寿:《台湾司法政治的兴起》[J],《台湾政治学刊》2012年6月。
[19] 吴重礼、陈惠文:《政治与司法:实然面的分析途径》[J],《问题与研究》第39卷,第9期。
[20] 胡祖庆:《政治制度与政治稳定:以后冷战时期的东欧为例》[J],《问题与研究》第35卷,第7期。
[21] 洪茂雄:《后共产主义时期波兰的政治发展:变革与稳定》[J],《问题与研究》第35卷,第6期。
[22] 洪茂雄:《东欧各国宪政体制比较研究》,(台湾)《"行政院国家科学委员会"专题研究计划成果报告》,2001年。
[23] 李怡俐:《转型正义的机制及脉络因素——以台湾为例》[J],《台湾人权学刊第一辑》第二期,2012年6月。
[24] 唐正东:《齐泽克的犬儒主义意识形态观批判》[J],《江西社会科学》

2015 年第 11 期。
[25] 徐刚：《中东欧社会转型中的新民粹主义探析》[J]，《欧洲研究》2011 年第 3 期。
[26] 王缉思：《亨廷顿挑起的论战将超越时空》[J]，《世界知识》2009 年第 2 期。

(三) 学位论文

[1] 张微林：《民主转型国家的宪法审查——俄罗斯宪法法院的建立、制度及其功能评析》[D]，北京大学 2014 年博士学位论文。
[2] 宋永华：《韩国宪法法院制度研究》[D]，复旦大学 2009 年博士学位论文。
[3] 候宇清：《南非宪法法院判例制度研究》[D]，湘潭大学 2011 年博士学位论文。
[4] 周晓明：《印度宪法及其晚近变迁》[D]，华东政法大学 2013 年博士学位论文。
[5] 李炳烁：《司法制度的政治功能——民权运动时期美国最高法院的政治角色分析》[D]，吉林大学 2008 年博士学位论文。

三、媒体报导(中英文)：

[1] East European Constitutional Review, 1992 - 2003.
[2] 科奈尔：匈牙利 U 型大转变的启示，http://www.ftchinese.com/story/001062406? full=y{FT 中文网}。
[3]《东欧—右翼民粹与民主倒退》讲座，http://www.thenewslens.com/post/238982/. 最后访问日期：2015 年 11 月 7 日。
[4] "Constitutional Culture in Hungary", Address by Professor László Sólyom at Central European University, Budapest, 26 January 2011.
[5] the report of the Venice Commission of the Council of Europe, see Venice Commission 2011, Opinion on the new constitution of Hungary, Strasbourg: Opinion no. 618/2011, See the Human Rights Watch's letter to Mr Viktor Orbán, http://www.hrw.org/en/news/2011/04/15/letter-prime-minister-orb-n-regarding-aspects-hungarian-constitution, and Amnesty International Public Statement. AI Index: EUR 27/006/2011. 20 April 2011.
[6] Scheppele on democracy, constitutionalism, and rule of law in Hungary, November12, 2014 by Benjamin Novak.
[7] Hungarian Helsinki Committee, Opinion on the new Constitutional Court Act of Hungary, January 2012.

[8] Pro-Fidesz justice to head Hungary's Constitutional Court，December 1，2014 by Benjamin Novak，http://budapestbeacon. com/public-policy/pro-fidesz-justice-to-head-hungarys-constitutional-court/15720，最后访问日期：2015 年 12 月 7 日。
[9] Lenkovics：Hungary's constitutional court must give new answers to new challenges，MARCH 3，2015 BY ZOLTáN KOVáCS，http://budapestbeacon. com/public-policy/lenkovics-hungarys-constitutional-court-must-give-new-answers-new-challenges，最后访问日期：2016 年 4 月 18 日。
[10] Lenkovics：Hungary's constitutional court must give new answers to new challenges，MARCH 3，2015 BY ZOLTáN KOVáCS，http://budapestbeacon. com/public-policy/lenkovics-hungarys-constitutional-court-must-give-new-answers-new-challenges，最后访问日期：2016 年 4 月 18 日。
[11] 匈牙利宪法法院官方英文网站 http://www. codices. coe. int/NXT/gateway. dll/。
[12] Uitz，Renáta：Hungarian Ban Of Totalitarian Symbols：The Constitutional Court Speaks Up Again，VerfBlog，2013/2/22，http://verfassungsblog. de/hungarian-ban-of-totalitarian-symbols-the-constitutionalcourt-speaks-up-again-2/，1/3.
[13] Constitutional Court limits freedom of expression in Hungary，June 3，2014 by Benjamin Novak，http://budapestbeacon. com/public-policy/constitutional-court-limits-freedom-of-expression-in-hungary/8519，最后访问日期：2016 年 3 月 28 日。
[14] Draft Opinion of the European Commission for Democracy Through Law（Venice Commission）on the Three Legal Questions Arising in the Process of Drafting the New Constitution of Hungary，CDL（2011)016，10（Mar. 17，2011）[hereinafter Draft Opinion of the European Commission].
[15] Tamas Boros，Constitutional Amendments in Hungary：The Government's Struggle against the Constittutional Court，Friedrich Ebert Stiftung Büro Budapest.
[16] "匈牙利主要政党为国会选举造势"，新华社网 2010－03－16/.
[17] Let's Pick All the Judges，The New York Times，March 10，2012.
[18] 陶赋田：匈牙利正从民主滑向专制？《青年参考》(2012 年 01 月 11 日 11 版)，最后访问日期：2016 年 3 月 7 日。
[19] Expelling dissent：On account of the ECtHR judgment in Baka v Hun-

gary， verfassungsblog. de/expelling-dissent-account-ecthr-judgment-baka-v-hungary-2/，最后访问日期：2016 年 3 月 22 日。
[20] 刘思岳：《欧尔班评价过去五年的功过得失》，《新导报》2015 年 6 月 3 日， http://www. xindb. com/news/xiongyalixinwen/2015/0602/15144. html。
[21] Hungarian Socialist Party unable to pay its debts，http://budapest-beacon. com/news-in-brief/hungarian-socialist-party-unable-to-to-pay-its-debts/3731. 最后访问日期：2016 年 8 月 17 日。
[22] Tamas Boros，Another Hungarian Constitutional Amendment：Smoke and Mirrors for the World，Friedrich Ebert Stiftung Budapest，July 2013，p. 4.

图书在版编目(CIP)数据

合宪性审查制度能力研究:以匈牙利为例/赵丹著. —上海:上海三联书店,2020.11
ISBN 978-7-5426-7143-1

Ⅰ.①合… Ⅱ.①赵… Ⅲ.①宪法-司法制度-研究-匈牙利 Ⅳ.①D951.51

中国版本图书馆 CIP 数据核字(2020)第 149292 号

合宪性审查制度能力研究:以匈牙利为例

著　　者 / 赵　丹

责任编辑 / 郑秀艳
装帧设计 / 一本好书
监　　制 / 姚　军
责任校对 / 张大伟　王凌霄

出版发行 / 上海三联书店
(200030)中国上海市漕溪北路 331 号 A 座 6 楼
邮购电话 / 021-22895540
印　　刷 / 上海惠敦印务科技有限公司

版　　次 / 2020 年 11 月第 1 版
印　　次 / 2020 年 11 月第 1 次印刷
开　　本 / 890×1240　1/32
字　　数 / 200 千字
印　　张 / 9.5
书　　号 / ISBN 978-7-5426-7143-1/D·463
定　　价 / 48.00 元